中国机械工程学科教程配套系列教材

CMEC

微机原理及应用
——PIC系列单片机

洪晓斌　何振亚　徐　静　编著

清华大学出版社
北京

内容简介

本书是根据普通高等教育“微机原理及应用”课程教学基本要求，由多年从事教学和科研的教师编写的。

本书以 PIC16F877 单片机为主线编写，共 8 章，详细介绍单片机结构组成、工作原理、指令系统、汇编语言程序设计及应用技术等。此外，本书中还扩展了 MCS-51 系列单片机的相关知识点，归纳了 PIC 系列单片机与 MCS-51 系列单片机的异同点。最后，附有特殊功能寄存器的各位功能简图，方便学生记忆及使用。

本书语言精简、内容充实，并结合实例，深入浅出地将理论知识和应用技术有机融合，有利于初学者对单片机相关基础知识的掌握，可以培养其工程应用能力。

本书可作为高等院校理工科专业的微机原理及应用教材或教学参考书，也可供从事相关专业的技术人员参考。

图书在版编目(CIP)数据

微机原理及应用：PIC 系列单片机/洪晓斌，何振亚，徐静编著. —北京：清华大学出版社，2021. 9 (2025. 8 重印)

中国机械工程学科教程配套系列教材　教育部高等学校机械类专业教学指导委员会规划教材

ISBN 978-7-302-59215-0

Ⅰ. ①微…　Ⅱ. ①洪…　②何…　③徐…　Ⅲ. ①单片微型计算机－高等学校－教材　Ⅳ. ①TP368. 1

中国版本图书馆 CIP 数据核字(2021)第 186681 号

责任编辑：冯　昕　赵从棉
封面设计：常雪影
责任校对：王淑云
责任印制：丛怀宇

出版发行：清华大学出版社
　　网　　址：https://www.tup.com.cn，https://www.wqxuetang.com
　　地　　址：北京清华大学学研大厦 A 座　　**邮　　编**：100084
　　社 总 机：010-83470000　　**邮　　购**：010-62786544
　　投稿与读者服务：010-62776969，c-service@tup.tsinghua.edu.cn
　　质量反馈：010-62772015，zhiliang@tup.tsinghua.edu.cn
印 装 者：三河市君旺印务有限公司
经　　销：全国新华书店
开　　本：185mm×260mm　　**印　张**：12.25　　**字　　数**：295 千字
版　　次：2021 年 9 月第 1 版　　**印　　次**：2025 年 8 月第 2 次印刷
定　　价：39.00 元

产品编号：093839-01

中国机械工程学科教程配套系列教材

编 委 会

丛书序言

PREFACE

我曾提出过高等工程教育边界再设计的想法，这个想法源于社会的反应。常听到工业界人士提出这样的话题：大学能否为他们进行人才的订单式培养。这种要求看似简单、直白，却反映了当前学校人才培养工作的一种尴尬：大学培养的人才还不是很适应企业的需求，或者说毕业生的知识结构还难以很快适应企业的工作。

当今世界，科技发展日新月异，业界需求千变万化。为了适应工业界和人才市场的这种需求，也即是适应科技发展的需求，工程教学应该适时地进行某些调整或变化。一个专业的知识体系、一门课程的教学内容都需要不断变化，此乃客观规律。我所主张的边界再设计即是这种调整或变化的体现。边界再设计的内涵之一即是课程体系及课程内容边界的再设计。

技术的快速进步，使得企业的工作内容有了很大变化。如从 20 世纪 90 年代以来，信息技术相继成为很多企业进一步发展的瓶颈，因此不少企业纷纷把信息化作为一项具有战略意义的工作。但是业界人士很快发现，在毕业生中很难找到这样的专门人才。计算机专业的学生并不熟悉企业信息化的内容、流程等，管理专业的学生不熟悉信息技术，工程专业的学生可能既不熟悉管理，也不熟悉信息技术。我们不难发现，制造业信息化其实就处在某些专业的边缘地带。那么对那些专业而言，其课程体系的边界是否要变？某些课程内容的边界是否有可能变？目前，不少课程的内容不仅未跟上科学研究的发展，也未跟上技术的实际应用。甚至有些地方存在个别课程还在讲授已多年弃之不用的技术。若课程内容滞后于新技术的实际应用好多年，则是高等工程教育的落后甚至是悲哀。

课程体系的边界在哪里？某一门课程内容的边界又在哪里？这些实际上是业界或人才市场对高等工程教育提出的我们必须面对的问题。因此可以说，真正驱动工程教育边界再设计的是业界或人才市场，当然更重要的是大学如何主动响应业界的驱动。

当然，教育理想和社会需求是有矛盾的，对通才和专才的需求是有矛盾的。高等学校既不能丧失教育理想、丧失自己应有的价值观，又不能无视社会需求。明智的学校或教师都应该而且能够通过合适的边界再设计找到适合自己的平衡点。

我认为，长期以来，我们的高等教育其实是“以教师为中心”的。几乎所有的教育活动都是由教师设计或制定的。然而，更好的教育应该是“以学生为中心”的，即充分挖掘、启发学生的潜能。尽管教材的编写完全是由教师完成的，但是真正好的教材需要教师在编写时常怀“以学生为中心”的教育理念。如此，方得以产生真正的“精品教材”。

教育部高等学校机械设计制造及其自动化专业教学指导分委员会、中国机械工程学会与清华大学出版社合作编写、出版了《中国机械工程学科教程》，规划机械专业乃至相关课程的内容。但是“教程”绝不应该成为教师们编写教材的束缚。从适应科技和教育发展的需求而言，这项工作应该不是一时的，而是长期的，不是静止的，而是动态的。《中国机械工程学科教程》只是提供一个平台。我很高兴地看到，已经有多位教授努力地进行了探索，推出了新的、有创新思维的教材。希望有志于此的人们更多地利用这个平台，持续、有效地展开专业的、课程的边界再设计，使得我们的教学内容总能跟上技术的发展，使得我们培养的人才更能为社会所认可，为业界所欢迎。

是以为序。

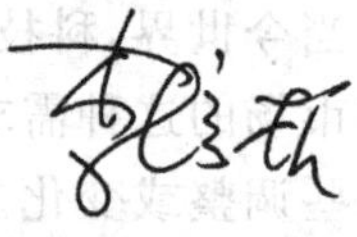

2009年7月

前　言

FOREWORD

“微机原理及应用”是高等学校机械类和近机械类各专业的技术基础课程。它是一门兼具理论与实践的课程。本书是编者结合多年课堂教学经验而编写的，注重内容的渐进性、可读性和系统性，精心编排内容体系和精选教学内容，并归纳相关知识点，安排了大量的实例分析和综合实验，力求让学生从单片微型计算机（简称：单片机）入门到精通开发制作，培养学生将所学理论知识转化为工程实际应用的能力。本书适合作为高等工科院校相关专业的教材，也可供相关工程技术人员参考。

PIC系列单片机采用哈佛总线架构，其独特的硬件系统、指令系统以及友好的编程开发环境，让初学者容易掌握微机相关基础知识。因此，本书以PIC单片机为主线进行编写，详细介绍单片机结构组成、工作原理、指令系统、汇编语言程序设计及应用技术。本书共分为8章，内容主要包括：微机基础知识、单片机基本结构及时序、指令系统及程序设计、输入/输出端口及中断系统、定时器/计数器、捕捉/比较/脉宽调制、模/数转换器（ADC）及串行通信，以及PIC单片机综合实验。

特别地，本书还穿插了MCS-51系列单片机相关知识点，归纳了PIC系列单片机与MCS-51系列单片机的结构组成、工作原理、指令系统以及功能模块等方面的异同点，可以让学生更好地了解单片机的发展以及掌握不同系列产品的异同特性，从而培养学生触类旁通的技能，真正意义上掌握单片机原理及应用技术。

本书由洪晓斌、何振亚、徐静编著。其中，第1～3章主要由洪晓斌编写；第4～8章和附录主要由何振亚编写；本书涉及的实例程序主要由徐静校对。本书大纲拟定、组织编写工作主要由洪晓斌负责。在编写过程中，得到了杨定民、陈卫国、林晓东、任则铭的帮助，在此表示感谢！还得到了清华大学出版社的支持和帮助，在此表示诚挚的谢意。对本书编写过程中所参考的书籍和有关文献的作者也表示衷心感谢。

由于作者水平有限，书中难免存在不妥或错误之处，恳请读者提出宝贵意见和建议。

作　者

2021年5月

目　录

CONTENTS

第 1 章

微型计算机基础知识

计算机的快速发展及其在各领域的广泛应用，对人类社会的发展具有积极的推动作用，尤其是微型计算机的出现，进一步推动了计算机在人们日常生活、学习和工作等各个领域的应用，对社会发展产生了重大影响。其中，作为微型计算机发展的一个重要分支，单片微型计算机拥有独特的结构和性能，在国民经济建设各个领域得到广泛的应用。例如 Microchip 公司生产的 PIC(peripheral interface controller)单片机，除了拥有单片机的通用功能之外，还具有哈佛总线结构、精简指令集和低功耗等特点，从而得到许多用户的青睐。

1.1 概　　述

1.1.1 微型计算机的发展历史

计算机(personal computer，PC)是一种用于进行高速计算的电子计算机器，其具有数值计算、逻辑运算以及储存记忆功能。计算机由硬件系统和软件系统组成，其中硬件系统主要包括中央处理器(central processing unit，CPU)、内存储器、外存储器和输入设备、输出设备等单元，如图 1-1 所示。

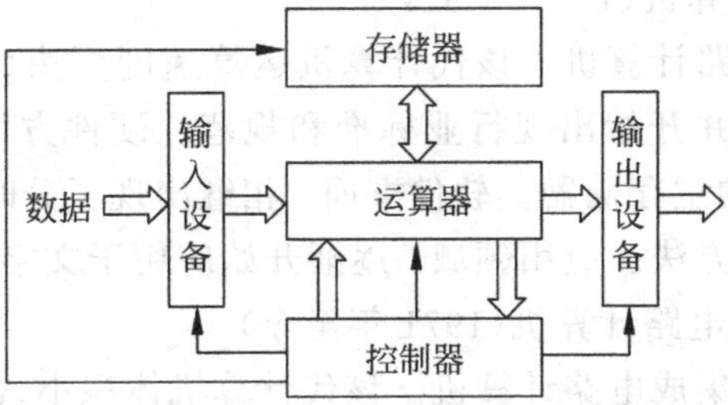

图 1-1　计算机硬件系统组成

1939 年，英国著名计算机科学之父艾伦·麦席森·图灵(Alan Mathison Turing)提出了计算机结构三大设想：①利用足够长的磁带，将计算所需指令和数据存储起来；②利用读写磁头，实现磁带上的信息读写；③利用有限的控制部件，实现数据计算、推理等功能。1946 年，英籍匈牙利数学家约翰·冯·诺依曼(John von Neumann)首次提出了存储程序计算机的体系结构，把程序与其所处理的数据采用相同的方式储存，构成了一个较完整的现代计算机雏形。

随着工业革命的兴起，计算工具开始向机械化发展。1642 年，法国数学家布莱士·帕斯卡(Blaise Pascal)设计并制作出世界上第一台手摇机械式计算器,通过齿轮传动原理实现加减法运算;1889 年,美国科学家赫尔曼·霍尔瑞斯(Herman Hollerith)设计了电动制表机,可储存计算资料;1930 年,美国科学家范内瓦·布什(Vannevar Bush)研制出第一台模拟电子计算机;1933 年,美国数学家德里克·亨利·莱默(D. H. Lehmer)设计了一台电气计算机,可实现 1~1000 万所有自然数的素数因子分解;1946 年,首台电子管计算机在美国宾夕法尼亚大学问世,该计算机为电子数字积分计算机(electronic numerical integrator and calculator,ENIAC),其共有 17840 支电子管,占地面积约为 $170m^2$、重达 28t、功耗为 150kW,可实现 5000 次/s 的加法运算。ENIAC 的诞生具有划时代的意义,表明电子计算机时代的到来。在接下来的 70 多年里,计算机向集成化、微型化、智能化、网络化和多媒体化等方向飞速发展。

1. 计算机的发展历史

自 1946 年世界上第一台电子管计算机问世以来,计算机的发展主要经历了以下 4 代。

1) 第 1 代:电子管计算机(1946—1958 年)

第 1 代计算机为电子管计算机。它的体积庞大、能耗高、运行速度慢、造价高昂。该代计算机为后续发展奠定了基础。硬件方面:主要采用真空电子管为逻辑元件,阴极射线示波管静电存储器、磁鼓、磁芯和汞延迟线为主存储器,磁带为外存储器。软件方面:采用汇编语言和机器语言。应用领域:主要应用于科学计算和军事领域。

2) 第 2 代:晶体管计算机(1958—1964 年)

第 2 代计算机为晶体管计算机。与第 1 代计算机相比,第 2 代计算机体积有所减小,能耗也有所降低,但性能得到了大幅度提升。硬件方面:采用晶体管等半导体器件,以磁鼓和磁盘为辅助存储器。软件方面:一些高级程序设计语言相继问世,开始出现操作系统。应用领域:开始进入民用和工业领域。

3) 第 3 代:集成电路计算机(1964—1971 年)

第 3 代计算机为集成电路计算机。该代计算机运算速度更快(10^6~10^7 次/s),其可靠性也大幅度提高、造价降低,并开始出现行业标准和规范。硬件方面:采用中、小规模的集成电路,但仍采用磁芯介质的主存储器。软件方面:相继出现了分时操作系统、结构化程序设计方法和规模化程序设计方法。应用领域:逐渐开始应用于文字和图像处理领域。

4) 第 4 代:大规模集成电路计算机(1971 年至今)

第 4 代计算机为大规模集成电路计算机。该代计算机体积小、速度快,能够满足从军用到民用、从工业到家庭等相关领域的需求。硬件方面:采用大规模和超大规模集成电路。软件方面:出现了数据库管理系统、面向对象的程序设计,以及网络管理系统等软件技术,使计算机的数据计算和信息处理能力得到了进一步提高。应用领域:用于计算量极大的高精尖技术及国民经济领域。

2. 微型计算机的发展历史

微处理器(microprocessor,MP)是由一片或几片大规模集成电路组成,具有运算器和控制器的中央处理部件,又称中央处理器(CPU)。而微型计算机是以 CPU 为核心,配上电源、接口电路、存储器和一些外部设备构成的计算机。通常将微处理器的发展作为微型计算机发展的标志，即以微处理器的发展来划分微型计算机的发展阶段。微型计算机和微处理器的发展历程可分为以下6个阶段。

1）第1代：4位和低档8位微处理器（1971—1973年）

1971年，Intel公司设计并推出了世界上第一个微处理器Intel 4004，其能同时处理4位二进制数，采用PMOS大规模集成电路技术，集成约2000个晶体管，运算速度达6万次/s，运行频率为108kHz。同年，采用Intel 4004芯片的首台微型计算机诞生。1972年，Intel公司又设计出8位微处理器Intel 8008，其采用简单、速度较低的PMOS工艺来集成约9000个晶体管，指令的执行时间为1～2μs，时钟频率约为0.5MHz和0.8MHz。该代微处理器主要使用机器语言及简单的汇编语言。

2）第2代：中高档8位微处理器（1973—1977年）

该代为中高档8位微处理器，如Intel 8080、MC6800和Z80等，具有16位地址总线。1974年，Intel公司的Intel 8008改进版Intel 8080问世，随后Zilog公司的Z80、Motorola公司的MC6800、Rockwell公司的R6502相继问世。Intel公司于1976年又开发出Intel 8085，这代微处理器采用NMOS工艺，时钟频率可以达到2～4MHz，运算速度是第1代微处理器的10～15倍。该代微处理器支持的语言增加了BASIC、FORTRAN和PL/M等高级语言。

3）第3代：16位微处理器（1977—1982年）

该代为16位微处理器，如Intel 8086、Z8000和MC68000等，均具有20位地址总线。从20世纪70年代开始，随着半导体以及通信技术的发展，集成电路的研究、发展也逐步展开，这使得微处理器有了进一步的发展。1978年，Intel公司推出了16位微处理器Intel 8086，其片内集成了约2.9万个晶体管。1979年，Zilog公司和Motorola公司分别推出16位的Z8000和MC68000。同年，Intel公司又推出了更为先进的微处理器Intel 8088，其内部具有16位结构，外部数据总线为8位，时钟频率达到4～8MHz。1981年，IBM公司基于该微处理器生产出世界上第一台通用微型计算机，即IBM PC。1982年Intel公司推出了Intel 80286，其内部和外部数据总线皆为16位，时钟频率达到20MHz。

4）第4代：32位微处理器（1982—1993年）

该代为32位微处理器，如Intel 80386、Intel 80486和Pentium系列处理器等，均具有32位地址总线。1985年，Intel公司制造出具有跨时代意义的80386DX CPU，其集成了约27.5万个晶体管，时钟频率可达33MHz，具有32位数据线和地址线。该CPU的应用推动了个人计算机（PC）的发展。

5）第5代：奔腾系列微处理器（1993—2006年）

该代的典型产品为奔腾系列处理器及与之兼容的AMD的K6系列处理器。20世纪90年代，Intel公司生产的80586采用更多先进技术，其工作频率达66MHz，计算性能有了显著提升。在往后的数十年间，Intel公司推出了奔腾系列微处理器，AMD公司推出了K6-2、K6-Ⅲ等处理器，微处理器行业呈现井喷式发展。

6）第6代：酷睿系列微处理器（2006年至今）

该代的典型产品为酷睿2（Core 2）、Intel Core i7处理器。“酷睿”是一款领先、节能的新型微架构，地址总线宽度为64位。2006年，Intel公司推出了新一代基于Core微架构的产品体系酷睿2，其是一个跨平台的构架体系，包括服务器版、桌面版、移动版三大领域。随后 Intel 公司相继推出“Core 2 Duo”和“Core 2 Quad”品牌，以及最新出的 Core i3、Core i5、Core i7 和 Core i9 四个级别的 CPU。2019 年，Intel 正式宣布了第十代酷睿处理器。

微处理器的出现是一次伟大的工业革命，从 1971 年至今，在短短半个世纪内，微处理器的发展日新月异。如今微处理器的应用领域越来越广，如手机、平板电脑、GPS 导航仪和智能汽车等。同时，半导体设计和加工技术的提高，极大地降低了微处理器芯片的制造难度，促进了微处理器的发展。

1.1.2 单片机发展历程与分类

单片微型计算机简称单片机，是指将计算机的基本部件微型化，使之集成在一块芯片上。单片机在芯片内集成了 CPU、ROM、RAM、并行输入/输出(I/O)、串行 I/O、定时器/计数器、中断控制器、系统时钟及总线等部件，与微型计算机有着明显区别，如图 1-2 所示。单片微型计算机(SCM)是早期 Single Chip Microcomputer 的直译，它反映了早期单片微机的形态和本质。随后，在原单片机片内集成外围电路及外设接口，逐渐突破了传统意义的微机结构，发展成微控制器结构体系，称之为微控制器(micro controller unit，MCU)。

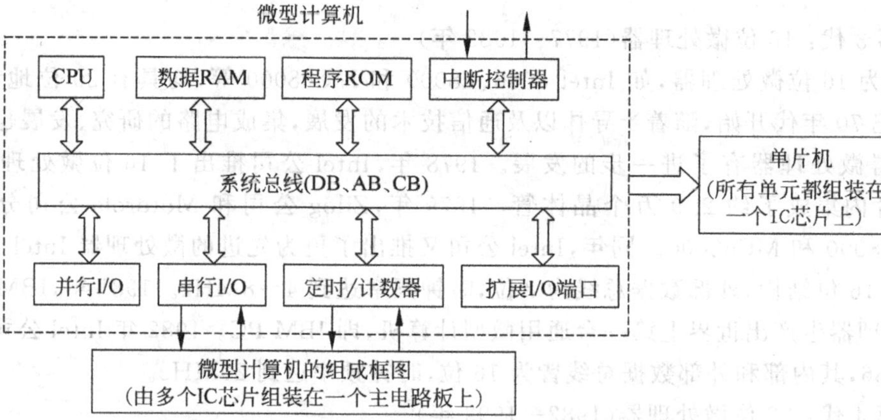

图 1-2 微型计算机与单片机硬件结构的比较

1. 单片机的发展历程

自 1974 年美国仙童半导体公司(Fairchild Semiconductor)的第一块单片机问世后，单片机发展迅速，不断推陈出新。单片机的发展历程可划分为 3 个阶段。

1) 第 1 阶段：低性能阶段(1976—1978 年)

最初的单片机设计思路较为朴素，仅在一个芯片上集成 CPU、RAM、ROM 以及 I/O 口等功能单元，如 8 位的 MCS-48 系列单片机。该阶段单片机初具雏形，运算速度较慢，普及程度不高。

2) 第 2 阶段：高性能阶段(1978—1982 年)

从技术角度看，该阶段单片机的设计思路主要是满足嵌入式控制需求，各厂家纷纷推出接口较多的单片机，如 Intel 公司的 MCS-51 系列、Motorola 公司的 MC6801 系列和 Zilog 公司的 Z8 系列等。与上阶段相比，单片机的存储容量和寻址范围有所增大，其中断源、并行 I/O 接口和定时/计数器模块有所增加，部分单片机还具有通信接口，且运算能力也有所提高。

1980年Intel公司推出的MCS-51单片机，具有良好的兼容性，为新一代微控制器的发展奠定了良好基础。随后，Philips、Atmel、Dallas和Siemens等公司纷纷推出了基于80C51内核(8051的CMOS版本)的微控制器。这些产品能满足大量嵌入式应用需求。此外，Rockwell、NS和日本松下公司也先后推出了各自的51系列单片机。

3) 第3阶段：性能完善阶段(1982年至今)

该阶段单片机的主要特点包括：普遍采用CMOS工艺，扩大接口硬件功能，如高速输入/输出(I/O)、模/数转换器(ADC)和脉宽调制PWM等，RAM和ROM容量进一步增大，集成通信协议和控制方式，并提高芯片及系统工作的可靠性等。该阶段主要是巩固发展8位单片机，以及相继推出16位、32位单片机。其中，16位代表性产品有Intel公司的MCS-96系列、TI公司的TMS 9900系列和Motorola公司的MC68HC16系列等；32位代表性产品有Intel公司的MCS-80960系列、Motorola公司的M68300系列和Hitachi公司的SH系列等。

2. 单片机的分类

20世纪90年代以后，单片机得到了飞速发展。世界各大半导体公司相继开发了功能更为强大的单片机。美国Microchip公司推出了新一代PIC单片机，引起了业界的广泛关注。该产品基本级系列仅有33条精简指令集，而MCS-51单片机采用111条复杂指令集，因此PIC单片机得到了不少用户的青睐，在业界占有一席之地。单片机发展至今，已有上千种产品类型，广泛应用于汽车行业以及航空航天、军事等领域。根据不同的划分依据，单片机有不同的分类方法。

1) 按CPU和存储器构成划分

根据CPU读写程序存储器和数据存储器的方式，可将单片机分为冯·诺依曼架构(von Neumann architecture)和哈佛架构(Harvard architecture)两种架构。冯·诺依曼架构将指令(程序)和数据存储在同一块区域，也称普林斯顿架构(Princeton architecture)，其指令和数据统一编址，共用总线。而在哈佛架构中，数据和指令存储在各自独立的存储区，采用不同的寻址和总线。

2) 按指令及其执行过程划分

按指令及其执行过程，可以把单片机分为复杂指令集架构(complex instruction set computer，CISC)和精简指令集架构(reduced instruction set computer，RISC)。CISC的特点是指令多样性和变长度，功能较强，可完成复杂任务。该类型单片机采用数据线和指令线分时复用的方式，即“冯·诺依曼架构”。RISC的特点是指令较少，每条指令长度相同、功能单一，需通过多条命令实现某一复杂功能。该类单片机采用数据线和指令线分离独立的方式，即“哈佛架构”。其结构可同时读取指令和执行操作，一般来说速度比CISC快。此外，RISC的指令多为单字节，可更好地利用程序存储器的空间，有利于实现超小型化。

3) 按存储介质划分

按程序存储的物理介质，可以把单片机分为掩膜(MASK)、测试工具编程(quick test professional，QTP)、一次可编程(one time programmable，OTP)以及多次可编程存储方式。

掩膜单片机是指半导体制造厂家在单片机生产的过程中直接进行程序编程，将程序与数据做成光刻板固化于单片机内，即程序与数据将被永久封存(除非单片机坏掉)，不能进行修改。一般在大批量生产时才会用到掩膜，采用该制造方式的单片机具有程序可靠、成本低等优点。但是每次修改程序就需要重新做光刻板，存有不同程序的单片机不能同时生产，供货周期长。此外，在产品设计时，如果出现程序问题，容易造成大量废片，风险较大。

QTP 单片机是指半导体制造厂家在裸片生产后的检测过程中利用测试机将已编好的程序烧录进单片机，采用该制造方式的单片机具有备货灵活、供货周期快等优点。但是每次修改运行程序都需重新修改测试机的程序，当程序一旦烧录便无法修改，该制造方式适合于单片机的大批量生产。

OTP 单片机是指一次可编程单片机，即程序只能被编程器烧录一次的单片机。这种单片机的程序可随时修改，供货周期短，不需要大批量生产，但其制造成本相对较高。

多次可编程单片机是指用户可进行在线擦除和写入程序的单片机，其存储介质主要包括“可擦写可编程只读存储器”(erasable programmable read-only memory，EPROM)、“电可擦除可编程只读存储器”(electrically erasable programmable read-only memory，E^2PROM)和“闪存”(flash memory)。其中，EPROM 的特点为可多次修改存储器的内部信息，但擦除过程需使用紫外线照射一定时间；E^2PROM 可直接用电信号擦除信息，也可用电信号写入信息；闪存为 E^2PROM 的改进产品，是一种非易失性的内存。

4) 按数据总线宽度划分

按数据总线的宽度，单片机可分 4 位、8 位、16 位和 32 位。其中，4 位单片机的功能较为简单，8 位、16 位和 32 位单片机共同发展。目前，8 位单片机仍以其价格低廉、品种齐全和开发便利等优点占着主导地位。32 位单片机主要应用于移动通信、网络技术、多媒体技术等高科技产品。

5) 按照封装方式划分

按封装方式不同，主要有双列直插式封装(dual in-line package，DIP)、小外形封装(small out-line package，SOP)、带引线的塑料芯片封装(plastic leaded chip carrier，PLCC)、塑料方型扁平式封装(quad flat package，QFP)和插针网格阵列封装(pin grid array，PGA)等，如图 1-3 所示。

图 1-3 单片机的封装方式

(a) DIP 方式；(b) SOP 方式；(c) PLCC 方式；(d) QFP 方式；(e) PGA 方式

1.1.3 单片机的发展趋势

纵观单片机发展历程，单片机未来的发展趋势如下。

1）网络化、集成化

单片机作为工业控制器的主力军，直接与互联网连接是一个必然的发展方向。同时集成越来越多的功能模块，如语音处理功能、图像处理功能和网络管理功能等，使单片机的功能越来越强大；将数字技术和模拟技术融为一体，可形成功能独特的单片机。如有些单片机在集成定时器、比较器、模/数转换器（ADC）、数/模转换器（DAC）、串行通信接口和看门狗电路等基础上，还集成了一些专用的部件，如局部网络控制模块、CAN 总线和脉宽调制控制电路等。

2）小型化、低功耗、低成本

自 20 世纪 80 年代中期以来，CMOS 工艺逐渐代替 NMOS 工艺，单片机朝着低功耗、小型化、低成本方向发展。随着超大规模集成电路技术由 3μm 工艺发展到 1.5μm、1.2μm、0.8μm、0.5μm、0.35μm，现在甚至实现了纳米级光刻工艺。该技术的进步大大地提高了单片机的内部密度和可靠性，也进一步降低了单片机的功耗。另外，目前各大厂商推出的单片机，其功能并非简单堆积，而是从实际出发，重视产品的性价比，发展多种型号来满足中小型智能化产品，尤其是满足消费类电子产品的应用，有效降低产品的生产成本。此外，大多数单片机设置了等待、暂停、睡眠、空闲和节电等工作方式，从而降低了功耗。

3）低噪声与可靠性

为提高单片机的可靠性，使产品在恶劣的工作环境中正常工作，各厂家在单片机内部电路中不断采用新的技术措施。如采用电快速瞬变脉冲群（electrical fast transient，EFT）技术、低噪声布线技术、低噪声驱动技术以及低频时钟技术，提高单片机的抗干扰能力。

4）多种数据总线并存

单片机的数据总线多种并存，有 4 位、8 位、16 位和 32 位等，可根据相应的应用领域需求和生产成本等来选择具体型号。

1.2 数制和编码

数制是用一组统一的符号和规则来表示数的方法。在日常生活中最常用的数制是十进制，而在微机的设计与计算中，通常使用的数制有二进制、八进制和十六进制。因此，在计算机中，需要进行各种数制的转换。

1.2.1 数的表示与数制转换

在编程时，为了方便阅读和书写，人们经常用八进制数或十六进制数来表示二进制数。一个数可以用不同计数制形式表示其大小，但数的量值是相等的。

常见的数制表示有十进制（符合人们的习惯）、二进制（便于物理实现）、十六进制（便于识别、书写和表示)和八进制(目前较少用)。为了便于区别不同数制表示的数,规定在数字后面用一个特定字符表示,用 H 表示十六进制数,D(或不加标志)表示十进制数,Q 表示八进制数,B 表示二进制数,如 82H、532D、352Q 和 1001B 分别表示十六进制数、十进制数、八进制数和二进制数。

1. 数的表示

数值所使用的数码个数称为基,数值每一位所具有的值称为权。数制是指用一组固定的数字符号和统一的规则表示数的方法。通常进制数第 i 位数值可表示为

$$(N)_r^i = d_i \times r^i \tag{1-1}$$

其中,$(N)_r^i$ 为进制数第 i 位数值;d_i 为第 i 位数码,其取值范围为 $0 \leqslant d_i < r$;r 称为数制的基数,r^i 称为数制的权,i 为整数。

1) 十进制

十进制使用的数码为 0、1、2、3、4、5、6、7、8 和 9 共 10 个,即基为 10。十进制各位的权是以 10 为底的幂,如十进制数 211408D,其各位的权为个、十、百、千、万和十万,即 10^0、10^1、10^2、10^3、10^4 和 10^5,故有时为了简便而顺次称其各位为 0 权位、1 权位、2 权位、3 权位、4 权位和 5 权位。

2	1	1	4	0	8
10^5	10^4	10^3	10^2	10^1	10^0
十万	万	千	百	十	个

2) 二进制

二进制使用的数码为 0 和 1 共 2 个,即基为 2。二进制各位的权是以 2 为底的幂,如二进制数 111001B,其各位的权为 1、2、4、8、16 和 32,即 2^0、2^1、2^2、2^3、2^4 和 2^5,故为了简便而顺次称其各位为 0 权位、1 权位、2 权位、3 权位、4 权位和 5 权位。

二进制	1	1	1	0	0	1
	2^5	2^4	2^3	2^2	2^1	2^0
十进制	32	16	8	4	2	1

3) 八进制

八进制使用的数码为 0、1、2、3、4、5、6 和 7 共 8 个,即基为 8。八进制各位的权是以 8 为底的幂,为了简便而顺次称其各位为 0 权位、1 权位、2 权位等。

4) 十六进制

十六进制使用的数码为 0、1、2、3、4、5、6、7、8、9、A、B、C、D、E 和 F 共 16 个,即基为 16。十六进制各位的权是以 16 为底的幂,为了简便而顺次称其各位为 0 权位、1 权位、2 权位等。

【实例 1-1】 任何一个十进制数 N_D 的表示方法:

$$N_D = \cdots + d_2 \times 10^2 + d_1 \times 10^1 + d_0 \times 10^0 + d_{-1} \times 10^{-1} + \cdots \tag{1-2}$$

式中,10 称为基数,d_i 为各位上的数码,10^i 为各位的权,所对应的各位数值为 $d_i \times 10^i$。

十进制数 1976.128 可如下式展开:

$$1976.128 = 1 \times 10^3 + 9 \times 10^2 + 7 \times 10^1 + 6 \times 10^0 + 1 \times 10^{-1} + 2 \times 10^{-2} + 8 \times 10^{-3}$$

上式中 10^1、10^0、10^{-1} 等分别称为 1 权位、0 权位、-1 权位。

2. 数值的转换

1）非十进制数转换为十进制数

二、八、十六进制数转换为十进制数的方法是"按权展开"。将每一位乘以其权，然后相加得到对应的十进制数值。

【实例 1-2】 将非十进制数转换为十进制数：

$1001.01B=1\times 2^3+0\times 2^2+0\times 2^1+1\times 2^0+0\times 2^{-1}+1\times 2^{-2}=9.25D$

$137.2Q=1\times 8^2+3\times 8^1+7\times 8^0+2\times 8^{-1}=95.25D$

$3FA.4H=3\times 16^2+15\times 16^1+10\times 16^0+4\times 16^{-1}=1018.25D$

2）十进制数转换为其他进制数

任意十进制数 N 转换成其他进制数，需将整数和小数部分分开，采用不同方法分别进行转换，然后用小数点将这两部分连接起来。

整数部分采用"除基取余法"，直到商为零为止，每次所得的余数倒序依次排列即为相应进制的数码，即最初得到的为最低有效数字，最后得到的为最高有效数字，称为倒序取余。而小数部分要转换成其他进制，则采用"乘基取整法"，即最初得到的为最高有效数字，最后得到的为最低有效数字，即顺序取整。

下面以十进制数转换为二进制数、十进制数转换为八进制数为例加以说明，十六进制数以此类推。

【实例 1-3】 求十进制数 26.625 的二进制表示。

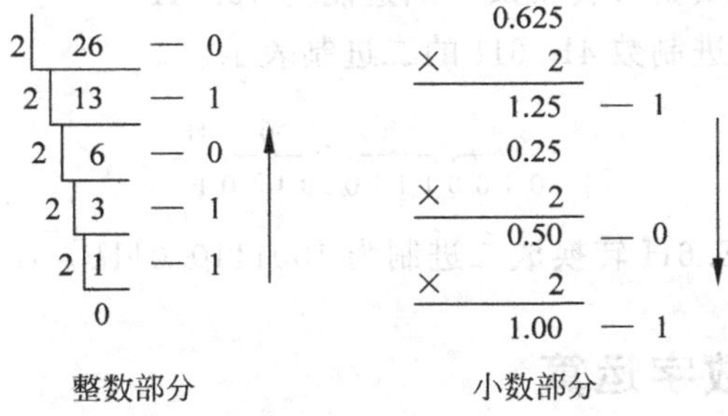

因此，十进制数 26.625D 转换成二进制为 11010.101B。

【实例 1-4】 求十进制数 32780.127 的八进制表示。

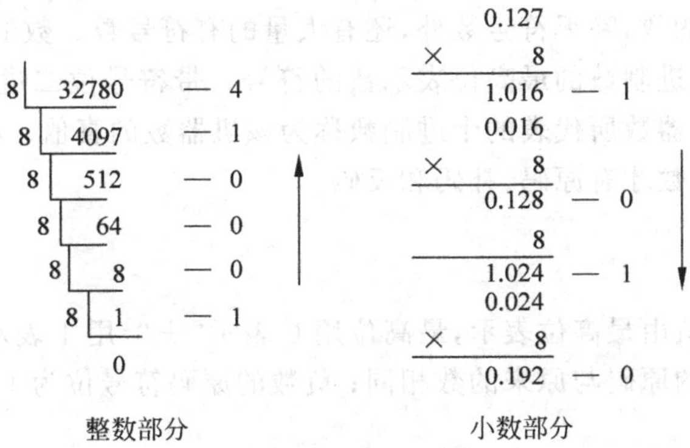

因此，十进制数 32780.127D 转换成八进制为 100014.1010Q。

3）二进制与八进制数之间的转换

八进制数的基为 8，即 2^3。因此二进制数转换为八进制数：以小数点为界，整数部分向左每 3 位二进制数为一组，小数部分向右每 3 位二进制数为一组，用 1 位八进制数码表示，不足 3 位的，整数部分高位补 0，小数部分低位补 0。若八进制数转换为二进制数，则用 3 位二进制数表示八进制每一位数码。

【实例 1-5】 求二进制数 10110.01B 的八进制表示。

$$\begin{array}{cccccc} 10 & 110 & . & 01 & & \text{B} \\ \underbrace{010} & \underbrace{110} & . & \underbrace{010} & & \text{B} \\ 2 & 6 & . & 2 & & \text{Q} \end{array}$$

因此，二进制数 10110.01B 转换成八进制为 26.2Q。

4）二进制与十六进制数之间的转换

十六进制数的基为 16，即 2^4。因此二进制数转换为十六进制数：以小数点为界，整数部分向左每 4 位二进制数为一组，小数部分向右每 4 位二进制数为一组，用 1 位十六进制数码表示，不足 4 位的，整数部分高位补 0，小数部分低位补 0。若十六进制数转换为八进制数，则用 4 位二进制数表示十六进制每一位数码。

【实例 1-6】 求二进制数 10110.01B 的十六进制表示。

$$\begin{array}{cccccc} 1 & 0110 & . & 01 & & \text{B} \\ \underbrace{0001} & \underbrace{0110} & . & \underbrace{0100} & & \text{B} \\ 1 & 6 & . & 4 & & \text{H} \end{array}$$

因此，二进制数 10110.01B 转换成十六进制为 16.4H。

【实例 1-7】 求十六进制数 4E.6H 的二进制表示。

$$\begin{array}{cccccc} 4 & \text{E} & . & 6 & & \text{H} \\ \overbrace{0100} & \overbrace{1110} & . & \overbrace{0110} & & \text{B} \end{array}$$

因此，十六进制数 4E.6H 转换成二进制为 1001110.011B。

1.2.2 微机中的数字运算

二进制计数制不仅在物理上容易实现，而且运算方法也较十进制计数制简单。二进制数的计数规律：加法“逢二进一”，减法“借一当二”。

日常生活中遇到的数，除无符号数外，还有大量的有符号数。数的符号在微机中也用二进制数表示，通常用二进制数的最高位表示数的符号。带符号位二进制数在计算机内部的编码称为机器数，而机器数所代表的十进制数称为该机器数的真值。机器数可用原码、反码和补码表示，仅有符号数才有原码、补码和反码。

1. 原码

每一个数字的正负由最高位表示，最高位用 0 表示“+”，用 1 表示“−”，数值位与该数的绝对值一致。正数的原码与原来的数相同；负数的原码符号位为 1，数值位与对应的正数数值位相同。例如：

$$[+1]_{原} = 00000001B,\quad [-1]_{原} = 10000001B$$

$$[+0]_{原} = 00000000B,\quad [-0]_{原} = 10000000B$$

单字节(8 位)原码表示的范围为：−127～+127。0 的原码有两种表示方法，+0 和 −0。原码表示法具有简单、易于理解的优点，机器数与真值间的转换较为方便。

2. 反码

一个数的反码可以由它的原码求得。正数的反码与正数原码相同；负数的反码符号位不变，即为 1，而数值位为对应原码的数值位按位取反。例如：

$$[+1]_{反} = [+1]_{原} = 00000001B,\quad [-1]_{反} = 11111110B$$

$$[+0]_{反} = [+0]_{原} = 00000000B,\quad [-0]_{反} = 11111111B$$

单字节(8 位)反码表示的范围为：−127～+127。0 的反码有两种表示方法，+0 和 −0。

3. 补码

一个数的补码可由该数的模求出，即$[X]_{补} = 模 + X$。正数的补码与正数的反码和原码一致，负数的补码等于该数的反码加 1。例如：

$$[+1]_{补} = [+1]_{原} = [+1]_{原} = 00000001B$$

$$[-1]_{补} = 11111111B$$

$$[-0]_{补} = 00000000B = [+0]_{补}$$

可见，0 的补码只有一种表示方法。单字节补码范围：−128～+127。

部分单字节二进制数原码、反码、补码的对应关系如表 1-1 所示。

表 1-1　原码、反码、补码的对应关系

二进制数	原　码	反　码	补　码
00000000	+0	+0	0
00000001	+1	+1	+1
00000010	+2	+2	+2
⋮	⋮	⋮	⋮
01111101	+125	+125	+125
01111110	+126	+126	+126
01111111	+127	+127	+127
10000000	−0	−127	−128
10000001	−1	−126	−127
10000010	−2	−125	−126
⋮	⋮	⋮	⋮
11111101	−125	−2	−3
11111110	−126	−1	−2
11111111	−127	−0	−1

在计算机系统中，原码表示的数，其真值易于被人们识别，但运算较为复杂，符号位需要单独处理。补码的真值虽不易识别，但运算方便，符号位不需单独处理，和数值一起参与运算，运算的结果也是补码。在计算机中未加特别说明的有符号数一律采用补码表示。

补码的加减法运算规则概括如下：

$$\begin{cases}[X+Y]_{补}=[X]_{补}+[Y]_{补}\\ [X-Y]_{补}=[X]-[Y]_{补}=[X]_{补}+[-Y]_{补}\end{cases} \tag{1-3}$$

【实例 1-8】 下面以单片机处理“1－2”的过程说明补码运算。

方法 1：

00000001	(＋1 的补码)
－00000010	(＋2 的补码)
11111111	(－1 的补码)

方法 2：

00000001	(＋1 的补码)
＋11111110	(－2 的补码)
11111111	(－1 的补码)

从该例可以看出，对于加减运算，数据是补码表示的，运算的结果也是补码表示的数。微型计算机处理数据时，加减法用补码，乘除法用原码。

【实例 1-9】 $X=+125, Y=-125$，分别求它们的原码、反码和补码。

$[X]_{原}=[X]_{反}=[X]_{补}=01111101B$

$[Y]_{原}=11111101B$， $[Y]_{反}=10000010B$， $[Y]_{补}=10000011B$

$[[Y]_{补}]_{补}=11111101B=[Y]_{原}$

从该例可以看出：①正数的原码、反码和补码一致；②负数的补码等于反码加 1；③负数补码的补码等于其原码。

1.2.3 微机中的常见编码

微机采用二进制数码进行识别、存储和处理，因此对于一些数据、字符、汉字等信息，用事先约定的二进制组合代码来表示，该过程称为计算机的编码。二进制方便计算机内部表达和运算，但其书写冗长，不够直观。因此，在设计、调试或人机交互等场景下，通常采用大家熟悉的十进制数。这样，在软件编程时就要进行十进制数与二进制数的互相转换。为满足此需求，常采用 BCD(binary code decimal)码。下面将介绍 BCD 码和字符的表示。

1. BCD 码

BCD 码即“二进码十进数”，因为十进制数一共有 0～9 共 10 个数字，所以需要 4 位二进制数表示 1 位十进制数。BCD 码分为有权和无权两种形式，其中，常见的有权 BCD 码有 8421 码、2421 码、5421 码；无权 BCD 码有余 3 码、余 3 循环码、格雷码。8421BCD 码是最基本和最常用的 BCD 码，其各位的权为 8、4、2 和 1，这也是 8421 码名称的由来。这种编码十进制数位与位之间是独立的，如表 1-2 所示。0～9 各自对应的 8421BCD 码为 0000～1001B，因此 1010～1111B 即 10～15 这 6 个数没有意义，一旦在运算中出现，必须设法转为相应的数，才能得到正确的结果。

表 1-2　8421BCD 编码表

十进制数	8421BCD 码	十进制数	8421BCD 码
0	0	5	101
1	1	6	110
2	10	7	111
3	11	8	1000
4	100	9	1001

【实例 1-10】 十进制数 184，其值与二进制、十六进制及 BCD 码的关系如下：

184D	10111000B	B8H	0001 1000 0100
十进制数	二进制数	十六进制数	BCD 码

BCD 码的调整规则：

(1) 两个 BCD 码相加，若和的低四位大于 1001(即大于 9)，则应加 0110(即加 6)调整；

(2) 两个 BCD 码相加，若和的低四位不大于 1001，但产生进位，则应加 0110(即加 6)调整；

(3) 若和的高四位大于 9 或高四位向更高四位有进位时，高四位也必须加 6 修正。

【实例 1-11】 用 BCD 码完成"56+68"的运算。

```
     0101 0110
+    0110 1000
     ---------
     1011 1110
+         0110
     ---------
     1100 0100
+    0110
     ---------
0001 0010 0100=124D
```

2. ASCII 码

计算机中除了能够处理数值数据以外，还可以处理文字、语音和图像等各种信息，这些信息统称为非数值数据。非数值数据在计算机中也必须以二进制形式表示，本质上是编码的过程。

ASCII(American Standard Code for Information Interchange)码为美国信息交换标准代码，主要用于显示现代英语和其他西欧语言。ASCII 码采用 7 位二进制编码，共有 128 个字符，可分为图形字符和控制字符两大类，见表 1-3。图形字符包括 10 个十进制数符、52 个大小写英文字母和 34 个其他字符，共计 96 个。图形字符具有特定的形状，可在显示器上显示。控制字符包括回车、换行和退格等，共 32 个。控制字符没有特定的形状但有一定的控制功能，不能在显示器上显示。

表 1-3　常用 ASCII 码对照表

字　符	ASCII 码			字　符	ASCII 码		
	十进制	二进制	十六进制		十进制	二进制	十六进制
NUL(空)	0	0000000	0	空格	32	0100000	20
换行	10	0001010	A	!(感叹号)	33	0100001	21

续表

字　符	ASCII码			字　符	ASCII码		
	十进制	二进制	十六进制		十进制	二进制	十六进制
“	34	0100010	22	K	75	1001011	4B
#	35	0100011	23	L	76	1001100	4C
$	36	0100100	24	M	77	1001101	4D
%	37	0100101	25	N	78	1001110	4E
&	38	0100110	26	O	79	1001111	4F
‘(引号)	39	0100111	27	P	80	1010000	50
(	40	0101000	28	Q	81	1010001	51
)	41	0101001	29	R	82	1010010	52
*	42	0101010	2A	S	83	1010011	53
+	43	0101011	2B	T	84	1010100	54
,	44	0101100	2C	U	85	1010101	55
-(减号)	45	0101101	2D	V	86	1010110	56
.	46	0101110	2E	W	87	1010111	57
/(除号)	47	0101111	2F	X	88	1011000	58
0	48	0110000	30	Y	89	1011001	59
1	49	0110001	31	Z	90	1011010	5A
2	50	0110010	32	[	91	1011011	5B
3	51	0110011	33	\	92	1011100	5C
4	52	0110100	34	]	93	1011101	5D
5	53	0110101	35	^	94	1011110	5E
6	54	0110110	36	_	95	1011111	5F
7	55	0110111	37	a	97	1100001	61
8	56	0111000	38	b	98	1100010	62
9	57	0111001	39	c	99	1100011	63
:	58	0111010	3A	d	100	1100100	64
;	59	0111011	3B	e	101	1100101	65
<	60	0111100	3C	f	102	1100110	66
=	61	0111101	3D	g	103	1100111	67
>	62	0111110	3E	h	104	1101000	68
?	63	0111111	3F	i	105	1101001	69
@	64	1000000	40	j	106	1101010	6A
A	65	1000001	41	k	107	1101011	6B
B	66	1000010	42	l	108	1101100	6C
C	67	1000011	43	m	109	1101101	6D
D	68	1000100	44	n	110	1101110	6E
E	69	1000101	45	o	111	1101111	6F
F	70	1000110	46	p	112	1110000	70
G	71	1000111	47	q	113	1110001	71
H	72	1001000	48	r	114	1110010	72
I	73	1001001	49	s	115	1110011	73
J	74	1001010	4A	t	116	1110100	74

续表

字符	ASCII码			字符	ASCII码		
	十进制	二进制	十六进制		十进制	二进制	十六进制
u	117	1110101	75	y	121	1111001	79
v	118	1110110	76	z	122	1111010	7A
w	119	1110111	77	{	123	1111011	7B
x	120	1111000	78	}	125	1111101	7D

1.3 PIC系列单片机概述

1.3.1 PIC系列单片机的特点

PIC系列单片机是美国Microchip公司推出的一个单片机系列产品，可以编程开发，主要用于控制外围设备。PIC系列单片机采用哈佛总线架构，具有高速度、低电压和低功耗等特点。此外，精简指令RISC系统也使PIC系列单片机的工作效率大为提高，其与传统的采用复杂指令集CISC结构的8位单片机相比，可达到2∶1的代码压缩，速度提高4倍。目前，PIC系列单片机在工业控制、汽车电子、智能仪器仪表等领域得到了广泛应用。

PIC系列单片机具有功能各异的数十种型号，可针对不同的应用场景和技术需求选择合适的型号。例如一个摩托车的点火器需要一个I/O较少、RAM及程序存储空间不大、可靠性较高的小型单片机，若采用40个引脚且功能强大的单片机，成本高，开发相对较难。若选用仅有8个引脚的PIC12C508单片机，即可满足摩托车点火器的控制需求。

按照指令的字长，PIC系列单片机产品可分为3个档次，分别为基本级系列、中级系列和高级系列。

1. 基本级系列

基本级系列共有33条指令，其指令字长为12位。由于体积小，价格低廉，该系列产品在成本要求严格的家电领域中得到广泛应用。代表产品有PIC16C5X和PIC12C5XX系列等。

2. 中级系列

中级系列共有35条指令，其指令字长为14位，是PIC最丰富的品种系列。其在基本级系列上进一步改进，工作性能强，兼容性好，适用于各种高、中和低档的电子产品。其片内增加了许多功能部件，如A/D转换器、E^2PROM、比较器输出、PWM输出、I^2C和SPI等部件。此外，其外部结构类型多样，如具有不同引脚数量封装的PIC12C6XX和PIC16C/FXXX系列，可满足用户的各种需求。

3. 高级系列

高级系列共有58条指令，其指令字长为16位。其运算速度快，在高速数字运算应用场合中具有明显的优势，适用于中、高档电子设备。代表产品有PIC17CXX系列，其可在一个指令周期内(160ns)完成8×8位二进制乘法运算，还具有丰富的I/O控制功能，可扩展EPROM和RAM。

本书将重点以美国Microchip公司推出的中档产品PIC16F877单片机为例，介绍单片机的基本原理及应用。如图1-4所示为PIC16F877单片机实物图。

图1-4　PIC16F877单片机实物图

1.3.2　PIC系列单片机编程语言概述

计算机编程语言是指用于人与计算机之间通信的语言。它是一种能完整、准确和规范地表达人们的意图，用以指挥或控制计算机工作的“符号系统”。计算机语言通常分为3类：机器语言、汇编语言和高级语言。

1. 机器语言

机器语言是计算机能够直接识别的指令集合。用户借助机器语言，可指挥和控制计算机的硬件实现其功能。各类型的计算机有其特定的机器语言。在二进制计算机中，用不同数量和排列规则的“0”和“1”表示代码。这种指令集称机器码(machine code，MC)，它可以直接作用于CPU，控制计算机运行。编程人员需熟记硬件平台的指令代码和代码的含义，直观性较差，且容易出错。目前，除了计算机开发人员，大多数用户不一定需要掌握和使用机器语言。

2. 汇编语言

汇编语言是一种低级语言，是一种用助记符表示的面向机器(硬件系统)的计算机语言，又称符号语言。每条汇编指令都直接对应一条或几条机器指令，以便于记忆和书写的英文助记符号形式呈现。相较于由“0”和“1”组成的机器语言，汇编语言便于书写，克服了机器语言晦涩难懂的缺点，提高了编程的效率。不同的硬件系统分别对应不同的汇编指令集。由于汇编语言使用助记符号进行编写，计算机无法直接识别和执行，因此，必须预先对“汇编程序”进行加工、翻译，转换成计算机可识别和执行的二进制目标程序(机器语言)，即编译。对于初学者来说，学习汇编语言，可以更好地熟悉语言与硬件的对应关系，了解硬件结构的工作原理和过程。对于熟练的用户来说，它还是比较烦琐费时，仍属于低级语言。

3. 高级语言

高级语言是面向用户的语言。无论何种机型的计算机，只要配备有相应的高级语言的编译器，则高级语言编写的程序便可通用。机器语言和汇编语言都是面向硬件的语言，它们对机器的过分依赖，要求用户对硬件结构及其工作原理较为熟悉，这对非专业人员来说较为困难，不利于计算机的推广应用。而高级语言是面向用户的语言，与硬件功能相分离，与自然语言（英语）更接近，便于广大用户掌握和使用，通用性强、兼容性好，便于移植。目前被广泛使用的高级语言有 Fortran、Visual Basic、C、C++、Java 和 Python 等。如表 1-4 所示为机器语言、汇编语言和高级语言的区别。

表 1-4　机器语言、汇编语言和高级语言的区别

语言	语言构成	语言级别	是否编译	适用人群
机器语言	二进制代码	低级语言	否	专业设计人员
汇编语言	助记符	低级语言	是	初学用户
高级语言	易于接受的文字	高级语言	是	熟练用户

本书重点介绍汇编语言，有助于读者更好地掌握 PIC 系列单片机工作原理和内部结构等知识。

1.3.3　PIC 编程环境介绍

单片机程序开发，就是把人的语言先写成编程语言，然后进一步编译成机器语言（或机器指令）。编译后的机器语言指令传送给单片机的过程称为程序烧写（或程序下载）。烧写过程用到的工具为烧写器。单片机完成烧写后上电，便开始执行指令。在实际开发中，开发者需要在图形化操作系统（如 Windows 系统）上建立工程、汇编和连接工程等，并获得目标代码。开发人员需借助特定软件平台来完成以上任务，称该软件平台为开发环境。单片机开发流程如图 1-5 所示。

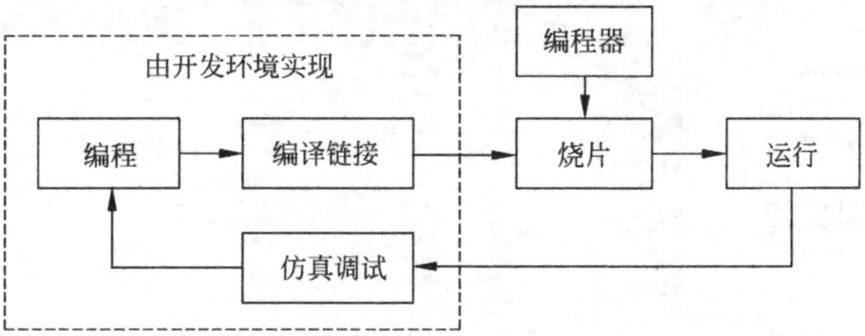

图 1-5　单片机开发流程

针对目前的 MCS-51 系列单片机和 PIC 系列单片机，常见编程开发环境主要有美国 Keil Software 公司的 Keil 和 Microchip 公司的 MPLAB。

Keil C51 专用于 51 系列单片机 C 语言软件开发，拥有 C 编译器、宏汇编器、连接器、调试器、实时内核和仿真器等。Keil C51 软件的界面如图 1-6 所示，该软件提供丰富的库函数和功能强大的集成开发调试工具，采用全 Windows 界面，生成的目标代码效率高，可以看到编译后的汇编代码。

Microchip 公司在推出 PIC 系列单片机的同时，也开发出相应的应用平台，特别是在推出 PIC16F877 单片机的时候，基于 Windows 操作系统开发了功能强大、易学易用的软件集

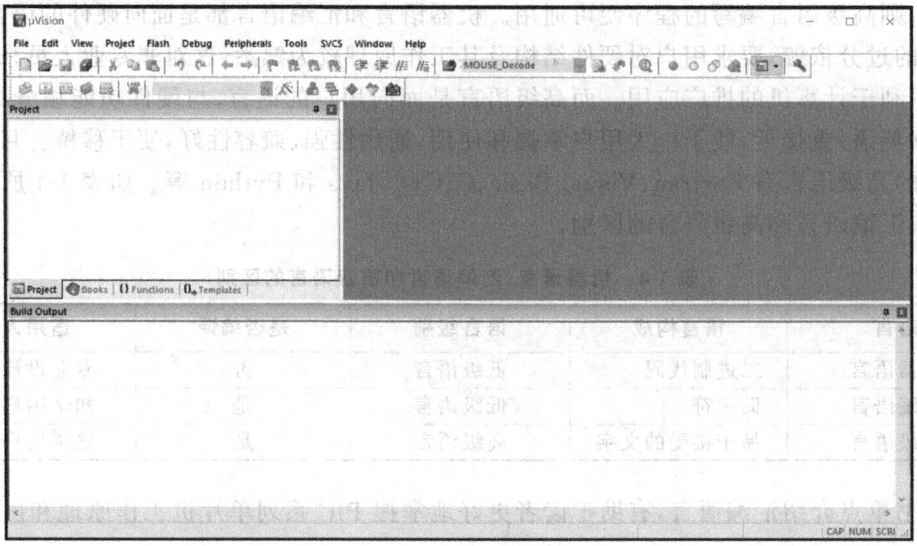

图 1-6　Keil C51 软件界面

成开发环境 MPLAB IDE(Integrated Development Environment)。通过该开发环境,人们可以在计算机系统上对 PIC16F87X 单片机进行程序创建、编辑、汇编和调试。同时,可方便、灵活地实现程序仿真、模拟运行,便于分析部分参数的运行结果。此外,该开发环境允许用户动态调试、在线仿真和功能模块开发等。正是由于 PIC 集成开发系统的完善功能和良好的用户界面,PIC 已逐渐为国内单片机开发者所熟悉和应用,尤其在单片机的教学中显现出其独特的魅力。MPLAB IDE 软件的界面如图 1-7 所示。

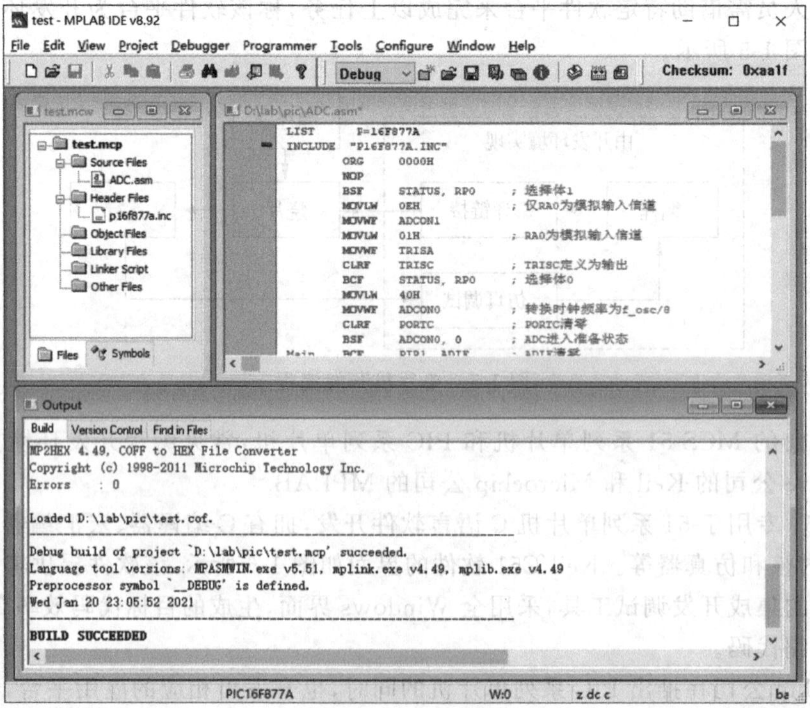

图 1-7　MPLAB IDE 软件界面

第 2 章

PIC 单片机结构组成及时序

PIC 系列单片机具有功能强大、性价比高的特点，其独特的硬件系统、指令系统以及友好的编程开发环境使得初学者很容易掌握，因此逐渐得到了单片机开发者和初学者的青睐。本章主要介绍 PIC 单片机的硬件结构、指令周期和时序，以及存储器等内容。

2.1 PIC 单片机结构

PIC16F87X 系列的型号有 PIC16F870、PIC16F871、PIC16F872、PIC16F873、PIC16F874、PIC16F876 和 PIC16F877 等。其中，最具有代表性的型号为 PIC16F877，其具备 PIC 系列单片机的基本功能。接下来主要介绍 PIC16F877 单片机的硬件结构。

2.1.1 PIC 单片机引脚

PIC16F87X 单片机有 DIP、PLCC 和 QFP 三种封装形式。PIC16F877 有双列直插式 40 引脚及表面贴装式 44 引脚等封装形式。不同封装的单片机其各个引脚的功能有所差异，图 2-1 所示为双列直插式 40 引脚的 PIC16F877 单片机引脚功能图。

PIC16F877 单片机是目前片内集成外设模块数量最多的单片机型号之一。PIC16F877 单片机除电源和地线引脚之外，其他大部分引脚具有多功能复用功能。接口引脚除具有基本的输入/输出功能外，还具有第二甚至第三功能。引脚复用技术，可在不增加引脚数量的基础上，集成更多的功能模块。根据引脚的功能，可以将引脚分为以下 4 类：

1) 电源和接地引脚(配置 2 组共 4 个)

V_{DD}：电源引脚。

V_{SS}：接地引脚。

PIC 单片机的供电电压范围较大，一般工作电压在 +2.7～+5V。为了减少电源噪声的影响，将电源引脚和接地引脚设计在芯片的中间。

2) 时钟引脚(配置 2 个)

OSC1/CLKIN：时钟振荡器晶体连接端 1、外部时钟源输入端。

OSC2/CLKOUT：时钟振荡器晶体连接端 2、外部时钟源输出端。

3) 主复位信号引脚(配置 1 个)

$\overline{MCLR}/V_{PP}$：复位输入端、编程电压输入端。

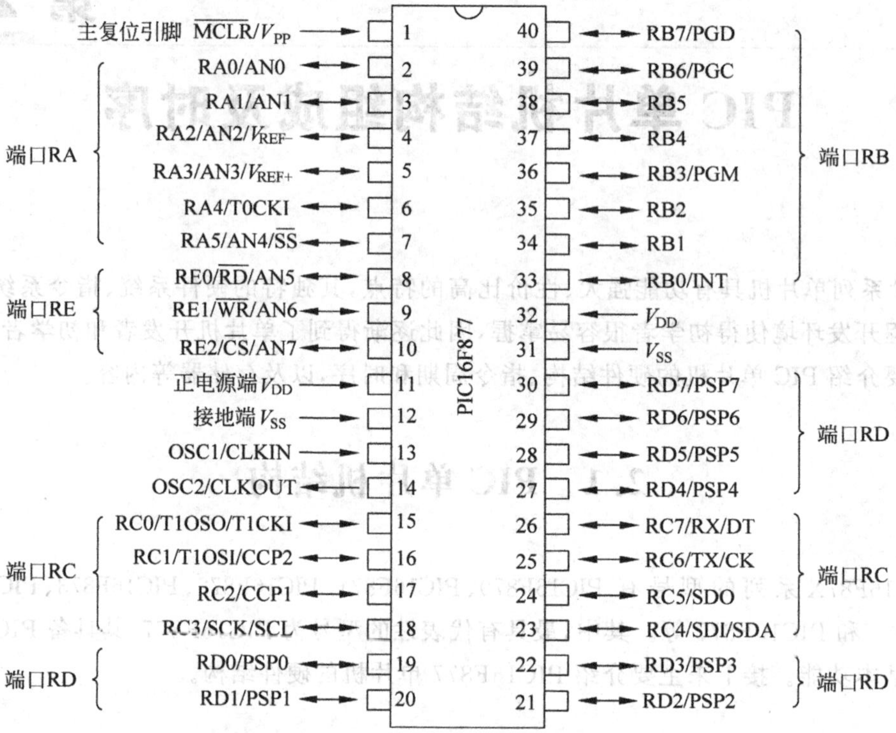

图 2-1　双列直插式 40 引脚的 PIC16F877 单片机引脚功能图

PIC16F877 单片机主复位信号引脚低电平有效，用于单片机复位；在对 CPU 编程时，此引脚可作为编程电压的输入端 V_{PP}。

4）输入/输出功能引脚(配置 33 个)

在 PIC16F877 单片机中包含 5 个输入/输出端口，共 33 个引脚。其中大部分具有两种以上复用功能，但每个引脚的复用功能各有不同，详见 4.1 节。所有端口引脚都是双向 I/O 口，其中端口 B 可以通过编程设置为弱上拉输入。

拓展知识

与 PIC 系列单片机类似，MCS-51 系列单片机也有 40 个引脚类型，以 80C51 单片机为例，如图 2-2 所示，引脚的排列顺序为从靠芯片的缺口左边一列引脚逆时针数起，依次为 1，2，3，4，…，40。40 个引脚中，包括电源引脚 2 根，分别是电源输入 V_{CC}(Pin40)和接地线 V_{SS}(Pin20)；外接晶体振荡器引脚 2 根，分别是片内振荡电路的输入端 XTAL1(Pin19)和片内振荡电路的输出端 XTAL2(Pin18)；控制引脚 4 根，分别是复位引脚 RST/V_{PD}(Pin9)，外部存储器读选通信号 $\overline{\text{PSEN}}$(Pin29)，地址锁存允许信号 ALE/$\overline{\text{PROG}}$(Pin30)和程序存储器的内外部选通 EA/V_{PP}(Pin31)；以及 4 组 8 位可编程 I/O 引脚共 32 根。

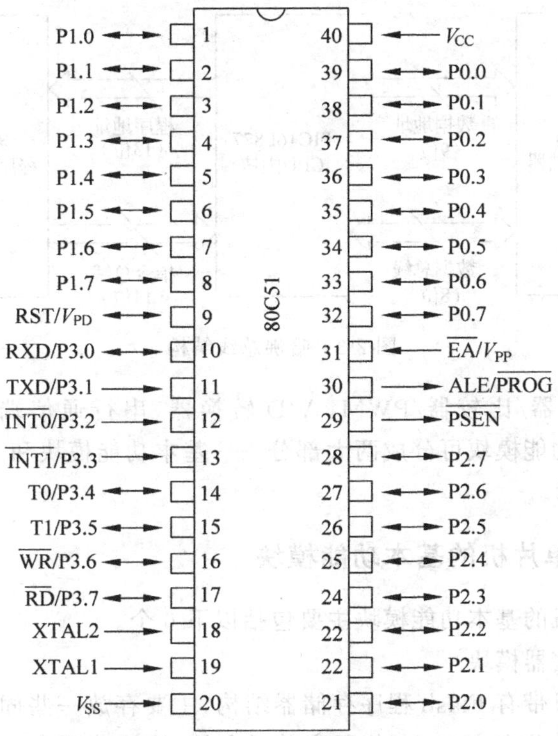

图 2-2 80C51 单片机引脚功能图

2.1.2 PIC 单片机的内部结构

1. PIC 单片机的结构组成

PIC 系列单片机采用数据总线和指令总线分离的哈佛结构，为实现不同字节宽度以及扩展指令字长奠定了技术基础。PIC 系列单片机采用精简指令集，其不同型号具有不同的指令字节宽度，但数据存储器宽度均为 8 位，其中 PIC16F877 单片机为中级产品系列，其指令字长为 14 位。

PIC16F877 单片机的哈佛总线结构如图 2-3 所示，指令和数据各自采用独立的地址空间。该结构具有两个优势：①CPU 可同时访问程序存储器和数据存储器；②程序存储器和数据存储器可以采用不同字节宽度的总线。PIC16F877 单片机采用单字节指令，通过 13 位地址访问程序存储器，取出 14 位的指令；采用两级流水线结构，可重叠取指和执行指令，即在执行一条指令的同时取出下一条指令，加快了指令执行速度。

PIC16F877 单片机的指令集系统仅有 35 条指令，可以使初学者较容易地掌握 PIC 系列单片机的使用方法。此外，PIC 系列单片机全部采用单字节指令，而且除 4 条条件判断转移指令发生间跳外，均为单周期指令，执行效率较高。

PIC16F877 单片机具有丰富的内部资源，包括 ROM、RAM、E^2PROM、I/O 端口、中断

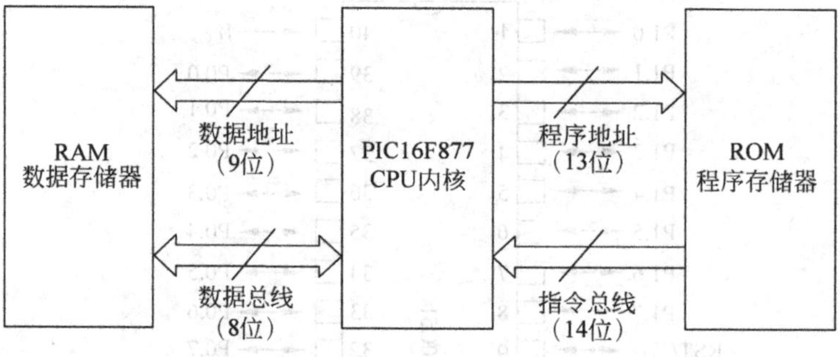

图 2-3 哈佛总线结构

控制器、定时器、捕捉器/比较器/PWM、A/D 转换器、串行通信端口和中央处理器等。PIC16F877 单片机的功能模块可分成两大部分——基本功能模块和专用功能模块，其内部结构框图如图 2-4 所示。

2. PIC16F877 单片机的基本功能模块

PIC16F877 单片机的基本功能模块主要包括以下 6 个。

1) ROM 程序存储器模块

PIC16F877 单片机带有 Flash 程序存储器结构，主要存放一些固定不变的数据和用户预先设计好的程序。其共有 8K×14 位程序单元空间，地址范围为 0000H～1FFFH。程序计数器提供 13 条地址线进行程序单元选择，每个单元存放一条 PIC 单片机系统 14 位字长指令。系统上电后或在其他复位情况下，程序从 0000H 地址单元开始运行；当响应中断或调用子程序时，PIC 单片机将当前程序断点处的地址送入堆栈区域进行保护，堆栈区是一个 8 级×13 位独立的存储区域。当中断服务程序或子程序运行完成后，通过出栈获得原断点处的程序地址，主程序得以继续执行。

PIC16F877 单片机运行时，通过 13 位程序地址总线，取出对应程序指令，即 14 位的指令机器码，送入指令寄存器，可有效分离操作码和操作数。若操作数为地址，便进入地址复用器；若操作数为数据，便进入数据复用器。而操作码将通过指令译码和控制单元转化为相应的功能操作。

2) RAM 数据存储器模块

PIC16F877 单片机 RAM 数据存储器包括通用寄存器和特殊功能寄存器两部分，主要用于存储程序执行时所产生的数据以及预设参数。RAM 数据存储器具有普通的存储功能，同时有一些逻辑功能，如置位、清零、移位和位测试等。

PIC16F877 单片机共有 512×8 位的数据存储空间，地址范围为 000H～1FFH。通过地址复用器组合 9 条地址线，对 512 个数据存储器单元进行选择。根据地址复用器的组合方式不同，寻址方式分为直接寻址和间接寻址。当采用直接寻址时，RAM 地址采用“2＋7”模式组成，即高 2 位数据来源于状态寄存器 STATUS 的 RP1 位(Bit6)和 RP0 位(Bit5)，低 7 位数据来源于指令操作数；而采用间接寻址时，RAM 地址采用“1＋8”模式组成，即最高位数据来源于状态寄存器 STATUS 的 IRP 位(Bit7)，低 8 位数据来源于文件选择寄存器 FSR。

器件型号	Flash 程序存储器	RAM数据存储器	E^2PROM 数据存储器
PIC16F877	8K×14位	512×8位	256×8位

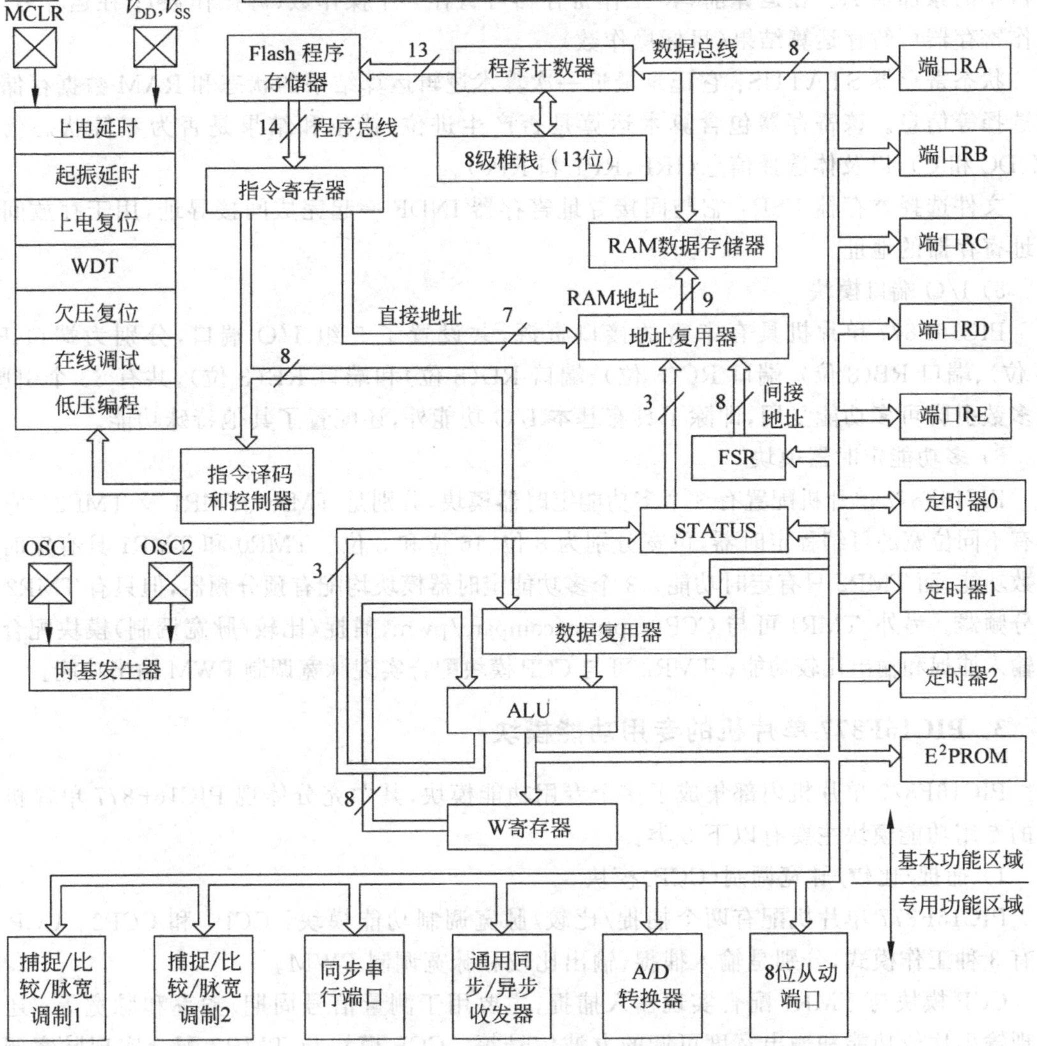

图 2-4　PIC16F877 单片机内部结构框图

3）E^2PROM 数据存储器模块

PIC16F877 单片机内置一个 E^2PROM 数据存储器模块，其共有 256×8 位的单元空间，可在线擦/写，且掉电时存储器的内容不会丢失。PIC 单片机指令集没有提供现成的 E^2PROM 的数据读写操作指令，所以开发者须通过编写特殊程序段，实现 E^2PROM 的数据读写。

4）算术逻辑运算区域

算术逻辑单元(arithmetic logic unit，ALU)是 PIC16F877 单片机中非常重要的部件之一，主要用于实现算术运算和逻辑运算。一般对于双目操作指令，两个操作数分别来自 W 寄存器和数据复位器，而执行结果可送入 W 寄存器或返回数据总线，同时将运算结果的状态送入状态寄存器 STATUS，如“加”“减”和“或”等算术逻辑运算。

与该模块相关的特殊功能寄存器主要有 3 种：

W 工作寄存器：W 工作寄存器是数据传输的中枢，是最繁忙的工作单元，相当于 51 单片机中的累加器 A。在运算前，W 工作寄存器可暂存一个操作数(源操作数)；在运算后，W 工作寄存器可暂存运算结果(目标操作数)。

状态寄存器 STATUS：它记录最近一次算术逻辑运算结果的状态和 RAM 数据存储器体选择等信息。该寄存器包含算术运算是否产生进位、错位和结果是否为零等状态信息(Z、DC 和 C)，以及体选择信息(IRP、RP1 和 RP0)。

文件选择寄存器 FSR：它与间接寻址寄存器 INDF 一起完成间接寻址，用于存放间接寻址寄存器的地址。

5) I/O 端口模块

PIC16F877 单片机具有丰富的接口资源，共设置了 5 组 I/O 端口，分别为端口 RA(6 位)、端口 RB(8 位)、端口 RC(8 位)、端口 RD(8 位)和端口 RE(3 位)，共有 33 个引脚。大多数引脚可多功能复用，即除了具有基本 I/O 功能外，还配置了其他特殊功能。

6) 多功能定时器模块

PIC16F877 单片机配置有 3 个多功能定时器模块，分别是 TMR0、TMR1 及 TMR2。它们具有不同位宽的可编程定时器，位宽分别为 8 位、16 位和 8 位。TMR0 和 TMR1 具有定时和计数功能，而 TMR2 只有定时功能。3 个多功能定时器模块均配有预分频器，但只有 TMR2 有后分频器。另外，TMR1 可与 CCP(capture/compare/pwm，捕捉/比较/脉宽调制)模块配合实现输入捕捉和输出比较功能；TMR2 可与 CCP 模块配合实现脉宽调制 PWM 输出功能。

3. PIC16F877 单片机的专用功能模块

PIC16F877 单片机内部集成了多个专用功能模块，其中充分体现 PIC16F877 单片机特色的专用功能模块主要有以下 3 类：

1) 捕捉/比较/脉宽调制(CCP)模块

PIC16F877 单片机配有两个捕捉/比较/脉宽调制功能模块：CCP1 和 CCP2。CCP 模块有 3 种工作模式，分别是输入捕捉、输出比较和脉宽调制 PWM。

CCP 模块与 TMR1 配合实现输入捕捉，主要用于测量信号周期、频率和脉宽等；还可实现输出比较功能和输出宽度可调的方波信号等。CCP 模块与 TMR2 配合实现脉宽调制 PWM 输出功能，可输出周期和脉宽可调的方波信号等，如可控制直流电机的变频调速。

2) 模/数转换器(ADC)模块

ADC 模块是 PIC16F877 单片机专用功能模块重要的器件之一，该型号单片机片内有 10 位分辨率的 ADC，最多可带 8 个模拟通道，将外部输入的模拟信号转换成单片机可识别处理的数字信号。当选用内部 RC 振荡器作为时钟信号时，即使单片机处于睡眠的状态下，ADC 模块仍能正常工作。

3) 串行通信和并行数据传送模块

端口 RC 汇集多种串行数据传送方式，主要包括两种传送方式：同步串行端口 SSP 和通用同步/异步收发器 USART。根据工作模式，SSP 可分为串行外围设备接口(serial peripheral interface，SPI)总线和 I^2C(inter integrated circuit)总线，SSP 多用于系统内部芯片之间的近距离通信；USART 多用于系统之间的远距离通信。

拓展知识

与 PIC 系列单片机总线结构不同，MCS-51 系列单片机的总线结构为冯·诺依曼架构。冯·诺依曼架构的指令和数据存放于同一个存储空间，取指令和取数据不能同时进行。

与 PIC 系列单片机采用精简指令集不同，MCS-51 系列单片机采用复杂指令集，指令系统相对丰富。同时 MCS-51 系列单片机具有很多位操作的指令，如可置位、清零和按位逻辑运算等，并且 MCS-51 系列单片机具有乘除法指令。

80C51 单片机是一种 8 位的微控制器，是一款 MCS-51 单片机。与 PIC 系列单片机类似，80C51 单片机在一块芯片中集成了 CPU、RAM、ROM、定时/计数器、I/O 接口等功能部件。图 2-5 所示为 80C51 单片机的内部系统组成的基本框图，具体包括：①8 位的 CPU；②片内时钟电路；③256B 的 RAM，用以存放可以读写的数据；④4KB 片内程序存储器 ROM，用以存放程序、原始数据和表格等；⑤4 组 8 位 I/O 接口，既可用作输入，也可用作输出；⑥1 组全双工串行 I/O 接口；⑦2 组 16 位定时/计数器 T0/T1，既可以作为定时器，又可以作为计数器；⑧5 组中断源，分为 2 级优先级。

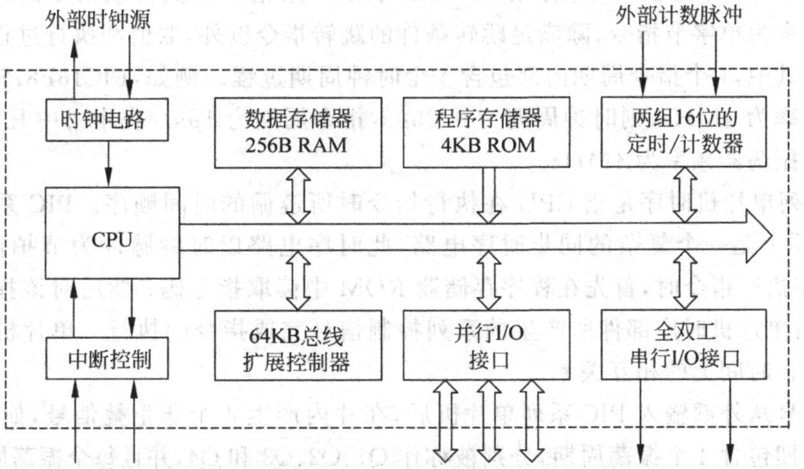

图 2-5　80C51 单片机的内部系统组成基本框图

2.2　PIC 单片机指令周期和时序

CPU 作为单片机的核心，根据指令执行相应的任务。指挥某一种单片机工作的所有指令集合，称为指令系统。不同系列的单片机拥有不同的指令系统，大多数都互不兼容。例如针对 PIC 系列单片机开发的程序就不能运行在 MCS-51 系列单片机上。为满足不同的用户需求，PIC 单片机系列分成 3 个不同的档次，它们有着不同的指令系统，但大多数指令的形式是相互兼容的。表 2-1 给出了不同档次 PIC 单片机的区别，主要包括：指令系统中指令数量不同；指令系统中指令长度不同。3个档次也有相同之处，均采用单字节指令，取指过程一次完成。

表2-1 指令系统和字节长度

产品等级	指令系统/条	每条指令字节长度/位	主要代表产品
初级	33	12	PIC12C5XX
中级	35	14	PIC16F87X
高级	58	16	PIC18CXXX

2.2.1 指令周期与时序

PIC系列单片机时钟周期是计算机中最基本、最小的时间单位，因为在一个时钟周期内，CPU仅完成一个最基本的动作。时钟周期又称为振荡周期（T_{OSC}）或节拍周期，时钟周期为时钟晶振频率的倒数。

指令周期即“读取-执行”周期，是指CPU取出一条指令并执行该指令的时间。PIC系列单片机指令为单字节指令，除满足跳转条件的跳转指令以外，取值和执行过程均占用1个指令周期。其中，1个指令周期内部包含4个时钟周期过程。例如，PIC16F877单片机的时钟振荡器频率为4MHz，则时钟周期为0.25μs，指令周期为1μs。在本书中凡是未加说明，单片机时钟振荡器频率为4MHz。

PIC系列单片机时序是指CPU在执行指令时所遵循的时间顺序。PIC系列单片机中的CPU本质上是一个复杂的同步时序电路，此时序电路以时钟脉冲为节拍协调CPU工作。CPU在执行指令时，首先在程序存储器ROM中读取指令码；然后对该指令码进行译码；最后，由单片机时序部件所产生的系列控制信号完成指令的执行。单片机时序就是这些控制信号在时间上的相互关系。

时钟信号从外部输入PIC系列单片机后，在片内产生4个非重叠信号，如图2-6所示。一个指令周期包含4个振荡周期，分别被称作Q1、Q2、Q3和Q4，并且每个振荡周期对应着每条指令的指令译码、读、处理数据以及写等操作的时间。即在Q1周期中指令译码或无操作；在Q2周期中指令读数据或无操作；在Q3周期中处理数据；在Q4周期中写数据或无操作。

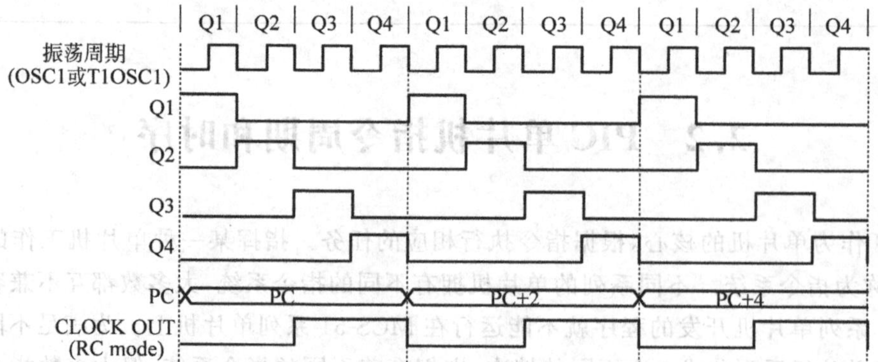

图2-6 PIC系列单片机运行时序图

拓展知识

与PIC系列单片机相比,MCS-51系列单片机的指令周期和时序相对复杂。MCS-51系列单片机的1个机器周期包括12个时钟周期。其中,每个机器周期包含6个状态周期,分别用S1、S2、S3、S4、S5和S6表示;每个状态周期又包含两个节拍,分别用P1和P2表示,每个节拍持续一个时钟周期。因此1个机器周期的12个节拍,分别表示为S1P1、S1P2、S2P1、S2P2、…、S6P1、S6P2。该过程如图2-7所示。例如,选用晶振频率为12MHz,那么机器周期就是1μs。

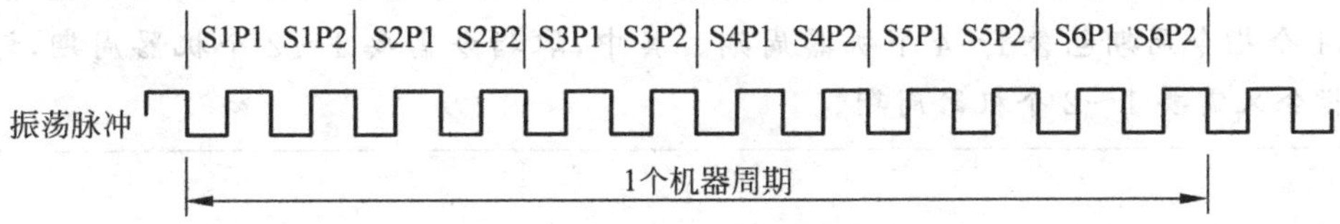

图2-7 MCS-51系列单片机运行时序图

MCS-51系列单片机由于CPU执行不同的指令所需的时间不同,因此不同的指令其指令周期也不相同。通常MCS-51系列单片机的1个指令周期含有1~4个机器周期,可分为单周期指令、双周期指令和四周期指令3种。除了乘法和除法指令为四周期指令之外,其余均为单周期或双周期指令。

2.2.2 指令流

在单片机系统中,指令执行分为两个过程:取指过程和执行过程。其中,取指的速度受指令的字节数影响,指令所占字节数越多取指越慢,反之则越快;而指令的执行速度则受时钟的振荡频率影响。PIC系列单片机采用哈佛总线结构,其充分利用程序存储器(存放指令)和数据存储器(存放运算数据)之间地址空间的相互独立性,使取指过程和执行过程的流水线操作可以同步进行。需要注意的是,同步进行并不是指同时完成某条指令的取指操作和指令执行,而是指前后指令有规律地错位执行。如图2-8所示为PIC系列单片机的指令流水操作原理。在PIC系列单片机中采用精简指令集(RISC),使用指令流水线结构,在一个指令周期内完成两部分工作:①执行指令;②从程序存储器取出下一条指令,即第N条指令的执行过程与第$N+1$条指令的取指过程同步进行。

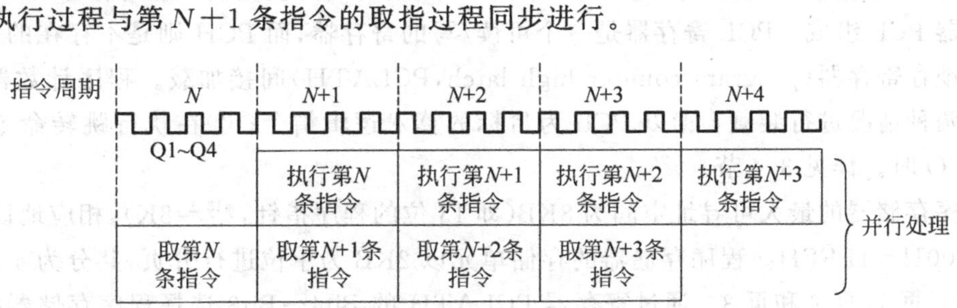

图2-8 PIC系列单片机的指令流水操作原理

在PIC单片机系统中，一条指令的执行时间包括取指和执行时间，即需要两个指令周期。但从指令连续运行的角度分析，每条指令的执行时间相当于只需要1个指令周期（个别除外，如满足跳转条件的跳转指令）。

拓展知识

MCS-51系列单片机采用冯·诺依曼架构，即采用数据线和指令线分时复用的方法顺序执行程序。

MCS-51系列单片机采用复杂指令集架构CISC，具有指令多样性和变长度的特点。通常，1个指令周期包含1～4个机器周期。其中，取指令需要1～2个机器周期，译码和执行指令又需要1～2个机器周期。

2.3 PIC单片机存储器

存储器是单片机的重要部件之一，主要用于存放指令、数据和运算结果。PIC16F877单片机存储器分为3大模块，分别是8K×14位ROM程序存储器、512×8位RAM数据存储器和256×8位E^2PROM存储器。其中，ROM通常用于存放固化的程序、系统配置位和常数表格程序；RAM用于存放从外部读入的程序、各种I/O数据和运算结果。另外，一般也将通信缓冲区、外设的内存映像区等安排在RAM中。由于PIC单片机内采用哈佛总线结构，将程序存储器和数据存储器的总线分开，因此CPU可同时访问程序存储器和数据存储器。

2.3.1 ROM程序存储器

PIC16F877单片机内部配置了8K×14位的ROM程序存储器，可方便地进行在线擦除和烧写程序，其寿命可达1000次以上。

PIC16F877单片机的程序存储器指令字节长度为14位，每个指令字节存放一条独立的程序指令；而其程序计数器(program counter，PC)为13位宽，由高5位寄存器PCH和低8位寄存器PCL组成。PCL寄存器是一个可读/写的寄存器，而PCH则是不存在的，只能通过高位锁存寄存器(program counter high latch，PCLATH)间接加载。程序计数器PC将在以下两种情况进行装载：①以PCL为目标的算术逻辑指令；②在执行跳转命令CALL或GOTO时。详见3.4节。

程序存储器的最大可寻址空间为8KB(即13位的程序指针，$2^{13}=8K$)，相应地址编码范围为0000H～1FFFH。程序存储器的存储单元以2KB为单位进行分页，共分为4页，分别称为页0、页1、页2和页3。通过寄存器PCLATH的Bit4～Bit3选择程序存储器的分页，如表2-2所示。

表 2-2　程序存储器各页的地址划分

PCLATH＜4:3＞	页	程序存储地址
00	页 0	0000H～07FFH
01	页 1	0800H～0FFFH
10	页 2	1000H～17FFH
11	页 3	1800H～1FFFH

如图 2-9 所示，PIC16F877 单片机的程序存储器只有两个入口执行地址：①复位矢量：0000H，即单片机上电或复位后程序的起始地址；②中断矢量：0004H，即单片机的 14 个功能模块中断服务程序的入口地址，当中断产生时，程序计数器会自动加载该地址。

当多个中断同时打开时，必须依次查询中断标志位，这在一定程度上降低了单片机的工作效率。需要注意的是，若程序涉及中断子程序，则需在 0000H～0003H 单元内放置转向主程序的 GOTO 指令，以避开中断入口地址 0004H 单元。

如图 2-9 所示，PIC16F877 单片机配置有 8 级 13 位宽的堆栈区域，该堆栈方式有别于其他类型的单片机，其采用一种硬件堆栈的技术方案。当 CPU 响应中断或调用子程序而改变主程序原有的顺序时，当前程序计数器 PC 的 13 位指针值被自动送入栈区保护，称为入栈。当中断服务程序或子程序运行结束之后，即执行返回类语句 RETURN、RETLW 或 RETFIE 后，断点地址将自动由堆栈区返回到程序计数器 PC，称为出栈。在入栈和出栈的过程中，PCLATH 寄存器不受影响。

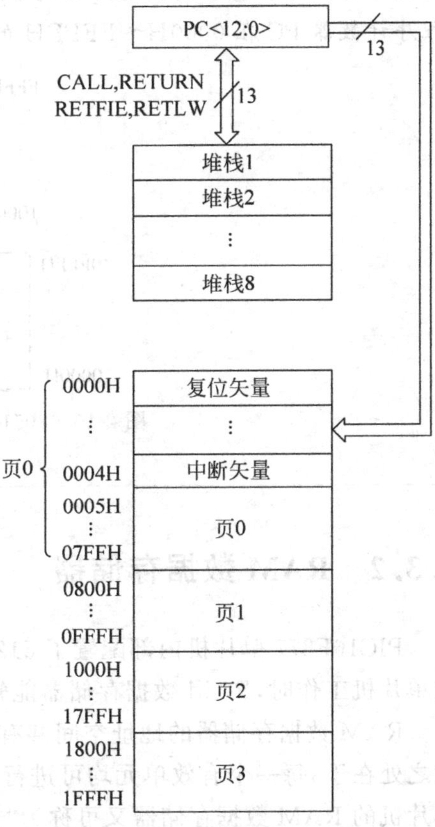

图 2-9　程序存储器和堆栈

堆栈操作需遵循“先进后出”的原则。当交叉调用子程序或过多调用嵌套时，可能会造成先入栈地址丢失。因为堆栈的操作采用循环缓冲方式，一旦堆栈满(已经入栈 8 次)，第 9 次入栈的“数据”就被放置到第 1 次的堆栈上，第 10 次入栈的“数据”就被放置到第 2 次的堆栈上，依次类推。

拓展知识

与 PIC 系列单片机不同，MCS-51 系列单片机采用冯·诺依曼结构，采用数据线和指令线分时复用的方式。

8051 单片机的程序存储器在物理结构上分为片内程序存储器和片外程序存储器，用于存放程序及程序运行时所需的常数。程序存储器地址空间范围为0000H～FFFFH，共64KB，用16位地址。

8051单片机ROM程序存储器结构如图2-10所示。引脚$\overline{EA}$决定片内片外的选择：①当引脚$\overline{EA}$保持高电平时，若程序计数器PC在0000H～0FFFH的地址范围内，CPU访问片内程序存储器；若程序计数器PC在1000H～FFFFH的地址范围内，CPU访问片外程序存储器。②当引脚$\overline{EA}$保持低电平(接地)时，CPU只能访问片外程序存储器，即程序计数器PC在0000H～FFFFH的地址范围内，CPU访问片外存储器中的程序。

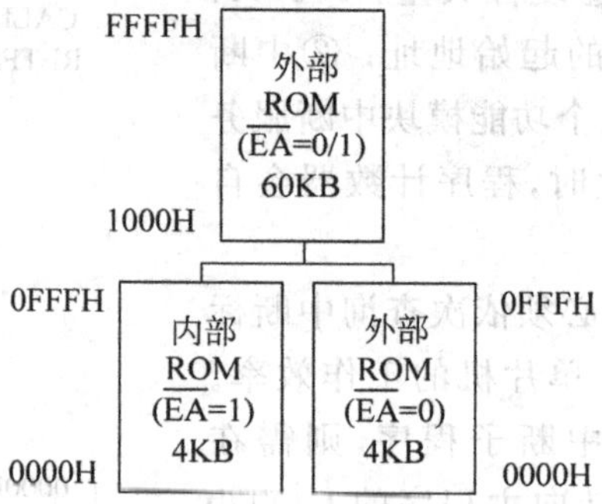

图2-10　8051单片机ROM程序存储器结构

2.3.2 RAM数据存储器

PIC16F877单片机内部配置了512×8位宽的RAM数据存储器。与一般的内存类似，在单片机工作时，RAM数据存储器能暂时保存相关的配置、状态及数据等信息。

RAM数据存储器的地址空间共有512个单元(包括部分无效单元)。PIC单片机的强大之处在于，每一个有效单元均可进行置位、复位、移位和位测试等操作。因此，PIC16F877单片机的RAM数据存储器又可称为“文件寄存器”。

PIC16F877单片机的RAM数据存储器可分为两类：通用寄存器和特殊功能寄存器(又称专用寄存器)。其中，通用寄存器提供给用户使用；而特殊功能寄存器通常用于定义某些功能模块，是一种具有特定功能的数据存储器。PIC16F877单片机的RAM数据存储器划分为4个“体”(bank)，分别称为体0、体1、体2和体3，每个体均具有128×8位宽的存储单元。RAM数据存储器的内容可读/写，掉电后会丢失。可通过状态寄存器STATUS的RP1和RP0位(Bit6～Bit5)选择数据存储器的各个体，其关系如表2-3所示。

表2-3　RAM数据存储器各个体的地址划分

STATUS<6:5>	体	数据存储地址
00	体0	000H～07FH
01	体1	080H～0FFH
10	体2	100H～17FH
11	体3	180H～1FFH

如图 2-11 所示为 PIC16F877 单片机的 RAM 数据存储器结构。理论上 RAM 数据存储器共有 512 个地址单元(即 9 位的数据地址线，$2^9=512$)，其中，有 19 个单元保留未用或

体0	地址	体1	地址	体2	地址	体3	地址
INDF{1}	00H	INDF{1}	80H	INDF{1}	100H	INDF{1}	180H
TMR0	01H	OPTION_REG	81H	TMR0	101H	OPTION_REG	181H
PCL	02H	PCL	82H	PCL	102H	PCL	182H
STATUS	03H	STATUS	83H	STATUS	103H	STATUS	183H
FSR	04H	FSR	84H	FSR	104H	FSR	184H
PORTA	05H	TRISA	85H		105H		185H
PORTB	06H	TRISB	86H	PORTB	106H	TRISB	186H
PORTC	07H	TRISC	87H		107H		187H
PORTD	08H	TRISD	88H		108H		188H
PORTE	09H	TRISE	89H		109H		189H
PCLATH	0AH	PCLATH	8AH	PCLATH	10AH	PCLATH	18AH
INTCON	0BH	INTCON	8BH	INTCON	10BH	INTCON	18BH
PIR1	0CH	PIE1	8CH	EEDATA	10CH	EECON1	18CH
PIR2	0DH	PIE2	8DH	EEADR	10DH	EECON2	18DH
TMR1L	0EH	PCON	8EH	EEDATH	10EH	Reserved{2}	18EH
TMR1H	0FH		8FH	EEADRH	10FH	Reserved{2}	18FH
T1CON	10H		90H	通用寄存器16字节	110H	通用寄存器16字节	190H
TMR2	11H	SSPCON2	91H		111H		191H
T2CON	12H	PR2	92H		112H		192H
SSPBUF	13H	SSPADD	93H		113H		193H
SSPCON	14H	SSPSTAT	94H		114H		194H
CCPR1L	15H		95H		115H		195H
CCPR1H	16H		96H		116H		196H
CCP1CON	17H		97H		117H		197H
RCSTA	18H	TXSTA	98H		118H		198H
TXREG	19H	SPBRG	99H		119H		199H
RCREG	1AH		9AH		11AH		19AH
CCPR2L	1BH		9BH		11BH		19BH
CCPR2H	1CH		9CH		11CH		19CH
CCP2CON	1DH		9DH		11DH		19DH
ADRESH	1EH	ADRESL	9EH		11EH		19EH
ADCON0	1FH	ADCON1	9FH		11FH		19FH
通用寄存器80字节	20H … 6FH	通用寄存器80字节	A0H … EFH	通用寄存器80字节	120H … 16FH	通用寄存器80字节	1A0H … 1EFH
通用寄存器16字节	70H … 7FH	映射到70H~7FH	F0H … FFH	映射到70H~7FH	170H … 17FH	映射到70H~7FH	1E0H … 1FFH

图 2-11　PIC16F877 单片机的 RAM 数据存储器结构

注：(1) 标注{1}的单元为非物理存在的寄存器；(2) 标注{2}的单元为保留单元；(3) 带有阴影的单元物理上不存在。

不存在、77 个特殊功能寄存器占用 77 个单元，以及通用寄存器有 416 个单元。但是，由于体 1、体 2 和体 3 的最后 16 个单元均映射到体 0，因此通用寄存器单元实际为 368 个。互相映射是指在不同体内的物理单元尽管具有不同的地址，但却对应相同的寄存器单元。如间接寻址寄存器 INDF、程序计数器低 8 位 PCL、状态寄存器 STATUS、文件选择寄存器 FSR、程序计数器内高位锁存寄存器 PCLATH 和中断控制寄存器 INTCON，都存在 4 体互相映射。另外，还有一些特殊功能寄存器单元在体 0 和体 2(或体 1 和体 3)之间互相映射，该类寄存器单元带有两个不同体域的地址，如选项寄存器 OPTION_REG、定时器/计数器 TMR0、端口 RB 数据寄存器 PORTB 和端口 RB 方向控制寄存器 TRISB。

PIC16F877 单片机采用这种配置，是因为其主要采用直接寻址“2＋7”的方式访问常用的数据存储器，但指令机器码仅能携带访问单元地址的低 7 位信息。所以，为了避免体域转换，将重要且常用的特殊功能寄存器设置为互相映射。例如，状态寄存器 STATUS 的 4 个地址为 03H、83H、103H 和 183H(这 4 个寄存器单元地址的低 7 位相同)，通过这 4 个地址均能找到该寄存器单元，且内容唯一。

1. 通用寄存器

PIC16F877 单片机的通用寄存器(general purpose registers，GPR)可由用户根据程序设计需要，用于存取指令运行过程中的过程数据或状态信息。在单片机上电复位后，通用寄存器内各单元的内容一般是不确定的，虽然绝大多数单元的内容可能为零，但请读者务必保持严谨的编程习惯，对需要使用的寄存器单元进行初始化操作。

如图 2-11 所示，通用寄存器主要位于 RAM 数据存储器各体的下半部分。其中，体 0 区域有 96 个寄存器单元，地址范围为 020H～07FH；体 1 区域有 96 个寄存器单元，地址范围为 0A0H～0FFH；体 2 区域有 112 个寄存器单元，地址范围为 110H～17FH；体 3 区域有 112 个寄存器单元，地址范围为 190H～1FFH。可以得出，通用寄存器共有 416 个 8 位宽的 RAM 单元。需要注意的是，体 1 中 F0H～FFH 地址范围、体 2 中 170H～17FH 地址范围，以及体 3 中 1F0H～1FFH 地址范围的寄存器单元，实际上并不存在硬件结构，只是一种虚拟设计，但它们的地址信息均可映射到体 0 中 70H～7FH 地址范围的 16 个 RAM 单元。因此，根据数据存储器结构，通用寄存器单元数实际为 368 个。

2. 特殊功能寄存器

特殊功能寄存器(special function registers，SFR)，又称为“专用寄存器”，主要位于 RAM 数据存储器各体的上半部分(共有 77 个)，是为某些特殊功能而设计的专用寄存器。每个寄存器单元，甚至单元中每一位都有特定的名称和功能。

特殊功能寄存器主要涉及 PIC 基本功能结构、算术逻辑运算结果的状态、专用功能模块的配置，以及数据通信方式等内容的定义。将特殊功能寄存器中需要设置定义才能起作用的参数称为主动参数，而根据指令执行结果由系统自动返回的参数称为被动参数。

下面主要介绍几个典型的特殊功能寄存器，其他相关特殊功能寄存器则放在各功能模块相应章节介绍。

1) 状态寄存器(STATUS)

状态寄存器用于储存 RAM 数据存储器体选择、CPU 运行状态，以及算术逻辑单元

(ALU)运算结果状态等信息。状态寄存器的功能位 $\overline{\text{TO}}$ 和 $\overline{\text{PD}}$ 只读，其余位的状态取决于运算结果。STATUS 各个位的分布如表 2-4 所示。

表 2-4　STATUS 的各个位

寄存器	地址	各位名称							
		Bit7	Bit6	Bit5	Bit4	Bit3	Bit2	Bit1	Bit0
STATUS	03H/83H 103H/183H	IRP	RP1	RP0	$\overline{\text{TO}}$	$\overline{\text{PD}}$	Z	DC	C

C(Bit0)：被动参数，进位/借位标志。

- 0：执行加/减法指令时，最高位无进位/有借位。
- 1：执行加/减法指令时，最高位有进位/无借位。

DC(Bit1)：被动参数，辅助进位/借位标志。

- 0：执行加/减法指令时，低 4 位向高 4 位无进位/有借位。
- 1：执行加/减法指令时，低 4 位向高 4 位有进位/无借位。

Z(Bit2)：被动参数，零状态标志位。

- 0：算术或逻辑运算结果不为 0。
- 1：算术或逻辑运算结果为 0。

$\overline{\text{PD}}$(Bit3)：被动参数，低功耗标志位。

- 0：执行睡眠指令后。
- 1：执行上电或看门狗清零指令后。

$\overline{\text{TO}}$(Bit4)：被动参数，超时标志位。

- 0：看门狗出现超时。
- 1：执行上电、看门狗清零或睡眠指令后。

RP1～RP0(Bit6～Bit5)：主动参数，RAM 数据存储器体选择位(见表 2-3)，用于直接寻址。

IRP(Bit7)：主动参数，RAM 数据存储器体选择位，用于间接寻址。

- 0：选择 RAM 数据存储器的体 0 或体 1。
- 1：选择 RAM 数据存储器的体 2 或体 3。

2) 间接寻址寄存器(INDF)和文件选择寄存器(FSR)

间接寻址寄存器(INDF)位于 RAM 数据存储器各体的最低位单元，即 00H、80H、100H 和 180H，它们之间互相映射，只具有地址编码，但物理上并不存在。当访问 INDF 地址时，实际上是访问以 FSR 内容为地址的 RAM 数据存储器单元。PIC 单片机这种独特而巧妙的设计，可实现对数据存储器的循环访问，同时也精简了 PIC 指令集系统。

拓展知识

与 PIC 系列单片机不同，MCS-51 系列单片机的数据存储器在物理上和在逻辑上都分为两块独立的地址空间。内部 RAM 的地址为 00H～FFH，访问时用 MOV 指令。此外，

MCS-51 单片机还可挂载 64KB 的外部 RAM，地址为 0000H～FFFFH。对外部数据存储器的访问采用 MOVX 指令。片内 RAM 数据存储器最大可寻址 256 个单元，它们又分为两个部分：低 128 字节，00H～7FH，是真正的 RAM 区；高 128 字节，80H～FFH，为特殊功能寄存器区。

(1) 内部 RAM 的低 128 字节

8051 单片机的内部 RAM 低 128 字节单元是单片机的真正数据存储器，按其用途划分为 3 个区域，如表 2-5 所示。其中，包括：①工作寄存器区：地址为 00H～1FH，共 32 个单元，可分为 4 组，每组由 8 个单元按序组成通用寄存器 R0～R7，常用于存放操作数及中间结果等。②位寻址区：地址为 20H～2FH，共 16 个单元，它们既可作为一般数据存储器单元使用，又可以进行字节操作。MCS-51 单片机具有布尔运算功能，这个位寻址区可以构成布尔处理机的存储空间。③数据缓冲区：地址为 30H～7FH，共 80 个单元，该区域只能字节寻址，可供用户读写。

表 2-5　片内 RAM 低 128 个单元的配置

地　址	功　能
00H～07H	工作寄存器 0 区(R7～R0)
08H～0FH	工作寄存器 1 区(R7～R0)
10H～17H	工作寄存器 2 区(R7～R0)
18H～1FH	工作寄存器 3 区(R7～R0)
20H～2FH	位寻址区(00H～7FH)
30H～7FH	数据缓冲区

(2) 内部 RAM 的高 128 字节

8051 单片机的内部数据存储器高 128 字节单元为专用寄存器区，地址为 80H～FFH。有 21 个单元作为特殊功能寄存器(FSR)，包括累加器 ACC、寄存器 B、程序状态寄存器 PSW、堆栈指针 SP、数据指针 DPTR 以及 I/O 端口 P0～P3 等。

(3) 外部 RAM

8051 单片机可接外部存储器(外部 RAM)，外部寻址空间为 0000H～FFFFH，共 64KB。用户可根据功能需求，决定是否需要扩展外部数据存储器。

2.3.3 E^2PROM 数据存储器

PIC16F877 单片机配置有 E^2PROM 数据存储器，其共有 256×8 位存储空间，地址的范围是 00H～FFH，可长期存放用户或系统的重要参数，如时间、配置及数据表格等，是一种非常重要的硬件资源。

相比 RAM 数据存储器，E^2PROM 数据存储器具有失电保护的优点，即在掉电后不会失去先前保存的数据信息，在 PIC 单片机的工作电压范围内，仍可读/写失电保护的数据信息。E^2PROM 数据存储器进行写入操作时，将自动采用先擦除后写入新值的方式，进行一个字或字节的写入操作，不影响其他指令的执行。E^2PROM 的数据信息并不直接映射在

RAM 数据存储器中，因此，其访问只能通过特殊功能寄存器的间接寻址来实现。

1. 相关特殊功能寄存器

E^2PROM 数据存储器的读/写操作主要涉及 4 个特殊功能寄存器，如表 2-6 所示，其功能如表 2-7 所示。

表 2-6 E^2PROM 数据存储器相关的寄存器

寄存器	地址	各位名称							
		Bit7	Bit6	Bit5	Bit4	Bit3	Bit2	Bit1	Bit0
EEDATA	10CH	8 位待写入数据							
EEADR	10DH	8 位地址数据							
EECON1	18CH	EEPGD	—	—	—	WRERR	WREN	WR	RD
EECON2	18DH	通用参数							

表 2-7 与 E^2PROM 数据存储器相关的寄存器的功能

寄 存 器	简 称	功 能
专用数据读/写寄存器	EEDATA	临时存放 E^2PROM 数据存储器进行读/写操作的数据
专用地址读/写寄存器	EEADR	临时存放对 E^2PROM 数据存储器进行读/写访问的单元地址
读/写控制第一寄存器	EECON1	用于 E^2PROM 读/写方式的设定和初始化寻址控制
读/写控制第二寄存器	EECON2	虚拟寄存器，专门用于 E^2PROM 数据存储器写操作的次序控制

EECON1 寄存器有 3 位（Bit6～Bit4）是无定义的，读出为无效数据，其他各位含义如下：

Bit7	Bit6	Bit5	Bit4	Bit3	Bit2	Bit1	Bit0
EEPGD	—	—	—	WRERR	WREN	WR	RD

RD(Bit0)：复合参数，E^2PROM 数据存储器的数据读操作方式控制位。

- 0：未启动 E^2PROM 读操作，或在一个读操作周期后硬件自动清零。
- 1：启动 E^2PROM 读操作，软件主动置位。

WR(Bit1)：复合参数，写操作控制位。

- 0：未启动 E^2PROM 写操作，或在一个写操作周期后硬件自动清零。
- 1：启动 E^2PROM 写操作，软件主动置位。

WREN(Bit2)：主动参数，E^2PROM 写使能位。

- 0：禁止对 E^2PROM 写操作。
- 1：允许对 E^2PROM 写操作。

WRERR(Bit3)：被动参数，E^2PROM 错误标志位。

- 0：已完成 E^2PROM 写操作，硬件自动清零。
- 1：未完成 E^2PROM 写操作，过程发生错误。

EEPGD(Bit7)：主动参数，ROM 程序存储器/E^2PROM 数据存储器选择位。

- 0：选择 E^2PROM 数据存储器。

• 1：选择 ROM 程序存储器。

2. 向 E^2PROM 写数据

向 E^2PROM 数据存储器写入数据，该过程与寄存器 EECON1 的 WR 位(Bit1)、WREN 位(Bit2)和 WRERR 位(Bit3)，以及寄存器 PIR2 的 EEIF 位(Bit4)有关。其中，在写操作过程中，写操作使能位 WREN 必须为置位状态(WREN＝1)；写操作控制位 WR 用于初始化写操作，设置 WR＝1 启动 E^2PROM 写操作，当写操作结束后硬件自动清零。E^2PROM 中断标志状态位 EEIF 在后续章节中介绍。需要注意的是，只有当 WREN 位置 1 后才能对 WR 位置 1，且不能同时在一个操作指令中进行置 1。一旦 E^2PROM 数据存储器已启动写操作功能，即使对 WREN 位进行清零也不能中止写操作过程。当写操作完成后，标志位 EEIF 自动置 1。另外，写操作过程需占用较长时间，通常为 3～8ms，所以需要在程序上预留足够的等待时间，即必须执行一串特殊的指令序列，连续地将特定的通用参数 55H 和 0AAH 先写入 W 工作寄存器，再写入寄存器 EECON2。

E^2PROM 数据存储器的写操作过程可分为以下几个步骤，如图 2-12 所示。

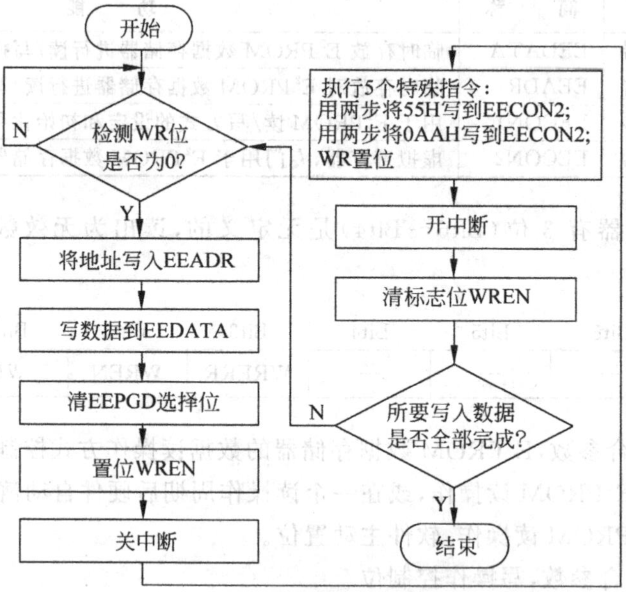

图 2-12 写 E^2PROM 数据存储器的步骤

(1) 若第(10)步没有执行，检查寄存器 EECON1 的写操作控制位 WR，判断是否正在进行写操作。

(2) 确保地址不超过 PIC16F877 单片机存储器地址范围，将地址写入 EEADR。

(3) 将 8 位数据写到 EEDATA 数据寄存器。

(4) 将寄存器 EECON1 的 EEPGD 位(Bit7)清 0，选择 E^2PROM 数据存储器。

(5) 将寄存器 EECON1 的 WREN 位(Bit2)置 1，允许对 E^2PROM 的写操作。

(6) 禁止中断，将寄存器 INTCON 的 GIE 位(Bit7)清 0。

(7) 执行 5 个特殊指令序列：用两步将 55H 写到 EECON2(先写到 W 工作寄存器，再写到寄存器 EECON2)；用两步将 0AAH 写到寄存器 EECON2(先写到 W 工作寄存器，再写到寄存器 EECON2)；将寄存器 EECON1 的 WR 位(Bit1)置 1。

(8) 开启中断，将寄存器 INTCON 的 GIE 位(Bit7)置 1。

(9) 将寄存器 EECON1 的 WREN 位(Bit2)清 0。

(10) 完成写操作，寄存器 EECON1 的标志位 WR 复位(WR=0)，中断标志位 EEIF 由软件自动置 1。若第(1)步没有执行，检查 EEIF 是否置 1，WR 是否复位，以确保写周期结束。

写 E²PROM 数据存储器的程序如下：

```
         LIST     P=16F877
         INCLUDE  "P16F877.INC"
ADDR     EQU      70H
VALUE    EQU      71H
         ORG      0000H
         NOP
         BSF      STATUS, RP1
         BSF      STATUS, RP0          ; 选择体 3
         BTFSC    EECON1, WR           ; 等待
         GOTO     $-1                  ; 写操作完成
         BCF      STATUS, RP0          ; 选择体 2
         MOVF     ADDR, W
         MOVWF    EEADR                ; 写地址到 EEADR
         MOVF     VALUE, W
         MOVWF    EEDATA               ; 写数据到 EEDATA
         BSF      STATUS, RP0          ; 选择体 3
         BCF      EECON1, EEPGD        ; 选择 E2PROM 数据存储器
         BSF      EECON1, WREN         ; 允许写操作
         BCF      INTCON, GIE          ; 若中断开放,禁止中断
         MOVLW    55H
         MOVWF    EECON2               ;将 55H 写入 EECON2
         MOVLW    0AAH
         MOVWF    EECON2               ; 将 0AAH 写入 EECON2
         BSF      EECON1, WR
         BSF      INTCON, GIE          ; 若需要中断,打开中断
         BCF      EECON1,WREN          ; 禁止写操作
         END
```

3. 从 E²PROM 读数据

相对写操作，E²PROM 数据存储器的读操作过程较为简单，只需要将访问的地址数据写入到寄存器 EEADR，并且存储器选择位 EEPGD 清 0。在读出方式控制位 RD 置 1 后，数据在下一个指令周期存入寄存器 EEDATA，可由再下一个指令来读取数据。除非另一个读操作开始或由硬件写入，否则寄存器 EEDATA 的数据将一直保留。读出方式控制位 RD 在读操作完成之后硬件自动清零，不能用软件清零。

E²PROM 数据存储器的读操作过程可分为以下几个步骤，如图 2-13 所示。

(1) 确保地址不超过 PIC16F877 单片机存储器的地址范围，将地址写入 EEADR；

(2) 将 EECON1 寄存器的 EEPGD 位(Bit7)清 0，选择 E²PROM 数据存储器；

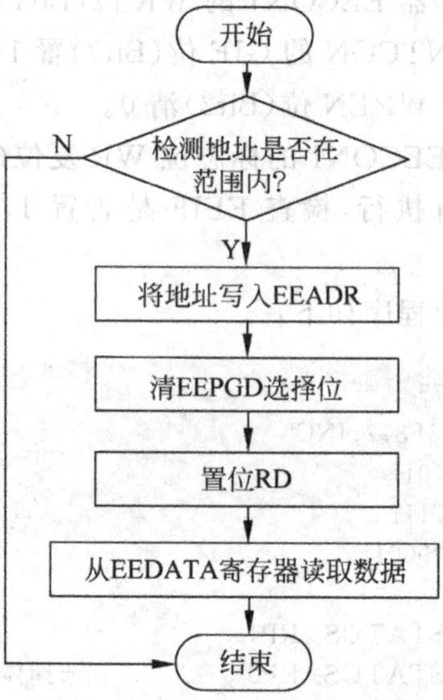

图 2-13　写 E^2PROM 数据存储器的步骤

(3) 将 EECON1 寄存器的 RD 位(Bit0)置 1,初始化读操作;

(4) 从 EEDATA 寄存器读取数据。

读 E^2PROM 数据存储器程序如下:

```
        LIST    P=16F877
        INCLUDE "P16F877.INC"
ADDR    EQU     70H
        ORG     0000H
        NOP
        BSF     STATUS, RP1         ; 选择体 2
        BCF     STATUS, RP0
        MOVF    ADDR, W
        MOVWF   EEADR               ; 写入地址
        BSF     STATUS, RP0         ; 选择体 3
        BCF     EECON1, EEPGD       ; 选择 E2PROM 数据存储器
        BSF     EECON1, RD          ; 初始化读
        BCF     STATUS, RP0         ; 选择体 2
        MOVF    EEDATA, W           ; 将读出数据放入 W 寄存器
        END
```

第 3 章

PIC 单片机指令系统与程序设计

如前面章节所述,PIC 系列单片机按照指令集数量和指令字节的长度分为 3 个档次。PIC 单片机采用哈佛总线架构,数据总线与指令总线分离,实现取指过程和执行过程的流水作业。PIC 系列单片机指令为单字节指令,除条件跳转指令外,取指过程和执行过程均占用 1 个指令周期。本章将以 PIC16F877 单片机为对象,介绍单片机的指令系统和程序设计原理。

3.1 指令结构及汇编语言

指令(instruction)是计算机执行某种操作的命令。计算机中所有指令的集合,称为该类型计算机的指令系统,也可称为指令集(instruction set)。指令系统影响计算机性能,决定了计算机的基本功能,是衡量计算机性能的重要标志。早期的计算机系统采用复杂指令集(complex instruction set computing,CISC),其部分指令的利用率较低,造成极大的硬件资源浪费。针对这个问题,人们设计出了精简指令集(reduced instruction set computing,RISC)。RISC 具有指令精简、数量少的优点,其采用单字节,提高了硬件资源的利用率。PIC 系列单片机采用的是精简指令集,不同档次系列分别对应不同的指令集。

汇编语言是一种用助记符表示的面向物理界面和硬件接口的计算机语言。它的程序设计虽然不如高级语言随意和方便,且可移植性差,但具有结构简单、存储空间小、实时性能强、执行速度快等优点。因此,汇编语言在小系统的控制开发中占有重要地位。对于初学者来说,学习汇编语言,能够更好地了解单片机的工作原理。

3.1.1 PIC 单片机指令结构

PIC16F877 单片机采用单字节指令集,每条指令的字节长度为 14 位,其机器码主要由操作码和操作数组成。一般地,高位数据(3～6 位)为操作码,用于说明指令功能;低位数据(8～11 位)为操作数,参与指令处理。图 3-1 所示为 PIC16F877 单片机指令的机器码结构。

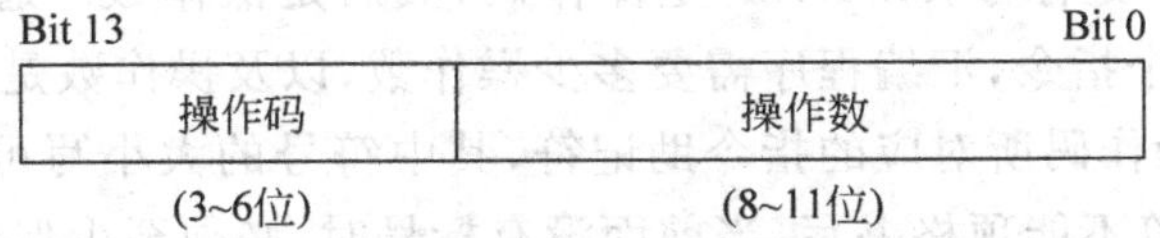

图 3-1 指令机器码结构

3.1.2 PIC汇编语言格式

1. 指令格式

PIC系列单片机汇编语言的指令由4个部分组成，包括标号、操作码、操作数和注释。其书写格式如下：

标号	操作码(指令助记符)	操作数	;注释
Label	Opcode	Operand	Comment

这4个组成部分的顺序不可颠倒，标号、操作码和操作数之间至少用1个空格分隔；操作数与注释之间用半角分号分隔；除操作码外，其他部分不是必需的，在某些情况下可省略；若无标号，操作码前面至少留有1个空格。

PIC汇编语言程序既可以用大小写字母书写，还可以用大小写字母混合书写。但其作用的效果对于前3部分是完全不一样的。一条汇编语言语句中，最多允许有225个(半角)字符。

1) 标号

标号用于表示指令所在地址，常作为程序块的引导标志。通常在数据定义、常数、循环、跳转和子程序调用中对将要访问的指令进行定义。因此，可以通过标号引用一条指令，而无须对指令的具体地址进行解析。标号部分是一条语句的非必要部分，可以不写标号。例如：

```
wait  GOTO  wait  ;原地等待(该语句也可写成  GOTO  $)
```

需要注意的是，标号必须以字母或下划线开始，由字母、数字、特殊符号以及空格、制表符、换行符组成，最多32个字符；标号不能用系统保留字，即标号不能与操作码(指令助记符)、寄存器代号、汇编语言的保留字以及伪指令相同；一个标号只能表示一个地址，不能重复定义；标号可以与语句同行，也可以在语句上方单独一行使用；标号须顶格书写，结束不用冒号。

2) 操作码

操作码是汇编语言语句的核心要素，决定指令的操作类型和性质。任何一条汇编语句都不能缺少操作码。操作码用指令助记符表示，是由2～6个字符组成的，用来唯一标识机器码、宏调用指令或伪指令的字符，通常是语句功能名称的英文缩写。如：ADD表示加法类运算，SUB表示减法类运算。例如：

```
STA    ADDWF  f,d
```

上述语句中，STA是标号，ADDWF是操作码，其后是操作数。通过操作码，程序员告诉编译器要执行哪一个指令，汇编程序需要多少操作数，以及操作数是什么类型。

需要注意的是，操作码所对应的指令助记符，其中符号的大小写可以混写，不影响操作码的含义；指令助记符不能顶格书写，当前面没有标号时，必须至少保留1个空格。

操作码又称为助记符，主要由两部分组成，分别为核心助记符和非核心助记符。核心助记符通常根据指令的功能用特定英文单词的缩写来表示，如 MOV 为 Move 的缩写，代表数据的传输；SUB 为 Substract 的缩写，代表数据的相减。核心助记符如表 3-1 所示。

表 3-1　核心助记符

助　记　符	功能说明	助　记　符	功能说明
ADD	相加	MOV	传送
SUB	相减	RL	左移
AND	相“与”	RR	右移
IOR	相“或”	CLR	清零
XOR	相“异或”	COM	取反
INC	加 1	RET	返回
DEC	减 1	BTF	测试

非核心助记符通常紧接在核心助记符后面使用。最常用的非核心助记符为 L、W 和 F，分别代表操作数的来源为立即数、W 工作寄存器和数据存储器。在使用过程中，L、W 和 F 在操作码中的排列顺序为 L>W>F，如 ADDLW 中 L 排在 W 前面，MOVWF 中 W 排在 F 前面。非核心助记符如表 3-2 所示。

表 3-2　非核心助记符

助　记　符	功能说明	助　记　符	功能说明
L	立即数	SZ	全为 0 时跳转
W	W 工作寄存器	SC	某位为 0 时跳转
F	数据存储器	SS	某位为 1 时跳转
WDT	看门狗		

3）操作数

操作数是指令助记符操作的对象，一般表现为数据或地址的形式，也可用符号变量所表示的数据或地址。数值表达方式可以是二进制、八进制、十进制和十六进制，如表 3-3 所示为十进制数 138 在汇编时各个进制的表示方法。

表 3-3　各进制下 138 的表示形式

进　　制	通用形式	默认形式 1	默认形式 2	特定形式
二进制	B'10001010'	10001010B	10001010	—
八进制	Q'212'	212Q	212	—
十进制	D'138'	138D	138	.138
十六进制	H'8A'	8AH	8A	0x8A

需要注意的是，若操作数有两项，中间应用半角逗号分开；以 A、B、C、D、E 和 F 开头的数，前面应加“0”作为引导，如 0F3H；操作数的符号变量区分大小写；当目标地址为 F 时，相当于目标参数 d=1，当目标地址为 W 时，相当于目标参数 d=0。

4）注释

注释是汇编语言语句功能的一种补充说明。用半角分号引出注释内容，可紧跟指令之后，也可独立一行或多行书写，但每一行均须由分号引出。注释主要是为了便于程序阅读、修改和调试。注释内容与程序一起保存和显示,但不参与编译,不影响程序运行。注释的内容中英文皆可。

2. 指令描述符号说明

PIC16F877 单片机的指令长度为 14 位,由操作码和操作数组成。其中,操作码表示指令的功能,操作数表示参与指令处理的数据或存储器地址。根据对数据存储器单元的访问性质,PIC 单片机寻址方式可以分为直接寻址、间接寻址、立即数寻址和位寻址,详细介绍见 3.2 节。

在学习指令前,先简要说明描述指令用到的一些符号意义,指令描述符号说明如表 3-4 所示。操作数可以是已用伪指令 EQU 赋值的符号或表达式,表达式中的符号说明如表 3-5 所示。

表 3-4 指令中的符号

符　号	说　明
f	f 寄存器地址
b	寄存器 f 的位地址
x	忽略该位,汇编程序生成代码时将 x 置 0
u	未使用的位,用 0 编码
TOS	栈顶(top of stack)
PCLATH	程序计数器的高位锁存器(program counter high latch)
GIE	全局中断允许位(global interrupt enable bit)
$\overline{TO}$	计时时间到位(time-out bit)
dest	目标寄存器为 W 寄存器或 f 寄存器
[ ]	表示内容可选
→	送入方向
∈	包含于
.XOR.	逻辑位异或
W	W 工作寄存器
k	常数、立即数或标号
PC	程序计数器(program counter)
lable	标号名
WDT	看门狗定时器(watchdog timer)
d	目标寄存器。若 d=0,结果送入 W 寄存器;若 d=1,送入 f 寄存器;当 d 缺省时,送入 f 寄存器
$\overline{PD}$	掉电标志位(power-down bit)
BSR	“储存体”选择寄存器
( )	表示内容
< >	位范围
.AND.	逻辑位与
.OR.	逻辑位或
.NOT.	逻辑位非

表3-5　表达式中的符号

算数运算符					
+(加)	−(减)	*(乘)	/(除)	%(余)	
关系运算符					
>(大于)	>=(大于等于)	<(小于)	<=(小于等于)	==(等于)	!=(不等于)
逻辑运算符					
!(逻辑非)	&&(逻辑与)	||(逻辑或)			
位运算符					
>>(位右移)	<<(位左移)	~(位非)	|(位或)	&(位与)	^(位异或)
复合赋值运算符					
+=	−=	*=	/=	<<=	>>=
&=	|=	^=			
其他					
$(为当前PC的值)		HIGH(返回操作对象的高字节)		LOW(返回操作对象的低字节)	

3.2 指令的分类和寻址方式

3.2.1 指令的分类

PIC16F877单片机的指令集包含35条功能指令。根据不同的依据，指令有不同的分类方法。

根据操作数的访问形式，PIC16F877单片机的指令集可分为字节操作类指令(18条)、位操作类指令(4条)、立即数操作和控制类操作指令(13条)。

根据操作码的类别，PIC16F877单片机的指令集可分为数据传送类指令(4条)、算术运算类指令(6条)、逻辑运算类指令(14条)和控制转移类指令(11条)。

为了便于初学者记忆和理解，本书根据操作数的访问形式的分类对指令系统进行介绍。

3.2.2 寻址方式

根据操作数的来源，PIC单片机的寻址方式可分为立即数寻址、寄存器直接寻址、寄存器间接寻址和位寻址。

(1) 立即数寻址：操作数用指令中的低8位表示。立即数是位于程序存储器内的常数，是指令代码的一部分。例如：

```
ANDLW   40H          ; 将立即数40H与W寄存器的内容按位相与
MOVLW   40H          ; 将立即数40H送入W寄存器
```

(2) 寄存器直接寻址：直接给出操作数的地址，即需要寻址的寄存器地址直接出现在指令中，寄存器为可寻址的专用寄存器或通用寄存器。例如：

```
ADDWF   PCL, 1       ; W寄存器与PCL寄存器相加，结果送入PCL寄存器
ADDWF   23H, 1       ; W寄存器的内容与23H单元的内容相加，结果送入23H单元
```

(3) 寄存器间接寻址：实际需要访问的操作数地址存放在文件选择寄存器 FSR 中，通过间接寻址寄存器 INDF 进行间接寻址。例如：

```
MOVLW   45H       ; 把立即数 45H 送入 W 寄存器
MOVWF   FSR       ; W 寄存器的内容(即 45H)送入 FSR 寄存器
MOVLW   56H       ; 把立即数 56H 送入 W 寄存器
ADDWF   INDF, 1   ; W 寄存器的内容与 45H 单元的内容相加,结果送入 45H 单元
```

若将上述间接寻址方式改为直接寻址方式，可以表示为：

```
MOVLW   56H
ADDWF   45H, 1
```

(4) 位寻址：是直接对寄存器中的位进行操作，下例中的 IRP 和 7 均表示状态寄存器中的 Bit7。采用位寻址方式，可仅对相应位操作而不影响其他位。

```
BCF   STATUS, IRP   ; 清 RAM 数据存储器(间接寻址)体选位
BCF   STATUS, 7     ; 清 RAM 数据存储器(间接寻址)体选位
```

3.3 PIC16F877 单片机指令系统

PIC16F877 单片机指令系统包括字节操作类指令、位操作类指令、立即数操作和控制类操作指令。下面将详细介绍各类指令的具体功能和格式。

3.3.1 面向字节的文件寄存器操作类指令

该类指令一共 18 条，除空操作指令 NOP 外，其他指令均是对 W 寄存器或文件寄存器进行操作的指令，包括算术指令(相加、相减、递增、递减)、逻辑指令(与、或、异或、取反、移位、清零、置位)、零检测指令和寄存器间传送指令等。

1) ADDWF f,d

功能：W 寄存器的内容与 f 寄存器的内容相加。若 d=0，相加结果送入 W 寄存器；若 d=1，相加结果送入 f 寄存器。

格式	ADDWF f,d	影响状态	C,DC,Z
操作数	0≤f≤127	代码	00 0111 dfff ffff
操作	(W)+(f)→W 或 f	指令周期	1

2) ANDWF f,d

功能：W 寄存器的内容与 f 寄存器的内容相与。若 d=0，结果送入 W 寄存器；若 d=1，结果送入 f 寄存器。

格式	ANDWF f,d	影响状态	Z
操作数	0≤f≤127,d∈[0,1]	代码	00 0101 dfff ffff
操作	(f).AND.(W)→W 或 f	指令周期	1

3) CLRF f

功能：f 寄存器的内容清 0，并且零标志位 Z 置 1。

格式	CLRF f	影响状态	Z
操作数	0≤f≤127	代码	00 0001 1fff ffff
操作	00H→f,1→Z	指令周期	1

4) CLRW

功能：W 寄存器的内容清 0，并且零标志位 Z 置 1。

格式	CLRW	影响状态	Z
操作数	无	代码	00 0001 0xxx xxxx
操作	00H→W,1→Z	指令周期	1

5) COMF f,d

功能：寄存器内容取反。若 d=0，结果送入 W 寄存器；若 d=1，结果送入 f 寄存器。

格式	COMF f,d	影响状态	Z
操作数	0≤f≤127	代码	00 1001 dfff ffff
操作	(f)取反→W 或 f	指令周期	1

6) DECF f,d

功能：f 寄存器内容减 1。若 d=0，结果送入 W 寄存器；若 d=1，结果送入 f 寄存器。

格式	DECF f,d	影响状态	Z
操作数	0≤f≤127	代码	00 0011 dfff ffff
操作	(f)−1→W 或 f	指令周期	1

7) DECFSZ f,d

功能：f 寄存器内容减 1。若 d=0，结果送入 W 寄存器；若 d=1，结果送入 f 寄存器。f 寄存器内容减 1 后若为 0，则间跳。间跳时需 2 个指令周期，否则为 1 个指令周期。

格式	DECFSZ f,d	影响状态	无
操作数	0≤f≤127	代码	00 1011 dfff ffff
操作	(f)−1→W 或 f；若(f)−1=0,(PC)+1→PC	指令周期	1 或 2

8) INCF f,d

功能：f 寄存器内容加 1。若 d=0，结果送入 W 寄存器；若 d=1，结果送入 f 寄存器。

格式	INCF f,d	影响状态	Z
操作数	0≤f≤127	代码	00 1010 dfff ffff
操作	(f)+1→W 或 f	指令周期	1

9）INCFSZ　f,d

功能：f 寄存器内容加 1。若 d=0,结果送入 W 寄存器；若 d=1,结果送入 f 寄存器。f 寄存器内容加 1 后若为 0,则间跳。间跳时指令周期为 2,否则为 1。

格式	INCFSZ　f,d	影响状态	无
操作数	0≤f≤127	代码	00　1111　dfff　ffff
操作	(f)+1→W 或 f；若(f)+1=0,(PC)+1→PC	指令周期	1 或 2

10）IORWF　f,d

功能：W 寄存器内容与 f 寄存器内容进行或运算。若 d=0,结果送入 W 寄存器；若 d=1,结果送入 f 寄存器。

格式	IORWF　f,d	影响状态	Z
操作数	0≤f≤127	代码	00　0100　dfff　ffff
操作	(W) .OR. (f)→W 或 f	指令周期	1

11）MOVF　f,d

功能：若 d=0,f 寄存器内容送入 W 寄存器；若 d=1,则 f 寄存器内容送入自身。

格式	MOVF　f,d	影响状态	Z
操作数	0≤f≤127	代码	00　1000　dfff　ffff
操作	(f)→W 或 f	指令周期	1

12）MOVWF　f

功能：W 寄存器内容送入 f 寄存器。

格式	MOVWF　f	影响状态	无
操作数	0≤f≤127	代码	00　0000　1fff　ffff
操作	(W)→f	指令周期	1

13）NOP

功能：空操作。

格式	NOP	影响状态	无
操作数	无	代码	00　0000　0xx0　0000
操作	空操作	指令周期	1

14）RLF　f,d

功能：f 寄存器内容带进位 C 左循环,如图 3-2 所示。若 d=0,移位结果送入 W；若 d=1,则结果送入 f。

格式	RLF　f,d	影响状态	C
操作数	0≤f≤127	代码	00　1101　dfff　ffff
操作	若 d=1,f<n>→f<n+1>,f<7>→C,C→f<0>；若 d=0,f<n>→W<n+1>,f<7>→C,C→W<0>	指令周期	1

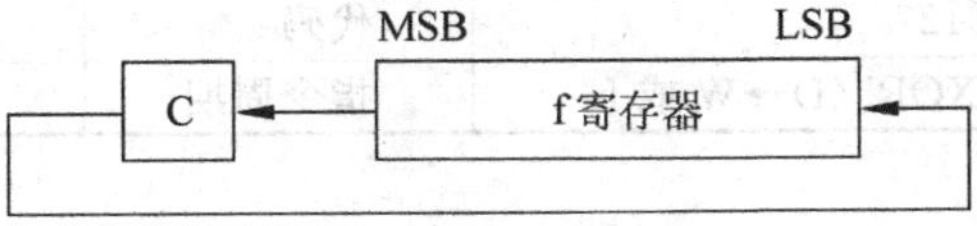

图 3-2　左循环操作示意图

15）RRF　f,d

功能：f 寄存器内容带进位 C 右循环，如图 3-3 所示。若 d=0，移位结果送入 W；若 d=1，则结果送入 f。

格式	RRF　f,d	影响状态	C
操作数	0≤f≤127	代码	00　1100　dfff　ffff
操作	若 d=1，f<n+1>→f<n>，f<0>→C，C→f<7>；若 d=0，f<n+1>→W<n>，f<0>→C，C→W<7>	指令周期	1

图 3-3　右循环操作示意图

16）SUBWF　f,d

功能：f 寄存器内容减去 W 寄存器内容。若 d=0，结果送入 W 寄存器；若 d=1，则结果送入 f 寄存器。

格式	SUBWF　f,d	影响状态	C,DC,Z
操作数	0≤f≤27	代码	00　0010　dfff　ffff
操作	(f)－(W)→W 或 f	指令周期	1

17）SWAPF　f,d

功能：f 寄存器内容的高半字节与低半字节交换。若 d=0，结果送入 W 寄存器；若 d=1，结果送入 f 寄存器。

格式	SWAPF　f,d	影响状态	无
操作数	0≤f≤127	代码	00　1110　dfff　ffff
操作	若 d=0，f<3：0>→W<7：4>，f<7：4>→W<3：0>；若 d=1，f<3：0>→f<7：4>，f<7：4>→f<3：0>	指令周期	1

18）XORWF　f,d

功能：W 寄存器内容与 f 寄存器内容进行异或运算。若 d=0，结果存入 W 寄存器；若 d=1，结果存入 f 寄存器。

格式	XORWF f,d	影响状态	Z
操作数	0≤f≤127	代码	00 0110 dfff ffff
操作	(W).XOR.(f)→W 或 f	指令周期	1

3.3.2 面向位的文件寄存器操作类指令

面向位的文件寄存器操作类指令一共 4 条，分别为 f 寄存器位 b 的清 0 和置 1 指令，以及 2 条位跳转指令。4 条位操作指令均不影响标志位。

1) BCF f,b

功能：将 f 寄存器内容的 b 位清 0，不影响其他位。

格式	BCF f,b	影响状态	无
操作数	0≤f≤127,0≤b≤7	代码	01 00bb bfff ffff
操作	0→f<b>	指令周期	1

2) BSF f,b

功能：将 f 寄存器内容的 b 位置 1，不影响其他位。

格式	BSF f,b	影响状态	无
操作数	0≤f≤127,0≤b≤7	代码	01 01bb bfff ffff
操作	1→f<b>	指令周期	1

3) BTFSC f,b

功能：测试 f 寄存器内容的 b 位，为 0 则间跳。若为 0 时，间接跳转，需要 2 个指令周期；若为 1 顺序执行下条指令，需要 1 个指令周期。

格式	BTFSC f,b	影响状态	无
操作数	0≤f≤127,0≤b≤7	代码	01 10bb bfff ffff
操作	若 f<b>=0,则(PC)+1→PC	指令周期	1 或 2

4) BTFSS f,b

功能：测试 f 寄存器内容的 b 位，为 1 则间跳。若为 1 时，间接跳转，需要 2 个指令周期；若为 0 顺序执行下条指令，需要 1 个指令周期。

格式	BTFSS f,b	影响状态	无
操作数	0≤f≤127,0≤b≤7	代码	01 11bb bfff ffff
操作	若 f<b>=1,则(PC)+1→PC	指令周期	1 或 2

3.3.3 面向立即数和控制操作类指令

该类指令一共 13 条，主要涉及处理立即数和程序跳转的指令。

1）ADDLW　k

功能：W 寄存器内容与 8 位立即数相加，结果送入 W 寄存器。

格式	ADDLW　k	影响状态	C,DC,Z
操作数	0≤k≤255	代码	11　111x　kkkk　kkkk
操作	(W)＋k→W	指令周期	1

2）ANDLW　k

功能：W 寄存器内容和立即数 k 相与，结果送入 W 寄存器。

格式	ANDLW　k	影响状态	Z
操作数	0≤k≤255	代码	11　1001　kkkk　kkkk
操作	k .AND. (W)→W	指令周期	1

3）CALL　k

功能：调用 k 处子程序。指令中的 11 位立即地址 k 送入 PC<10：0>，同时 PCLATH<4：3>装入 PC<12：11>。

格式	CALL　k	影响状态	无
操作数	0≤k≤2047	代码	01　0kkk　kkkk　kkkk
操作	(PC)＋1→TOS；k→PC<10：0>；PCLATH<4：3>→PC<12：11>	指令周期	2

4）CLRWDT

功能：复位看门狗 WDT 定时器和 WDT 预分频器。执行指令后，状态位 $\overline{TO}$=1。

格式	CLRWDT	影响状态	$\overline{TO}$,$\overline{PD}$
操作数	无	代码	00　0000　0110　0100
操作	00H→WDT，0→WDT 预分频器，1→$\overline{TO}$，1→$\overline{PD}$	指令周期	1

5）GOTO　k

功能：无条件跳转至 k 处。指令中的 11 位立即地址 k 送入 PC<10：0>，同时 PCLATH<4：3>装入 PC<12：11>。

格式	GOTO　k	影响状态	无
操作数	0≤k≤2047	代码	10　1kkk　kkkk　kkkk
操作	k→PC<10：0>；PCLATH<4：3>→PC<12：11>	指令周期	2

6）IORLW　k

功能：将 8 位立即数和 W 寄存器内容进行或运算，结果送入 W 寄存器。

格式	IORLW　k	影响状态	Z
操作数	0≤k≤255	代码	11　1000　kkkk　kkkk
操作	k .OR. (W)→W	指令周期	1

7）MOVLW　k

功能：将8位立即数送入W寄存器。

格式	MOVLW　k	影响状态	无
操作数	0≤k≤255	代码	11　00xx　kkkk　kkkk
操作	k→W	指令周期	1

8）RETFIE

功能：中断返回指令。TOS内容装载至PC，总中断使能位GIE置1。

格式	RETFIE	影响状态	无
操作数	无	代码	00　0000　0000　1001
操作	TOS→PC，1→GIE	指令周期	2

9）RETLW　k

功能：带参数子程序返回指令。将立即数k装载至W寄存器，然后从子程序返回。

格式	RETLW　k	影响状态	无
操作数	0≤k≤255	代码	11　01xx　kkkk　kkkk
操作	k→W，TOS→PC	指令周期	2

10）RETURN

功能：子程序返回指令。

格式	RETURN	影响状态	无
操作数	无	代码	00　0000　0000　1000
操作	TOS→PC	指令周期	2

11）SLEEP

功能：系统进入睡眠状态。

格式	SLEEP	影响状态	$\overline{TO}$，$\overline{PD}$
操作数	00H→WDT，0→WDT预分频器，1→$\overline{TO}$，0→$\overline{PD}$	代码	00　0000　0110　0011
操作	TOS→PC	指令周期	1

12）SUBLW　k

功能：立即数k减去W寄存器内容，结果送入W寄存器。

格式	SUBLW　k	影响状态	C，DC，Z
操作数	0≤k≤255	代码	11　110x　kkkk　kkkk
操作	k－(W)→W	指令周期	1

13）XORLW　k

功能：立即数k和W寄存器内容进行异或运算，结果送入W寄存器。

格式	XORLW　k	影响状态	Z
操作数	0≤k≤255	代码	11　1010　kkkk　kkkk
操作	k .XOR. (W)→W	指令周期	1

3.4 PIC 汇编语言程序设计

在实际的程序开发过程中，往往是由多名开发者协同进行，通常采用结构化程序设计(structured programming)方法。所谓结构化程序设计，是以功能模块化为基本原则的程序设计方法。它可以提高程序的可读性、易维护性、可调性和可扩充性。结构化程序设计是对原有基本的过程式程序设计的优化，要求写入的程序使用统一逻辑结构，变量命名采用统一形式，增强了程序的可读性；且功能模块化后，可对单个模块分别进行编制、测试和修改，有效提高了程序的开发效率。

3.4.1 伪指令系统

伪指令是指设计人员使用的非指令集指令，是汇编语言程序设计的重要组成部分。在编译时，伪指令告诉汇编器如何完成汇编过程和一些规定的操作，用于控制汇编器的输入、输出和定位等。汇编器不会将伪指令翻译成机器语言。Microchip 公司提供的 MPASM 汇编器伪指令可分为数据、列表、条件和宏共 4 类。PIC16F877 单片机常用的伪指令如下：

1) ORG：程序起始地址定位伪指令

功能	对程序存放单元的起始地址进行定位
格式	[<标号>] ORG <地址表达式>
说明	ORG 后面不带地址参数，则默认为 0000H。若 ORG 带标号，则地址参数也赋值给该标号，程序可以跳转至标号开始执行。在一个源程序中，可以包含多个 ORG 定位伪指令

【实例 3-1】 ORG 伪指令的程序段

程序段 1：

```
        ORG     000AH
START   MOVLW   00H
```

程序段 2：

```
ABC     EQU     000AH
        ORG     ABC
START   MOVLW   00H
```

程序段 3：

```
ABC     EQU     0004H
        ORG     ABC+06H
START   MOVLW   00H
```

以上三个程序段的含义是一样的，程序的起始地址均为 000AH。

2）END：程序结束伪指令

功能	表示汇编程序结束
格式	END
说明	MPASM 汇编器在汇编时遇到 END 就认为程序已结束，对其后的程序段不再进行编译。在一个源程序中，有且只有一条 END 伪指令

3）INCLUDE：外调程序伪指令

功能	通知编译器把事先编写好的外部程序文件包含进来作为程序的一部分
格式	INCLUDE "文件名"或 INCLUDE <文件名>
说明	INCLUDE 伪指令可减少重复工作，提高工作效率，一般用于调用单片机的通用文件，如单片机的复位矢量地址、特殊功能寄存器的状态位、控制位等定义
例子	INCLUDE "P16F877.INC"

4）EQU：赋值伪指令

功能	使 EQU 两端的值相等，即给符号名一个特定的值或给某一值一个特定的符号名
格式	<标号> EQU <表达式>
说明	标号一旦由 EQU 赋值，其值不允许重新定义。该符号名可以是 PIC 中的特殊功能寄存器、常数，也可以是通用寄存器的地址。将定义为数据存储器地址的参数称为符号变量；将定义为固定常数的参数称为符号常量

【实例 3-2】 符号常量和符号变量程序例子

```
SYM_1    EQU       30H          ; 定义符号变量 SYM_1
         ORG       0000H
         NOP
         MOVLW     68H
         MOVWF     30H
         MOVLW     74H
         MOVF      SYM_1, 0     ; SYM_1 为数据存储器地址 30H
         MOVLW     SYM_1        ; SYM_1 为常量 30H
         NOP
         END
```

5）LIST：列表选项伪指令

功能	用于设置各种汇编参数，控制整个汇编过程或格式化打印输出列表文件
格式	LIST [<选择项>,…,<选择项>]
说明	该伪指令所有参数只能在一行内完成。其中参数的数值都用十进制数设置
例子	LIST P=16F877,f=INHX8M,r=HEX; f 和 r 可省

6）BANKSEL：体选伪指令

功能	实现数据存储器体的选择
格式	BANKSEL <地址域>
说明	编译器会根据变量地址所在的体，自动设定寄存器的 STATUS RP1 和 RP0 位
例子	BANKSEL TRISA; 设定 TRISA 所在的体，即体 1

7）PAGESEL：页选伪指令

功能	实现程序存储器页的选择
格式	PAGESEL　<地址域>
说明	编译器会根据变量地址所在的页，自动设定寄存器的 PCLATH Bit4 和 Bit3 位
例子	PAGESEL DELAY；设定 DELAY 标号所在的程序语句对应的页

3.4.2　基本程序结构

在结构化的程序设计中，有 3 种基本的程序结构形式，即顺序结构、循环结构和分支结构。

1. 顺序结构

顺序结构是最常用、最简单的程序结构，其按照解决问题的顺序编写程序，执行顺序由上至下，依次执行。顺序结构设计流程如图 3-4 所示。

2. 循环结构

循环结构是指在程序中需要反复执行某个功能而设置的一种程序结构，即从某处开始有规律地重复执行某一段程序。它根据循环体中的条件，判断是继续执行该程序段还是退出循环。循环结构设计流程如图 3-5 所示。循环结构有循环变量、循环体和循环终止条件 3 个要素。

3. 分支结构

分支结构是根据某种条件是否成立来选择执行有关程序段。该设计方法的关键在于构建合理的分支条件，根据程序流程选择适当的分支语句，决定程序的走向或跳转。分支结构设计流程如图 3-6 所示。

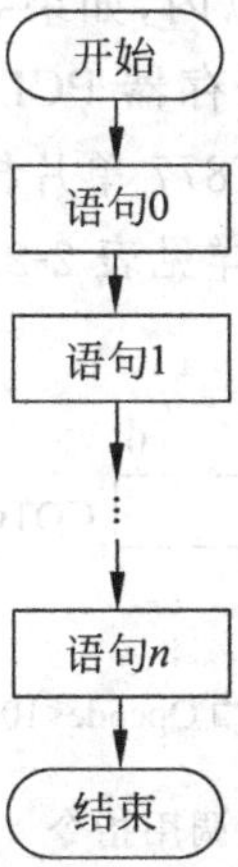

图 3-4　顺序结构设计流程

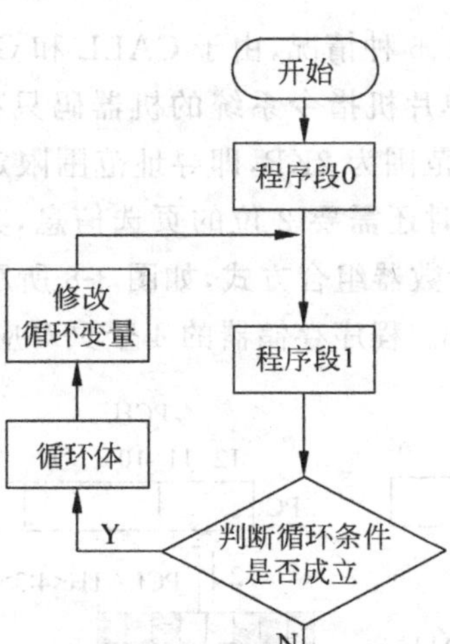

图 3-5　循环结构设计流程

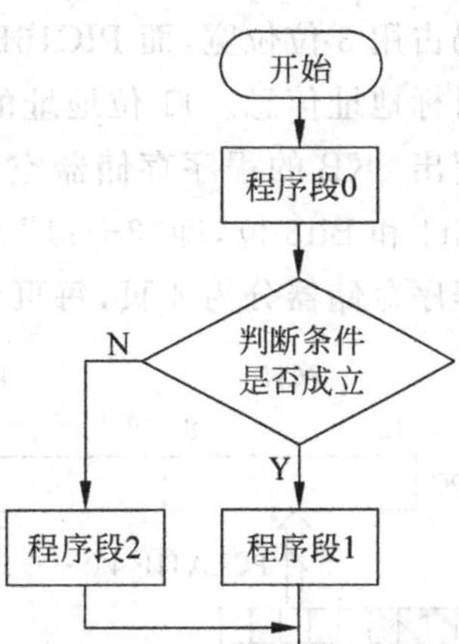

图 3-6　分支结构设计流程

3.4.3 存储器选择

在 PIC 单片机程序设计时，需要注意的是程序存储器的页选和数据存储器的体选，这对初学者来说是学习程序设计的难点。

1. 程序存储器页选方式

PIC16F877 单片机内部配置了 8K×14 位的程序存储器，为了能选择 8KB 程序存储器，需合成 13 条地址选择线。程序计数器 PC 主要包括以下 5 种变化方式：

(1) 单片机上电复位或中断，即系统直接把复位地址 0000H 或中断地址 0004H 赋值给程序计数器 PC；

(2) 正常执行程序时，程序计数器 PC 在每条指令运行结束后自动加 1，指向下一条待运行的程序；

(3) 执行目标地址为 PCL 的算术逻辑类指令；

(4) 转移指令方式，即 GOTO 语句；

(5) 调用子程序方式，即 CALL 语句以及相应的返回语句(RETURN、RETFIE 和 RETLW)。

在以上 5 种情况中，程序目标地址的构建方式有所不同，主要可以分为以下 3 种方式：

(1) 完全地址形成方式。前 2 种情况直接给出程序存储器所需的 13 位地址，用户无须进行设置。

(2) 运算地址形成方式。第 3 种情况比较特殊，当执行目标地址为 PCL 的算术逻辑类指令时，可能会改变下一条指令的方向。因为 13 位的程序计数器 PC 的高 5 位由寄存器 PCLATH 的 Bit4～Bit0 位装载，而低 8 位为寄存器 PCL 的运算结果，即"5+8"程序计数器组合方式，如图 3-7 所示。

(3) 转移地址形成方式。第 4、5 种情况，由于 CALL 和 GOTO 语句所对应的指令操作码占用 3 位位宽，而 PIC16F877 单片机指令系统的机器码只有 14 位，因此其仅有 11 位的目标地址信息。11 位地址的寻址范围为 2KB，即寻址范围限定在 2KB 以内，如果寻址范围超出 2KB 的程序存储器空间，此时还需要 2 位的页选信息，其来源于寄存器 PCLATH 的 Bit4 和 Bit3 位，即"2+11" 程序计数器组合方式，如图 3-8 所示。PIC16F877 单片机将 8KB 程序存储器分为 4 页，每页为 2KB。程序存储器的 4 个页对应地址空间详见表 2-2。

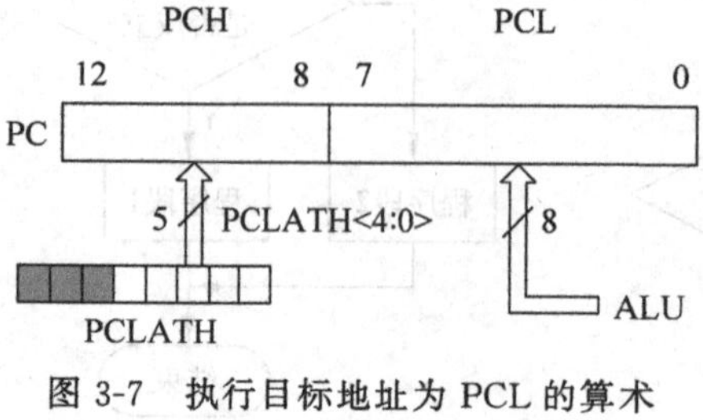

图 3-7 执行目标地址为 PCL 的算术逻辑类指令

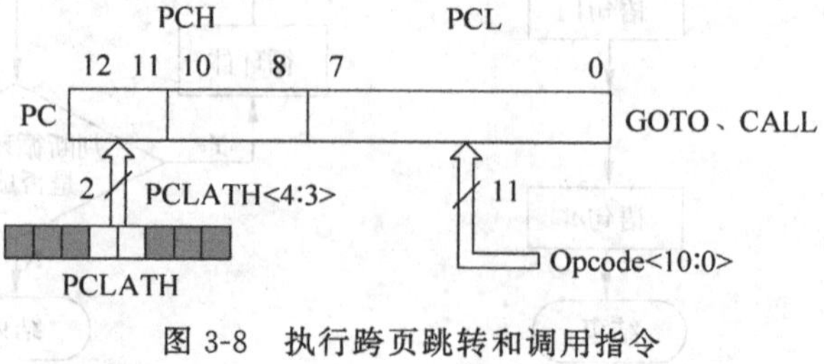

图 3-8 执行跨页跳转和调用指令

PIC 单片机在执行第 4、5 类指令(GOTO、CALL、RETURN、RETFIE 和 RETLW)的过程中自动完成 PCLATH 的装载,所以用户需要事先对 PCLATH 的低 5 位预置初值,再执行这两类指令,以便程序计数器 PC 在 8KB 的程序存储器范围内任意跳转。

在执行目标地址为 PCL 的算术逻辑类指令时,需要对寄存器 PCLATH 的低 5 位进行装载,用于合成新目标存储器的地址。而在执行跳转指令时,指令码隐含跳转方向所需的 11 位地址,需要 PCLATH 中 Bit4 和 Bit3 位预置初值。

无论采用哪种跳转方式跳转至程序存储器的某一个单元,都必须先根据该存储器单元的所在地址,对寄存器 PCLATH 中的 Bit4～Bit0 位预置初值。为了方便用户使用,PIC 汇编系统设置了一个额外的页选伪指令,即 PAGESEL 指令。通过使用 PAGESEL 指令,用户无须分析和记忆所跳转单元的页面区域,如以下程序片段所示:

```
          ORG        0020H
          PAGESEL    Page_A
          GOTO       Page_A          ; 选择 1001H 相对应的程序存储器页
          ORG        1000H           ; 转移到 Page_A
          BCF        STATUS, RP0
Page_A    MOVLW      01H             ; 把立即数 01H 送至 W
          MOVWF      30H             ; 把 W 中的值送至 30H
```

若使用 PAGESEL 指令,编程人员则无须再去关心程序存储器 Page_A 的地址。但是,若每次遇到调用程序存储器单元都选用 PAGESEL,有时可能是多余的操作,如当不需要转页操作时。此外,PAGESEL 指令也不是万能的,过于依赖 PAGESEL 指令可能会导致源程序的执行过程中出现莫名的“飞溢”情况。

2. 数据存储器体选方式

PIC16F877 单片机内部配置了一个 512 单元的 RAM 数据存储器。为了能选择 512 单元内的数据,需要 9 条地址线。根据 9 条地址线的不同组合方式,寻址方式可分为直接寻址和间接寻址,如图 3-9 所示。

在直接寻址时,9 条地址线由状态寄存器 STATUS 的 RP1、RP0 位和指令机器码的低 7 位组成,即采用“2+7”直接寻址方式。其中,体选码来自 STATUS 的 RP1、RP0 位(Bit6、Bit5),体内单元地址来自指令机器码的低 7 位。

在间接寻址时,9 条地址线由状态寄存器 STATUS 的 IRP 位和 FSR 寄存器的 8 位组成,即采用“1+8”间接寻址方式。其中,体选码来自 STATUS 的 IRP 位(Bit7)和 FSR 寄存器的 Bit7 位,体内单元地址来自 FSR 的低 7 位。换言之,实际是访问寄存器 FSR 内容所指的单元,即把寄存器 FSR 作为间接寄存器使用。

根据以上分析,PIC 单片机若想访问 RAM 数据存储器的某一个单元,无论采用何种寻址方式,都必须先根据该存储器单元所在的地址对寄存器 STATUS 中的 RP1、RP0 或 IRP 预置初值,以确定其所对应的体。当系统复位时,RP1、RP0 和 IRP 的值均为 0,即系统自动默认为体 0。用户在对数据寄存器进行操作前,应先选择相应寄存器所在的体,这对于初学者而言较为困难。为了便于用户的使用,PIC 单片机汇编系统设置了一个额外的体选伪指令,即 BANKSEL 指令。通过使用 BANKSEL 指令,用户无须记忆所调用数据存储器单元

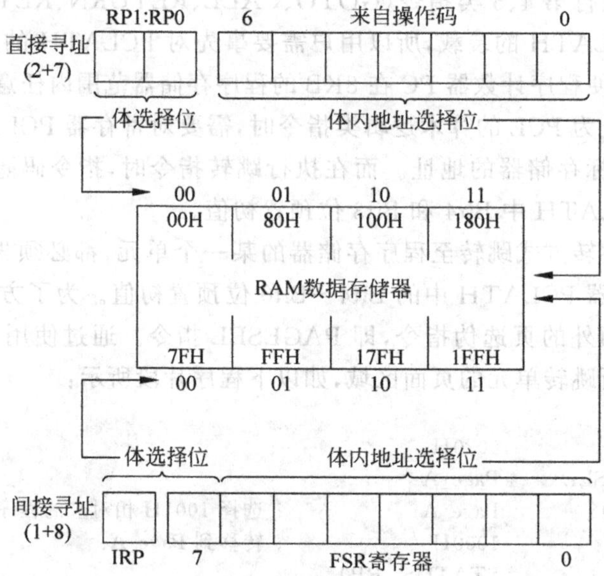

图 3-9　直接寻址和间接寻址方式示意图

所在体的信息，如以下程序片段所示：

```
Bank_A     EQU        30H
           ORG        0170H
           BANKSEL    Bank_A      ；选择 Bank_A 所在数据存储器对应的体
           MOVLW      01H         ；把立即数 01H 送至 W
           MOVWF      Bank_A      ；把 W 中的值送至 Bank_A 存储器
```

若使用 BANKSEL 指令，编程人员则无须再去关心 Bank_A 数据存储器的地址。但是，若每次遇到调用数据存储器单元都选用 BANKSEL，有时可能是多余的操作，如当连续访问的数据存储器在同一个体域时。

3.4.4　子程序设计

在程序设计中，子程序(subroutine)是指一个大型程序中的某部分代码，负责完成某项特定任务，通常由一个或多个语句块组成，而且相较于其他代码，具备相对的独立性。使用子程序是结构化程序设计的重要方法之一。在程序中，对于一些完全相同的计算或操作可以采用“子程序”结构以简化程序、节省存储空间，以及便于协同开发。

在 PIC 单片机中，采用 CALL 调用子程序，在子程序的开头必须要有一个标号，此标号也是该子程序的名。子程序的最后是通过 RETURN 或 RETLW 返回主函数。子程序格式代码样例如下：

```
MAIN       *****                  ；主程序部分
           *****
           CALL    SUB            ；调用子程序
```

```
            *****
LOOP        GOTO       LOOP                 ; 等待
;-----------------子程序-----------------------------------------------
SUB         *****                           ; 子程序部分
            *****
            RETURN                          ; 返回主程序
;---------------------------------------------------------------------
```

在编制子程序时,要注意现场保护。在运行子程序时,要用到相关寄存器来处理某些中间数据,而这些寄存器往往在调用子程序前已经被使用,如 W 工作寄存器,原存有数据。为了避免因调用子程序而破坏原有主程序的数据,就要对子程序所临时使用的寄存器(也称局部变量)的数据事先进行保护,即现场保护。

3.4.5 程序实例

本节通过具体实例的程序设计,使读者更好地理解和掌握程序编程的方法。

【实例 3-3】 数据传送

试写一段程序,将立即数 33H 传送到通用寄存器 33H 中,将立即数 44H 传送到通用寄存器 44H 中,然后交换通用寄存器 33H 和 44H 中的内容。

程序如下:

```
        LIST    P=16F877
        INCLUDE  "P16F877.INC"        ; PIC16F877A 包含的头文件
        ORG        0000H              ; 单片机复位地址 0000H
        NOP                           ; MPLAB 特定需要
        MOVLW      33H                ; 将立即数 33H 送至 W 寄存器
        MOVWF      FSR                ; 将 W 中的数据送至 FSR 寄存器
        MOVWF      INDF               ; 将(W)→(FSR),即(W)→33H
        MOVLW      44H                ; 将立即数 44H 送至 W 寄存器
        MOVWF      44H                ; 将 W 中的数据送至 44H 寄存器
        MOVF       44H, 0             ; 将(44H)送至 W 寄存器
        MOVWF      20H                ; 将 W 中的数据送至 20H 寄存器
        MOVF       33H, 0             ; 将(33H)送至 W 寄存器
        MOVWF      44H                ; 将 W 中的数据送至 44H 寄存器
        MOVF       20H, 0             ; 将(20H)送至 W 寄存器
        MOVWF      33H                ; 将 W 中的数据送至 33H 寄存器
        END
```

【实例 3-4】 双精度加法

试写程序段,将通用寄存器 20H、21H 构成的 16 位数据与通用寄存器 30H、31H 构成的 16 位数据相加后放入 30H、31H 中,已知其和不会超出 65535。

程序如下：

```
        LIST  P=16F877
        INCLUDE  "P16F877.INC"
        ORG        0000H
        NOP
        MOVF       20H, 0       ; 将(20H)→W
        ADDWF      30H, 1       ; 将(W)+(30H)→30H
        MOVF       21H, 0       ; 将(21H)→W
        ADDWF      31H, 1       ; 将(W)+(31H)→31H
        BTFSS      STATUS, C    ; 判断有无进位
        GOTO       LOOP         ; 无进位
        INCF       30H, 1       ; 有进位,将(30H)+1→30H
LOOP    END                     ; 结束
```

【实例 3-5】 逻辑运算

将数据存储器25H和35H中的数据分别与立即数25H、35H相"与"和相"或"后相加，结果放入45H存储器中。试编写相应的程序。

程序如下：

```
        LIST  P=16F877
        INCLUDE  "P16F877.INC"
        ORG        0000H
        NOP
        MOVLW      25H          ; 将立即数25H送至W
        ANDWF      25H, 0       ; 与运算,将(25H).AND.(W)→W
        MOVWF      45H          ; 相"与"结果送至45H单元
        MOVLW      35H          ; 立即数35H送至W
        IORWF      35H, 0       ; 或运算,将(35H).OR.(W)→W
        ADDWF      45H, 1       ; "与"和"或"结果相加后送入数据存储器45H
        END
```

【实例 3-6】 屏蔽与组合

编写程序，实现数据存储器30H单元的低4位和40H单元的高4位组合成一个8位二进制数据，并从RC端口输出。

程序如下：

```
        LIST  P=16F877
        INCLUDE  "P16F877.INC"
        ORG        0000H
        NOP
        BANKSEL    TRISC        ; 选择体1
        MOVLW      00H          ; 将RC端口定义为输出
        MOVWF      TRISC
        BANKSEL    PORTC        ; 选择体0
        MOVF       30H, 0       ; 将(30H)→W
        ANDLW      0FH          ; 屏蔽的W寄存器内容高4位
```

```
        MOVWF     30H                  ; 返还给 30H 单元
        MOVF      40H, 0               ; 将(40H)→W
        ANDLW     0F0H                 ; 屏蔽的 W 寄存器内容低 4 位
        IORWF     30H, 0               ; 30H 低 4 位和 40H 高 4 位组合成 8 位二进制数
        MOVWF     PORTC                ; 从 RC 端口输出
        END
```

【实例 3-7】 比较数值大小

试编写程序比较数据存储器中 40H 单元和 50H 单元的两个数的大小，并将较大者存入 55H 单元。

程序如下：

```
        LIST   P=16F877
        INCLUDE  "P16F877.INC"
        ORG       0000H
        NOP
        MOVF      40H, 0           ; 将 40H 寄存器的数据送至 W
        SUBWF     50H, 0           ; 减法运算，将(50H)-(W)→W
        BTFSS     STATUS, C        ; 判断标志位 C
        GOTO      LOOP1            ; 若有借位，C=0，则跳转至 LOOP1
        MOVF      50H, 0           ; 若无借位，C=1，(50H)→W
        MOVWF     55H              ; 将 W 中的数送至 55H 寄存器
        GOTO      LOOP2
LOOP1   MOVF      40H, 0           ; 将 40H 寄存器的数送入 W
        MOVWF     55H              ; 将 W 中的数送至 55H 寄存器
LOOP2   END
```

注：本例采用判断减法后是否产生错位的方法。PIC 单片机减法运算中，如果被减数小于减数，就会发生借位(C=0)，否则，不发生借位(C=1)。通过判断标志位 C 的值选出较大者。需要注意的是：通用寄存器之间的数据交换不能直接进行，而必须借助 W 工作寄存器和其数据存储器空间完成，如 50H 单元的内容传送至 55H 单元，需要借助 W 工作寄存器。减法指令 SUBWF 和 SUBLW 中，减数都是 W 工作寄存器。

【实例 3-8】 数据初始化

试编写程序，将通用寄存器单元 30H～3FH 分别赋值 30H～3FH。

程序如下：

```
        LIST   P=16F877
        INCLUDE  "P16F877.INC"
        ORG       0000H
        NOP
        MOVLW     30H          ; 将计数器初始值 30H 送至 W
        MOVWF     FSR          ; 将 W 中的 30H 送至 FSR 寄存器
LOOP    MOVWF     INDF         ; 将 30H 送至 30H 寄存器，31H 送至
                               ; 31H 寄存器，…，3FH 送至 3FH 寄存器
        INCF      FSR          ; (FSR)+1→FSR
        MOVF      FSR, 0
        BTFSS     FSR, 6       ; 若 FSR<6>=1，则间跳
        GOTO      LOOP         ; 若 FSR<6>≠1，跳至 LOOP
        END
```

【实例 3-9】 RAM 数据寄存器体选寻址

试编写一段程序，对体 1 中的寄存器 TRISA 进行写入操作，写入一个数据 0FH，然后恢复体 0 的状态。

程序如下：

```
        LIST    P=16F877
        INCLUDE "P16F877.INC"
        ORG             0000H
        NOP
        BSF             STATUS, RP0     ；选择体 1
        MOVLW           0FH             ；将 0FH 送入 W 工作寄存器
        MOVWF           TRISA           ；将 W 中的 0FH 转送到 TRISA
        BCF             STATUS, RP0     ；恢复体 0 为当前体
        END
```

注：PIC16F877 单片机的 RAM 数据存储器在空间上分为 4 个体，默认状态以及开机上电后，将体 0 作为当前体。如果要对其他“体”中进行读写操作，则需要先设定好 STATUS 中的体选码。

【实例 3-10】 跨页跳转

假设在单片机 PIC16F877 的程序存储器中存放着一个程序，其主程序部分放置在页 0 内（地址范围：0000H～07FFH），子程序部分放置在页 2 内（地址范围：1000H～17FFH）。试编写程序，完成主程序调用子程序。

程序如下：

```
        LIST    P=16F877
        INCLUDE "P16F877.INC"
        ORG             0000H
        NOP
        GOTO            MAIN            ；跳转至主程序
        ORG             0010H           ；从 0010H 单元开始存放主程序
MAIN    BSF             PCLATH, 4       ；选择页 2
        CALL            SUB_1           ；调用子程序，引起程序跳转
LOOP    …                               ；子程序返回处
;------------------------------------------------------------------
        ；子程序
        ORG             1100H           ；从 1100H 单元开始存放子程序
SUB_1   MOVLW           00H             ；
        …
        RETURN                          ；返回到主程序的 LOOP 处
;------------------------------------------------------------------
        END
```

注：PICF87X 系列单片机中，片内程序存储器的容量不同，有 2KB、4KB 和 8KB 等不同型号。因此，程序存储器跨页跳转和跨页调用的程序设计方法也不尽相同。需要注意的是，PIC16F877 的指令系统中，指令 GOTO 或 CALL 可能会引起跨页跳转，而这两个指令所携带的地址码只有 11 位，$2^{11}=2048=2K$，因此只能在 2K（即为 1 个页面）的地址范围内跳转。若出现跨页跳转，需提前设置页选择。

第 4 章

I/O 端口及中断系统

单片机输入/输出(I/O)端口是其与外围电路连接的纽带,可以实现对外部器件的控制,如 LED、键盘、数码管等。双列直插式 PIC16F877 单片机有 40 个引脚,其中有 33 个 I/O 引脚,其归属于 5 个端口,分别为端口 RA、端口 RB、端口 RC、端口 RD 和端口 RE。

中断系统在程序设计中占有很重要的地位,可实现单片机实时响应功能,及时处理内部或外部的紧急事件,从而有效地提高单片机的工作效率。PIC16F877 单片机具有 14 个中断源,其矢量地址采用统一归口处理的方式。

本章主要介绍 PIC16F877 单片机的 I/O 端口与中断系统的原理及应用。

4.1 I/O 端口

PIC16F877 单片机有 5 个双向 I/O 端口,分别为端口 RA、端口 RB、端口 RC、端口 RD、端口 RE,其位宽分别为 6、8、8、8 和 3,各端口引脚分布如图 2-1 所示,大部分 I/O 引脚都是多功能复用,既可作为一般的通用 I/O 引脚,也可作为特殊功能的 I/O 引脚,即某些功能部件或外围模块的连接引脚。这些引脚一旦作为特殊功能引脚使用,将不再担任通用 I/O 功能引脚。

拓展知识

与 PIC16F877 单片机一样,80C51 单片机有 40 个引脚,采用双列直插式封装的制造工艺,如图 2-2 所示。但 80C51 单片机只有 4 个 8 位的双向并行 I/O 端口,分别为 P0、P1、P2 和 P3。在实际应用中,通常把 P0 和 P2 作为地址/数据总线,只留下 P1 和一部分 P3 给用户使用,难于满足复杂的功能需求。因此经常需要外部扩展 I/O 端口。

4.1.1 I/O 端口功能介绍

I/O 端口不仅具有通用的输入/输出功能,还具有第 2 或第 3 特殊功能。如端口 RA 具有模拟量输入功能,一般用于信号采集;端口 RB 具有电平变化中断功能,其内部有弱上拉电阻,输出时可增强驱动电流,一般用于按键连接;端口 RC 具有捕捉/比较/脉宽调制(CCP)等功能,一般用于信号输出;端口 RD 和端口 RE 具有同步通信功能。

1. 端口RA

端口RA(PORTA)为6位宽、双向可编程的I/O端口(RA0～RA5),其相对应的方向控制寄存器为TRISA。当TRISA相应位置1时,其输出驱动器呈高阻状态,此时所对应的I/O引脚被定义为输入;当TRISA相应位清0时,输出锁存器上的数据从相应的I/O引脚输出,此时所对应的I/O引脚被定义为输出。此外,端口RA具有5个ADC模拟量输入通道。需要注意的是,当作为模拟电压输入端时,TRISA必须保持为1。表4-1所示为端口RA的功能。

表4-1 端口RA的功能

引脚名称	位	缓冲方式	功能
RA0/AN0	Bit0	TTL	输入/输出,ADC模拟量输入
RA1/AN1	Bit1		
RA2/AN2	Bit2		
RA3/AN3	Bit3		
RA4/T0CKI	Bit4	ST	输入/输出,TMR0外部时钟输入
RA5/$\overline{SS}$/AN4	Bit5	TTL	输入/输出,同步串行输入的从动选择输入,ADC模拟量输入

注:TTL表示晶体管-晶体管逻辑电路输入,ST表示斯密特触发输入。

2. 端口RB

端口RB(PORTB)为8位宽、双向可编程的I/O端口(RB0～RB7),其相对应的方向控制寄存器为TRISB。当TRISB相应位置1时,其输出驱动器呈高阻状态,此时所对应的I/O引脚被定义为输入;当TRISB相应位清0时,输出锁存器上的数据从相应I/O引脚输出,此时所对应的I/O引脚被定义为输出。此外,端口RB的每一个引脚都具有内部弱上拉输入功能,可通过软件编程设置;引脚RB4～RB7具有电平变化中断功能。表4-2所示为端口RB的功能。

表4-2 端口RB的功能

引脚名称	位	缓冲方式	功能
RB0/INT	Bit0	TTL	输入/输出,外中断输入,内部软件编程弱上拉
RB1,RB2	Bit1,Bit2		输入/输出,内部软件编程弱上拉
RB3/PGM	Bit3		输入/输出,低电压编程,内部软件编程弱上拉
RB4,RB5	Bit4,Bit5		输入/输出,电平变化中断,内部软件编程弱上拉
RB6/PGC	Bit6	TTL/ST	输入/输出,串行编程时钟,内部软件编程弱上拉,在线调试引脚
RB7/PGD	Bit7		

3. 端口RC

端口RC(PORTC)为8位宽、双向可编程的I/O端口(RC0～RC7),相对应的方向控制寄存器为TRISC。当TRISC相应位置1时,其输出驱动器呈高阻状态,此时所对应的I/O

引脚被定义为输入；当 TRISC 相应位清 0 时，输出锁存器上的数据从相应 I/O 引脚输出，此时所对应 I/O 引脚被定义为输出。此外，端口 RC 还具有 CCP、异步接收发送和时钟输入输出等功能。表 4-3 所示为端口 RC 的功能。

表 4-3 端口 RC 的功能

引脚名称	位	缓冲方式	功能
RC0/T1OSO/T1CKI	Bit0	ST	输入/输出，TMR1 振荡器输入/TMR1 时钟输入
RC1/T1OSI/CCP2	Bit1	ST	输入/输出，TMR1 振荡器输入或捕捉器 2 输入/比较器 2 输入/PWM2 输入
RC2/CCP1	Bit2	ST	输入/输出，捕捉器 1 输入/比较器 1 输入/PWM1 输入
RC3/SCK/SCL	Bit3	ST	输入/输出，也可以在 SPI 和 I^2C 方式下作为同步串行时钟
RC4/SDI/SDA	Bit4	ST	输入/输出，也可以在 SPI 方式下作为 SPI 数据或在 I^2C 方式下作为数据 I/O
RC5/SDO	Bit5	ST	输入/输出，同步串行口数据输出
RC6/TX/CK	Bit6	ST	输入/输出，USART 异步发送或同步数据
RC7/RX/DT	Bit7	ST	输入/输出，USART 异步发送或同步数据

4. 端口 RD

端口 RD(PORTD)为 8 位宽、双向可编程的 I/O 端口(RD0～RD7)，每一位都可通过软件编程设置为输入或输出方式，此外，端口 RD 还具有并行从动功能。每个引脚都设有保护二极管，触发方式为 ST 或 TTL。表 4-4 所示为端口 RD 的功能。

表 4-4 端口 RD 的功能

引脚名称	位	缓冲方式	功能
RD0/PSP0	Bit0	TTL/ST	输入/输出，并行从动功能
RD1/PSP1	Bit1	TTL/ST	输入/输出，并行从动功能
RD2/PSP2	Bit2	TTL/ST	输入/输出，并行从动功能
RD3/PSP3	Bit3	TTL/ST	输入/输出，并行从动功能
RD4/PSP4	Bit4	TTL/ST	输入/输出，并行从动功能
RD5/PSP5	Bit5	TTL/ST	输入/输出，并行从动功能
RD6/PSP6	Bit6	TTL/ST	输入/输出，并行从动功能
RD7/PSP7	Bit7	TTL/ST	输入/输出，并行从动功能

5. 端口 RE

端口 RE(PORTE)为 3 位宽、双向可编程的 I/O 端口(RE0～RE2)。端口 RE 的引脚 RE0/$\overline{RD}$/AN5、RE1/$\overline{WR}$/AN6 和 RE2/$\overline{CS}$/AN7 都是三功能复用引脚，其特点为均采用 TTL/ST 输入、可独立设置为输入或输出，且设有保护二极管。表 4-5 所示为端口 RE 的功能。

需要注意的是，当端口 RA、RE 与 ADC 关联使用时，需要设置 ADC 控制寄存器 1(ADCON1)的 PCFG3～PCFG0 位(Bit3～Bit0)，从而实现端口 RA、RE 引脚功能的选择。端口 RE 数据方向寄存器 TRISE 的 PSPMODE(Bit4)可控制端口 RD 的工作模式，当 PSPMODE 置 1 时，端口 RD 为并行工作方式口。

表 4-5 端口 RE 的功能

引脚名称	位	缓冲方式	通用功能	特殊功能
RE0/$\overline{RD}$/AN5	Bit0	TTL/ST	输入/输出，ADC 模拟量输入，在并行从动端口方式下作为读控制输入	$\overline{RD}$：当 $\overline{RD}$=1 时，无读信号；当 $\overline{RD}$=0 时，进行读操作
RE1/$\overline{WR}$/AN6	Bit1	TTL/ST	输入/输出，ADC 模拟量输入，在并行从动端口方式下作为写控制输入	$\overline{WR}$：当 $\overline{WR}$=1 时，无写信号；当 $\overline{WR}$=0 时，进行写操作
RE2/$\overline{CS}$/AN7	Bit2	TTL/ST	输入/输出，ADC 模拟量输入，在并行从动端口方式下作为片选控制输入	$\overline{CS}$：当 $\overline{CS}$=1 时，芯片未被选中；当 $\overline{CS}$=0 时，芯片被选中

拓展知识

与 PIC16F877 单片机一样，80C51 单片机的端口除了具有通用的输入/输出功能，还具有特殊功能。

(1) P0 口

P0 口是一个双向 I/O 端口，既可以用作通用 I/O 端口，也可以用作地址或数据传输线。由于 P0 端口的内部电路为开漏极输出电路，在作为通用 I/O 端口使用时需连接一个上拉电阻。

(2) P1 口

P1 口是一个带内部上拉电阻的准双向 I/O 端口，当作为输入口时，其由内部上拉电阻拉成高电平。当其作为输出口时，不需要外接上拉电阻，便可向外界提供推拉电流负载。P1 口只能用作通用 I/O 端口。

(3) P2 口

P2 口是一个带内部上拉电阻的准双向 I/O 端口，既可以用作通用 I/O 端口，也可以用作地址传输线。当外接存储器时，P0 口作为低 8 位地址线，而 P2 口作为高 8 位地址线。

(4) P3 口

P3 口是一个双功能端口，除了可用作通用 I/O 端口，还具有特殊功能，如串行输入/输出口、外部中断输入口、定时器外部输入口、外部数据存储器的写脉冲输入口，以及外部数据存储器的读脉冲输入口。

4.1.2 I/O 端口寄存器及其初始化

PIC16F877 单片机的 I/O 端口作为通用功能使用时，主要涉及两种寄存器，分别为数据寄存器 PORTx 和方向控制寄存器 TRISx。

TRISx(x 表示端口)为方向控制寄存器，可通过 TRISx 控制端口的输入或输出状态。当 TRISx 置 1 时，相应端口的引脚定义为输入状态，此时，相应的输出驱动器为高阻态；当 TRISx 清 0 时，相应端口的引脚定义为输出状态。

PORTx(x 表示端口)为数据寄存器，可通过 PORTx 控制端口输入或输出数据。对相应 I/O 引脚输入/输出具体数据的操作，实际上是写入或读取该寄存器的具体数据。

PIC16F877 单片机中与 I/O 端口相关的寄存器如表 4-6 所示。

表 4-6 与 I/O 端口相关的寄存器

寄存器	地址	各位名称							
		Bit7	Bit6	Bit5	Bit4	Bit3	Bit2	Bit1	Bit0
ADCON1	9FH	ADFM	ADCS2	—	—	PCFG3	PCFG2	PCFG1	PCFG0
TRISA	85H	—	—	1/0	1/0	1/0	1/0	1/0	1/0
PORTA	05H	—	—	RA5	RA4	RA3	RA2	RA1	RA0
TRISB	86H/186H	1/0	1/0	1/0	1/0	1/0	1/0	1/0	1/0
PORTB	06H/106H	RB7	RB6	RB5	RB4	RB3	RB2	RB1	RB0
TRISC	87H	1/0	1/0	1/0	1/0	1/0	1/0	1/0	1/0
PORTC	07H	RC7	RC6	RC5	RC4	RC3	RC2	RC1	RC0
TRISD	88H	1/0	1/0	1/0	1/0	1/0	1/0	1/0	1/0
PORTD	08H	RD7	RD6	RD5	RD4	RD3	RD2	RD1	RD0
TRISE	89H	IBF	OBF	IBOV	PSPMODE	—	1/0	1/0	1/0
PORTE	09H	—	—	—	—	—	RE2	RE1	RE0

注：阴影部分与 I/O 口功能无关。

通用 I/O 端口功能的初始化设置较为方便，只需对相应的方向控制寄存器 TRISx 进行定义即可。例如：将 PIC16F877A 的 RC 端口全部定义为输出端；端口 RD 的 Bit0～Bit2 定义为输入端，其余位定义为输出端。程序片段如下：

```
BSF       STATUS, RP0       ; 选择体 1
MOVLW     B'00000000'       ; 设置端口 RC 方向寄存器内容
MOVWF     TRISC
MOVLW     B'00000111'       ; 设置端口 RD 方向寄存器内容
MOVWF     TRISD
```

4.1.3 输入/输出应用实例

本节通过具体的程序设计实例，介绍通用 I/O 端口的使用，使读者加深对相应知识的理解。

【实例 4-1】 在 PIC16F877A 单片机的端口 RC 上的引脚 RC0 和 RC1 分别驱动 LED 灯源 L_0、L_1，电路图如图 4-1 所示，要求编写相关程序，熄灭 L_0，点亮 L_1。

思路分析：LED 和单片机有共阴极和共阳极两种不同的接法。如果采用共阴极接法，LED 的正极通过限流电阻与单片机的 I/O 口连接，负极接地，当相对应的引脚输出 1 时，LED 点亮；相对应的引脚输出 0 时，LED 熄灭。如果采用共阳极接法，LED 的正极通过限流电阻与电源正极连接，负极与 I/O 端口相接，当相对应的引脚输出 0 时，LED 点亮；相对应的引脚输出 1 时，LED 熄灭。本例子采用了共阴极接法，需要在 RC0 输出 0，RC1 输出 1。

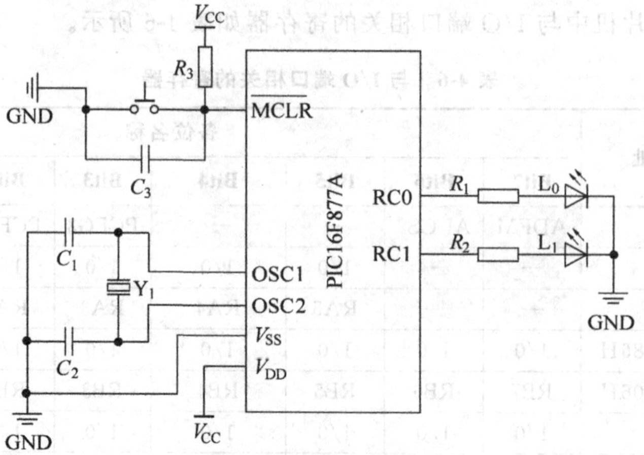

图 4-1　电路原理图

程序如下：

```
LIST   P=16F877A
INCLUDE   "P16F877A.INC"          ; PIC16F877A包含的头文件
ORG       0000H
NOP
BSF       STATUS, RP0             ; 选择数据存储器体 1
CLRF      TRISC                   ; 端口 RC 全部设置为输出状态
BCF       STATUS, RP0             ; 选择数据存储器体 0
MOVLW     02H                     ; 把立即数 02H 送至 W
MOVWF     PORTC                   ; 把 W 中的值送至端口 RC
END
```

【实例 4-2】 设计一个跑马灯。要求：从 L_0 依次点亮至 L_7，到达 L_7 后再返回来，从 L_7 依次点亮至 L_0，LED 依次点亮的间隔时间为 1s。PIC16F877A 单片机端口 RC 驱动 8 个 LED，电路原理图如图 4-2 所示。

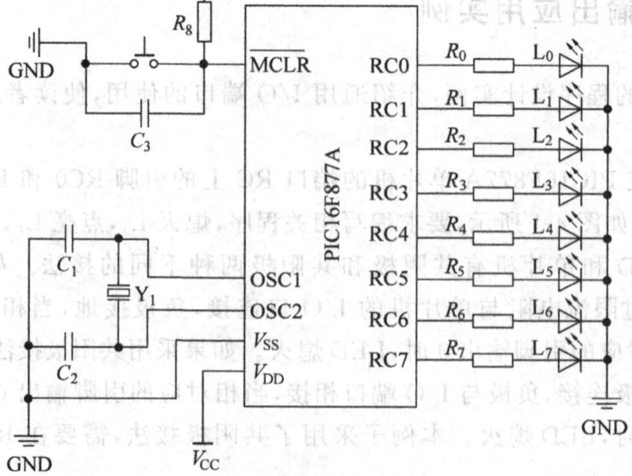

图 4-2　跑马灯电路原理图

思路分析：PIC16F877A 单片机端口 RC 的各个引脚上共连接 8 个 LED，依次将各个状态相对应的数值送至数据寄存器 PORTC 中并原路返回即可。本实例还需要引入 1s 的延时子程序。

程序如下：

```
        LIST  P=16F877A
        INCLUDE  "P16F877A.INC"      ；PIC16F877A 包含的头文件
        ORG       0000H
        NOP
        BANKSEL   TRISC              ；选择数据存储器体 1
        CLRF      TRISC              ；端口 RC 全部设置为输出状态
        BCF       STATUS, RP0        ；选择数据存储器体 0
LOOP    MOVLW     01H                ；将立即数 01H 送至 PORTC
        MOVWF     PORTC
L1      CALL      DELAY1S            ；调用延时子程序
        RLF       PORTC, F
        BTFSS     STATUS, C          ；判断是否进位，若有进位则间跳
        GOTO      L1                 ；无进位，C=0
R1      RRF       PORTC, F           ；有进位，C=1，开始进行右移
        CALL      DELAY1S
        BTFSC     STATUS, 0          ；判断是否借位，若有借位则间跳
        GOTO      R1                 ；无借位，C=1
        GOTO      LOOP               ；有借位，C=0
；-------------------------延时子程序-------------------------
DELAY1S MOVLW     06H                ；外循环
        MOVWF     21H
LOOP1   MOVLW     0EBH               ；中循环
        MOVWF     22H
LOOP2   MOVLW     0EBH               ；内循环
        MOVWF     23H
LOOP3   DECFSZ    23H, F             ；内循环寄存器递减
        GOTO      LOOP3              ；继续进行内循环
        DECFSZ    22H, F             ；中循环寄存器递减
        GOTO      LOOP2              ；继续进行中循环
        DECFSZ    21H, F             ；外循环寄存器递减
        GOTO      LOOP1              ；继续进行外循环
        RETURN
；------------------------------------------------------------
        END
```

4.2 中断系统

中断在微型计算机系统中起着举足轻重的作用，其能提高微型计算机对外界特殊事件的处理能力和响应速度。中断系统的优劣已经成为衡量微型计算机系统功能强弱的重要指标之一。

本节主要介绍PIC16F877单片机中断系统的概念和机理、中断系统的分类和与中断相关的寄存器,以及中断程序设计实例。

4.2.1 中断的概念和机理

当单片机系统正常执行程序的过程中,内部或者外部发生特殊事件请求,要求CPU暂停处理当前程序,转去处理特殊事件的特定程序;待CPU执行完这段特定程序后再返回先前程序的间断点,继续运行主程序,称之为中断。PIC16F877单片机的中断服务程序入口地址为0004H。中断过程可分为3部分:中断识别、中断处理和中断返回。如图4-3所示为中断执行过程示意图。

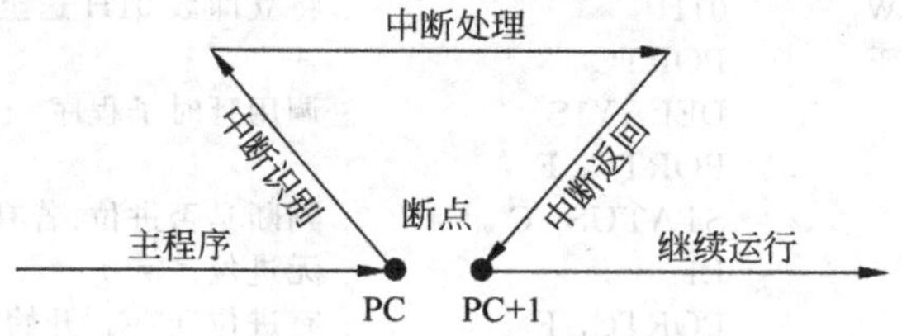

图4-3 中断执行过程示意图

1. 中断识别

PIC16F877单片机实时检测中断信号,在每个指令周期的第2个时钟脉冲上升沿,系统将自动检测所有中断源的中断标志位情况。当单片机检测到中断源的中断标志位置1时,说明该中断源向CPU发出中断请求,如果该中断满足使能条件,CPU将响应该中断;在第2个指令周期,把程序断点送至堆栈保护区,将总中断使能位GIE清0;在第3个指令周期,程序计数器PC被加载中断地址0004H。接下来CPU才能真正进入中断服务程序,开始运行中断程序的首条指令。即从中断标志位置位到真正执行中断服务程序的首条指令,大概需要3~4个指令周期。所以,单片机对中断信号的检测是实时的,而对中断的响应是延时的。

需要注意的是,单片机在执行中断服务程序之前,还需要对专用寄存器进行备份,如W文件寄存器、状态寄存器STATUS和寄存器PCLATH等。

2. 中断处理

中断处理主要由3部分构成:备份现场数据、执行中断服务程序和恢复现场数据。

1) 备份现场数据

在进入中断服务程序时,通常需对W、STATUS、PCLATH和FSR等寄存器的内容进行备份,以防止数据丢失或错误,确保在完成中断服务程序之后,主程序可以继续顺利运行。

2) 执行中断服务程序

单片机的中断系统就是为了更好地处理特殊事件,而中断服务程序的运行便体现了单片机处理特殊事件的具体方法。为了防止重复执行中断服务程序,单片机在进入中断服务程序时，会把总中断使能位 GIE 清 0；同时，及时对中断标志位软件清 0，以防止返回主程序后出现中断混乱。当运行到中断返回指令 RETFIE 时，总中断使能位 GIE 自动置 1。

3) 恢复现场数据

中断服务程序结束后，必须及时还原涉及的专用寄存器（如 W、STATUS、PCLATH 和 FSR 等寄存器）数据，称为恢复现场数据（恢复的顺序与备份的顺序相反）。

实现中断现场保护及恢复的程序段范例如下：

```
; 专用寄存器数据备份
        MOVWF       W_temp              ; 把 W 的内容储存到 W_temp 中
        SWAPF       STATUS, W           ; STATUS 的高/低 4 位交换
        MOVWF       STATUS_temp         ; 送入 STATUS_temp 备份
        MOVF        PCLATH, W           ; 把 PCLATH 的内容送至 W
        MOVWF       PCLATH_temp         ; 把 W 的值送至 PCLATH_temp
        CLRF        PCLATH              ; 返回页 0
; 中断服务程序核心部分(略)
;                   ⋮
; 专用寄存器数据恢复
        MOVF        PCLATH_temp, W      ; 把 PCLATH_temp 的值送至 W
        MOVWF       PCLATH              ; 恢复 PCLATH 的内容
        SWAPF       STATUS_temp, W      ; STATUS_temp 的高/低 4 位交换
        MOVWF       STATUS              ; 恢复 STATUS 寄存器
        SWAPF       W_temp, F           ; W_temp 高/低 4 位交换后放回
        SWAPF       W_temp, W           ; W_temp 高/低 4 位交换后送至 W
```

专用寄存器的保护顺序有一定的要求。数据备份时，依照 W 文件寄存器、状态寄存器 STATUS、寄存器 PCLATH 等顺序进行；而数据恢复时，顺序则相反，依照寄存器 PCLATH、状态寄存器 STATUS、W 文件寄存器等顺序进行。

寄存器 STATUS 内容备份和恢复均采用高/低 4 位交换指令 SWAPF，而不是一般的传送指令。由于 SWAPF 指令的执行不影响状态寄存器的 Z 标志位，从而避免了 STATUS 寄存器的数据改变。

W 寄存器恢复时采用一种迂回的方式，即连续两次使用高/低 4 位交换指令 SWAPF，以确保已恢复的状态寄存器 STATUS 的数据不被改变。

3. 中断返回

当单片机执行中断返回指令 RETFIE 时，程序计数器 PC 自动加载出栈的断点地址；同时将总中断使能位 GIE 置 1，返回主程序的断点，继续运行主程序。

拓展知识

80C51 单片机的中断过程可分为 4 部分：中断采样、中断识别、中断处理和中断返回。与 PIC16F877 单片机相比，80C51 单片机的特点为：

(1) 中断源数量：有 5 个中断源，包括 2 个外部中断源和 3 个内部中断源。它们有各

自的中断入口地址。

(2) 中断优先级：提供两个中断优先级，能实现两级中断嵌套。

(3) 中断嵌套：当 CPU 在处理一个中断请求的时候，如果发生另一个较高优先级的中断请求，CPU 暂停处理当前中断，转而处理优先级高的中断请求。

4.2.2 中断源的分类及使能方式

PIC16F877 单片机有 14 个中断源，分为内部中断源(3 个)和外部中断源(11 个)两类。中断源分类如表 4-7 所示。

表 4-7 中断源分类

分　类	中　断　源
内部中断源	外部触发中断 INT，TMR0 溢出中断和端口 RB 电平变化中断
外部中断源	TMR1 溢出中断、TMR2 中断、掉电保护存储器 E^2PROM 中断、并行端口 PSP 中断、SCI 同步发送中断、SCI 同步接收中断、SSP I^2C 总线冲突中断、主同步串行 SSP 中断、A/D 转换中断和捕捉/比较/脉宽调制 CCP1、CCP2 中断

每个中断源都有各自的中断使能位 IE 和标志位 IF。3 个内部中断源的使能条件有两个：中断源本身的使能位和总中断使能位 GIE。11 个外部中断源的使能条件有三个：中断源本身的使能位、外围中断使能位 PEIE 和总中断使能位 GIE。总中断使能位 GIE 是 14 个中断源的总开关，而外围中断使能位 PEIE 是 11 个外部中断源的总开关。当相应的中断标志位置位时，在其使能条件满足的情况下，CPU 才会响应中断请求。PIC16F877 单片机的中断逻辑如图 4-4 所示。

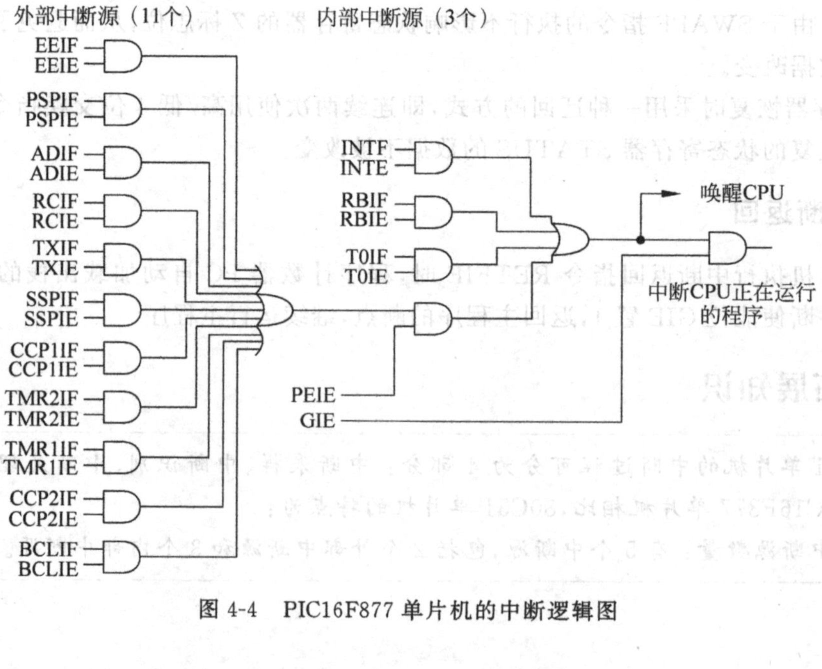

图 4-4 PIC16F877 单片机的中断逻辑图

PIC16F877 单片机有 14 个中断源,中断服务程序入口地址统一为 0004H。14 个中断源没有优先级之分,但可通过软件来实现中断的先后处理,即通过检查中断标志位的顺序,人为设定中断源的优先级。中断标志位决定中断源是否向 CPU 发出中断请求,中断使能位决定 CPU 是否开放或允许该中断请求。

拓展知识

80C51 单片机有 5 个中断源,分别为外部中断 0 请求 $\overline{\text{INT0}}$、外部中断 1 请求 $\overline{\text{INT1}}$、定时器/计数器 0 溢出中断请求 T0、定时器/计数器 1 溢出中断请求 T1 和串行中断请求 TX/RX。与 PIC16F877 单片机相似,80C51 单片机的每个中断源都有与其相对应的中断标志位和中断使能位,并且还拥有中断总使能位,只有在总使能位置 1 时,单片机才会响应中断。

不同的是,80C51 单片机的中断源有两个中断优先权级别,通过编程,每一个中断源均可设置为高优先级别中断或低优先级别中断。80C51 单片机内部提供一个中断优先级寄存器来控制各中断源的优先权。而在同时接到多个同一优先级的中断请求时,优先级别高低顺序为:$\overline{\text{INT0}}$>T0>$\overline{\text{INT1}}$>T1>TX/RX。

4.2.3 与中断相关的寄存器

PIC16F877 单片机中断主要涉及 6 个特殊功能寄存器,表 4-8 列出了与中断相关的寄存器,表 4-9 列出了相关寄存器的功能。

表 4-8 与中断相关的寄存器

寄存器	地址	各位名称							
		Bit7	**Bit6**	**Bit5**	**Bit4**	**Bit3**	**Bit2**	**Bit1**	**Bit0**
OPTION_REG	81H/181H	$\overline{\text{RBPU}}$	INTEDG	T0CS	T0SE	PSA	PS2	PS1	PS0
INTCON	0BH/8BH/10BH/18BH	GIE	PEIE	T0IE	INTE	RBIE	T0IF	INTF	RBIF
PIE1	8CH	PSPIE	ADIE	RCIE	TXIE	SSPIE	CCP1IE	TMR2IE	TMR1IE
PIR1	0CH	PSPIF	ADIF	RCIF	TXIF	SSPIF	CCP1IF	TMR2IF	TMR1IF
PIE2	8DH	—	—	—	EEIE	BCLIE	—	—	CCP2IE
PIR2	0DH	—	—	—	EEIF	BCLIF	—	—	CCP2IF

注:阴影部分与中断功能无关。

表 4-9 与中断相关寄存器的功能

寄存器	简称	功能
选项寄存器	OPTION_REG	涉及外部触发中断 INT 的触发边沿选择
中断控制寄存器	INTCON	涉及 3 个中断使能位、3 个中断标志位、外围中断使能位和总中断使能位
第一外围中断使能寄存器	PIE1	涉及 8 个中断使能位

续表

寄 存 器	简 称	功 能
第一外围中断标志寄存器	PIR1	涉及8个中断标志位
第二外围中断使能寄存器	PIE2	涉及3个中断使能位
第二外围中断标志寄存器	PIR2	涉及3个中断标志位

1）OPTION_REG

选择寄存器OPTION_REG是一个可读/写的8位寄存器，只有INTEDG(Bit6)与中断功能有关，其各个位分布如下所示。

Bit7	Bit6	Bit5	Bit4	Bit3	Bit2	Bit1	Bit0
RBPU	INTEDG	T0CS	T0SE	PSA	PS2	PS1	PS0

INTEDG(Bit6)：外部触发中断边沿选择位。

- 0：表示引脚RB0/INT下降沿触发。
- 1：表示引脚RB0/INT上升沿触发。

2）INTCON

中断控制寄存器INTCON是一个可读/写的8位寄存器，包括3个内部中断的标志位RBIF、INTF和T0IF，3个内部中断的使能位RBIE、INTE和T0IE，外围中断使能位PEIE，以及总中断使能位GIE，其分布如下所示。

Bit7	Bit6	Bit5	Bit4	Bit3	Bit2	Bit1	Bit0
GIE	PEIE	T0IE	INTE	RBIE	T0IF	INTF	RBIF

RBIF(Bit0)：被动参数，引脚RB7～RB4电平变化中断标志位（系统置位，软件清零）。

- 0：引脚RB7～RB4电平未发生变化。
- 1：引脚RB7～RB4电平已发生变化。

INTF(Bit1)：被动参数，外部触发中断标志位（系统置位，软件清零）。

- 0：未发生外部触发中断请求。
- 1：已发生外部触发中断请求。

T0IF(Bit2)：被动参数，溢出中断标志位（系统置位，软件清零）。

- 0：TMR0未计数溢出。
- 1：TMR0已计数溢出。

RBIE(Bit3)：主动参数，引脚RB7～RB4电平变化中断使能位。

- 0：禁止引脚RB7～RB4电平变化中断请求。
- 1：允许引脚RB7～RB4电平变化中断请求。

INTE(Bit4)：主动参数，外部触发中断使能位。

- 0：禁止外部触发中断请求。
- 1：允许外部触发中断请求。

T0IE(Bit5)：主动参数，TMR0溢出中断使能位。

- 0：禁止TMR0溢出后产生中断。

• 1：允许 TMR0 溢出后产生中断。

PEIE(Bit6)：主动参数，外围设备中断使能位。

• 0：禁止外部中断源(11 个)的中断请求。

• 1：允许外部中断源(11 个)的中断请求。

GIE(Bit7)：主动参数，总中断使能位。

• 0：禁止所有中断源(14 个)的中断请求。

• 1：允许所有中断源(14 个)的中断请求。

3) PIE1

第一外围中断使能寄存器 PIE1 是一个可读/写操作的 8 位寄存器。PIE1 包含了 8 个外部中断源的使能位，其各个位分布如下所示。

Bit7	Bit6	Bit5	Bit4	Bit3	Bit2	Bit1	Bit0
PSPIE	ADIE	RCIE	TXIE	SSPIE	CCP1IE	TMR2IE	TMR1IE

TMR1IE(Bit0)：主动参数，TMR1 溢出中断使能位。

• 0：禁止 TMR1 溢出后产生中断。

• 1：允许 TMR1 溢出后产生中断。

TMR2IE(Bit1)：主动参数，TMR2 溢出中断使能位。

• 0：禁止 TMR2 溢出后产生中断。

• 1：允许 TMR2 溢出后产生中断。

CCP1IE(Bit2)：主动参数，CCP1 模块中断使能位。

• 0：禁止 CCP1 模块产生的中断请求。

• 1：允许 CCP1 模块产生的中断请求。

SSPIE(Bit3)：主动参数，同步串行通信 SSP 中断使能位。

• 0：禁止同步串行通信 SSP 模块产生的中断请求。

• 1：允许同步串行通信 SSP 模块产生的中断请求。

TXIE(Bit4)：主动参数，SCI 串行通信发送中断使能位。

• 0：禁止串行通信 SCI 发送中断请求。

• 1：允许串行通信 SCI 发送中断请求。

RCIE(Bit5)：主动参数，SCI 串行通信接收中断使能位。

• 0：禁止串行通信 SCI 接收中断请求。

• 1：允许串行通信 SCI 接收中断请求。

ADIE(Bit6)：主动参数，ADC 模块中断使能位。

• 0：禁止 ADC 模块的中断请求。

• 1：允许 ADC 模块的中断请求。

PSPIE(Bit7)：主动参数，并行端口 RD 中断使能位。

• 0：禁止并行端口 RD 产生的中断请求。

• 1：允许并行端口 RD 产生的中断请求。

4) PIR1

第一外围中断标志寄存器 PIR1 是一个可读/写操作的 8 位寄存器。PIR1 包含了 8 个外部中断源的标志位,其各个位分布如下所示。

Bit7	Bit6	Bit5	Bit4	Bit3	Bit2	Bit1	Bit0
PSPIF	ADIF	RCIF	TXIF	SSPIF	CCP1IF	TMR2IF	TMR1IF

TMR1IF(Bit0):被动参数,TMR1溢出中断标志位(系统置位,软件清零)。
- 0:TMR1未发生计数溢出。
- 1:TMR1已发生计数溢出。

TMR2IF(Bit1):被动参数,TMR2溢出中断标志位(系统置位,软件清零)。
- 0:TMR2未发生计数溢出。
- 1:TMR2已发生计数溢出。

CCP1IF(Bit2):被动参数,CCP1模块中断标志位(系统置位,软件清零)。
- 0:未发生CCP1模块中断请求。
- 1:已发生CCP1模块中断请求。

SSPIF(Bit3):被动参数,同步串行通信SSP中断标志位(系统置位,软件清零)。
- 0:未发生同步串行通信SSP中断请求。
- 1:已发生同步串行通信SSP中断请求。

TXIF(Bit4):被动参数,串行通信SCI发送中断标志位(系统置位,软件清零)。
- 0:未发生串行通信SCI发送中断请求。
- 1:已发生串行通信SCI发送中断请求。

RCIF(Bit5):被动参数,串行通信SCI接收中断标志位(系统置位,软件清零)。
- 0:未发生串行通信SCI接收中断请求。
- 1:已发生串行通信SCI接收中断请求。

ADIF(Bit6):被动参数,ADC模块中断标志位(系统置位,软件清零)。
- 0:未发生ADC模块中断请求。
- 1:已发生ADC模块中断请求。

PSPIF(Bit7):被动参数,并行端口RD中断标志位(系统置位,软件清零)。
- 0:未发生并行端口RD中断请求。
- 1:已发生并行端口RD中断请求。

5) PIE2

第二外围中断使能寄存器PIE2是一个可读/写操作的8位寄存器,包含了3个外部中断源的使能位,其各个位分布如下所示。

Bit7	Bit6	Bit5	Bit4	Bit3	Bit2	Bit1	Bit0
—	—	—	EEIE	BCLIE	—	—	CCP2IE

CCP2IE(Bit0):主动参数,CCP2模块使能位。
- 0:禁止CCP2模块产生的中断请求。
- 1:允许CCP2模块产生的中断请求。

BCLIE(Bit3):主动参数,I^2C总线冲突中断使能位。

• 0：禁止 I^2C 总线冲突中断请求。

• 1：允许 I^2C 总线冲突中断请求。

EEIE(Bit4)：主动参数，E^2PROM 中断使能位。

• 0：禁止 E^2PROM 中断请求。

• 1：允许 E^2PROM 中断请求。

6) PIR2

第二外围中断标志寄存器 PIR2 是一个可读/写操作的 8 位寄存器，包含了 3 个外部中断源的标志位，其各个位分布如下所示。

Bit7	Bit6	Bit5	Bit4	Bit3	Bit2	Bit1	Bit0
—	—	—	EEIF	BCLIF	—	—	CCP2IF

CCP2IF(Bit0)：被动参数，CCP2 模块中断标志位(系统置位，软件清零)。

• 0：未发生 CCP2 模块中断请求。

• 1：已发生 CCP2 模块中断请求。

BCLIF(Bit3)：I^2C 总线冲突中断标志位(系统置位，软件清零)。

• 0：未发生 I^2C 总线冲突中断请求。

• 1：已发生 I^2C 总线冲突中断请求。

EEIF(Bit4)：E^2PROM 中断标志位(系统置位，软件清零)。

• 0：未发生 E^2PROM 中断请求。

• 1：已发生 E^2PROM 中断请求。

拓展知识

80C51 单片机中断涉及的特殊功能寄存器有 4 个，分别为定时控制寄存器 TCON、串行口控制寄存器 SCON、中断允许控制寄存器 IE 和中断优先级控制寄存器 IP。

(1) TCON：是一个 8 位寄存器，与外部中断和定时器/计数器溢出中断有关。除了能控制定时器/计数器溢出中断，还可以锁存定时器/计数器溢出中断标志和外部中断标志。

(2) SCON：是一个 8 位寄存器，其低 2 位与串行中断有关。它可以锁存串行发送中断和串行接收中断标志。

(3) IE：是一个 8 位寄存器，可控制中断的允许或禁止。

(4) IP：是一个 8 位寄存器。80C51 单片机有高优先级中断和低优先级中断两种优先级，可通过寄存器 IP 设置中断优先级。

4.2.4 中断系统的应用实例

本节通过具体的程序设计实例，介绍中断系统的使用方法，使读者加深对相关知识的理解。

【实例 4-3】 采用 PIC16F877A 单片机，实现按键 K_1 对 LED 的点亮与熄灭的控制功能。

思路分析：本实例采用 PIC16F877A 单片机的外部触发中断 INT。在引脚 RB0 上接按键 K_1，当按下 K_1 时，触发外部触发中断，进入中断服务程序，此时 LED 点亮；当释放 K_1 时，中断结束，此时 LED 熄灭。为了消除电平波动所带来的影响，还需引入消抖程序。其电路原理如图 4-5 所示。

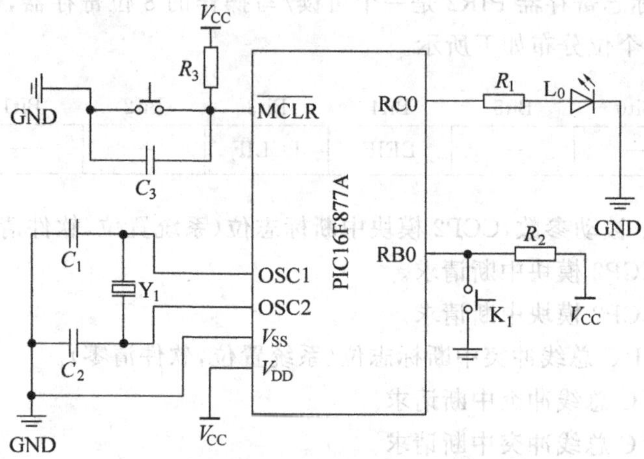

图 4-5 按键触发电路原理图

程序如下：

```
        LIST    P=16F877A
        INCLUDE "P16F877A.INC"          ; PIC16F877A包含的头文件
        ORG     0000H
        NOP
        GOTO    MAIN                    ; 进入主程序
        ORG     0004H                   ; 中断地址入口
        BCF     INTCON, INTF            ; 清外部触发中断标志位INTF
        BTFSC   PORTB, 0                ; 判断K1是否按下
        GOTO    RET
        CALL    DELAY10ms               ; 调用延时程序
        BTFSC   PORTB, 0
        GOTO    RET
        BSF     PORTC, 0                ; 点亮LED
REL     BTFSS   PORTB, 0                ; 判断K1是否释放
        GOTO    REL                     ; 若K1未释放,继续等待
        CALL    DELAY10ms
        BTFSS   PORTB, 0
        GOTO    REL
        BCF     PORTC, 0                ; 熄灭LED
RET     RETFIE
MAIN    BSF     STATUS, RP0             ; 选择体1
        BCF     TRISC, 0                ; 初始化端口
        BSF     TRISB, 0
```

```
            BCF         OPTION_REG, INTEDG          ；设置下降沿触发
            BCF         STATUS, RP0
            BCF         PORTC,0                     ；LED 熄灭
            BSF         INTCON, INTE                ；使能外部触发中断 INT
            BCF         INTCON, INTF                ；清中断标志位
            BSF         INTCON, GIE                 ；开总中断使能位
LOOP        GOTO        LOOP                        ；等待中断
;----------------------------消抖延时子程序----------------------------------
DELAY10ms   MOVLW       0DH                         ；外循环次数
            MOVWF       21H
LOOP1       MOVLW       0FFH                        ；内循环次数
            MOVWF       22H
LOOP2       DECFSZ      22H, F
            GOTO        LOOP2
            DECFSZ      21H, F
            GOTO        LOOP1
            RETURN
;---------------------------------------------------------------------------
            END
```

【实例 4-4】 设计一个可响应按键外部触发中断的累加器。要求：PIC16F877A 单片机端口 RC 驱动 8 个 LED 来显示单片机端口的累加效果，LED 依次点亮的间隔时间为 200ms。当按下按键 K_1 后，全部 LED 闪烁两次，闪烁的时间间隔为 1s。电路原理图如图 4-6 所示。

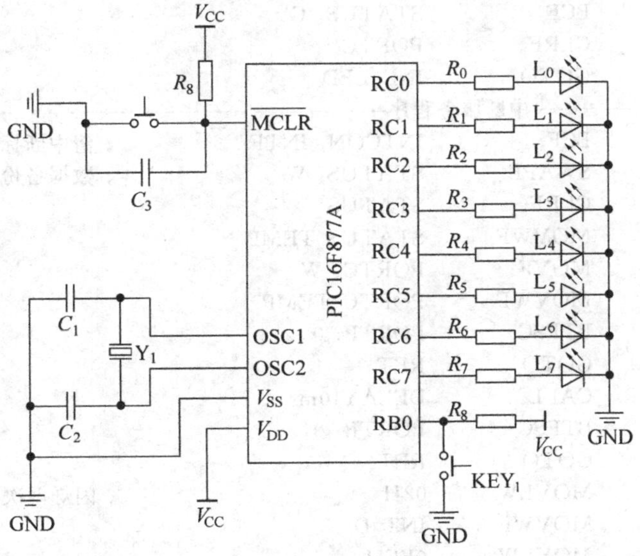

图 4-6　电路原理图

思路分析： 本实例使用单片机的外部触发中断。LED 的正常点亮循环可以在主程序中实现，当按键被按下时，触发端口 RB0 的外部触发中断；全部 LED 同时闪烁可在中断服务程序中实现。进入中断之后，还需要对寄存器 STATUS 和 PORTC 进行保护。

程序如下：

```
            LIST    P=16F877A
            INCLUDE  "P16F877A.INC"              ; PIC16F877A 包含的头文件
INT_D       EQU     20H
W_TEMP      EQU     21H
STATUS_TEMP EQU     22H
PCLATH_TEMP EQU     23H
PORTC_TEMP  EQU     24H
            ORG     0000H
            NOP
            GOTO    MAIN                        ; 跳转至主程序
            ORG     0004H
            GOTO    SUB_INT
MAIN        BSF     STATUS, RP0
            CLRF    TRISC
            BSF     TRISB, 0
            BCF     OPTION_REG, INTEDG
            BSF     INTCON, GIE
            BSF     INTCON, INTE
            BCF     STATUS, RP0
            CLRF    PORTC
INC_LED     INCF    PORTC, F
            CALL    DELAY200MS                  ; 调用延时 200ms 子程序
            BTFSS   STATUS, C
            GOTO    INC_LED
            BCF     STATUS, C
            CLRF    PORTC
            GOTO    INC_LED
; -------------------------------- 中断服务程序-----------------------------------------------------------------
SUB_INT     BCF     INTCON, INTF                ; 清中断标志位
            SWAPF   STATUS, W                   ; 数据备份
            CLRF    STATUS
            MOVWF   STATUS_TEMP
            MOVF    PORTC, W
            MOVWF   PORTC_TEMP
            BTFSC   PORTB, 0
            GOTO    RET
            CALL    DELAY10ms
            BTFSC   PORTB, 0
            GOTO    RET
            MOVLW   02H                         ; 闪烁两次
            MOVWF   INT_D
TWICE       MOVLW   0FFH
            MOVWF   PORTC
            CALL    DELAY1S                     ; 调用延时 1s 子程序
            CLRF    PORTC
            CALL    DELAY1S
            DECFSZ  INT_D, F
            GOTO    TWICE
```

```
RET           MOVF      PORTC_TEMP, W       ; 数据恢复
              MOVWF     PORTC
              SWAPF     STATUS_TEMP, W
              MOVWF     STATUS
              RETFIE
; ---------------------------- 延时 1s 子程序-----------------------------------------
DELAY1S       MOVLW     06H                 ; 外循环次数
              MOVWF     25H
LOOP1         MOVLW     0EBH                ; 中循环次数
              MOVWF     26H
LOOP2         MOVLW     0EBH                ; 内循环次数
              MOVWF     27H
LOOP3         DECFSZ    27H, F
              GOTO      LOOP3
              DECFSZ    26H, F
              GOTO      LOOP2
              DECFSZ    25H, F
              GOTO      LOOP1
              RETURN
; ---------------------------- 延时 200ms 子程序---------------------------------------
DELAY200MS    MOVLW     35H                 ; 外循环次数
              MOVWF     28H
LOOP4         MOVLW     05H                 ; 中循环次数
              MOVWF     29H
LOOP5         MOVLW     0FAH                ; 内循环次数
              MOVWF     30H
LOOP6         DECFSZ    30H, F
              GOTO      LOOP6
              DECFSZ    29H, F
              GOTO      LOOP5
              DECFSZ    28H, F
              GOTO      LOOP4
              RETURN
; ----------------------------消抖延时子程序---------------------------------------------
DELAY10ms     MOVLW     0DH                 ; 外循环次数
              MOVWF     31H
LOOP7         MOVLW     0FFH                ; 内循环次数
              MOVWF     32H
LOOP8         DECFSZ    32H, F
              GOTO      LOOP8
              DECFSZ    31H, F
              GOTO      LOOP7
              RETURN
; -----------------------------------------------------------------------------------
              END
```

第 5 章

定时器/计数器

定时器/计数器模块是单片机的一个重要模块。实际上，定时器/计数器的功能就是计数累计，即对一时间脉冲序列进行累计。当作为定时器使用时，时间脉冲来源于单片机本身的工作时钟，通过对时钟的脉冲序列进行累计，即可得到相对应的时间；当作为计数器使用时，时间脉冲来源于单片机外部引脚输入的时钟，通过累计引脚的电平变化来实现计数功能。累计方式有递增方式、递减方式以及两者混合方式。但对于 PIC 单片机，只有递增的累计方式。而 PIC 单片机的触发方式有 3 种，分别为上升沿触发、下降沿触发，以及两个边沿触发。

PIC16F877 单片机共有 3 个定时器/计数器，分别为 TMR0、TMR1 和 TMR2。其中，TMR0 和 TMR1 可作为定时器与计数器使用，而 TMR2 只能作为定时器使用。它们之间的相同点和不同点如表 5-1 所示。

表 5-1　定时器/计数器的异同点

<table>
<tr><th rowspan="2">模块</th><th colspan="7">不同点</th><th rowspan="2">相同点</th></tr>
<tr><th>位宽/b</th><th>普通功能</th><th>特殊功能</th><th>分频器</th><th>时钟源</th><th>软件开关</th><th>中断源</th></tr>
<tr><td>TMR0</td><td>8</td><td>定时/计数</td><td>—</td><td>预分频</td><td>(1) 内部时钟
(2) 外部信号 T0CKI</td><td>无</td><td>内部</td><td rowspan="3">(1) 累加计数
(2) 定时功能
(3) 预分频
(4) 内部时钟</td></tr>
<tr><td>TMR1</td><td>16</td><td>定时/计数</td><td>捕捉/比较</td><td>预分频</td><td>(1) 内部时钟
(2) 外部信号 T1CKI
(3) 低频振荡器</td><td>有</td><td>外部</td></tr>
<tr><td>TMR2</td><td>8</td><td>定时</td><td>脉宽调制</td><td>预/后分频</td><td>内部时钟</td><td>有</td><td>外部</td></tr>
</table>

本章主要介绍 TMR0、TMR1 和 TMR2 的工作原理，其相关寄存器，以及相关的应用实例。

拓展知识

与 PIC 单片机不同的是，MCS-51 单片机共有两个 16 位的定时器/计数器，分别为 T0 和 T1。T0 和 T1 均可作为定时器或计数器使用，可通过软件编程来设置、修改与控制。它们不仅用于单片机的定时和计数，还可作为串行口的波特率发生器。

5.1　定时器/计数器 TMR0

定时器/计数器 TMR0 是 PIC16F877 单片机最常用的定时/计数模块。根据时钟脉冲信号的来源不同,TMR0 可作为定时器或计数器使用。定时器和计数器的工作原理都是累加计数。

5.1.1　TMR0 模块的功能和特性

TMR0 的核心部分为一个 8 位宽、上升沿或下降沿触发的循环累加计数寄存器,可实现定时和计数功能。TMR0 配有一个可编程的预分频器,分频比的设置与选项寄存器 OPTION_REG 有关。当满足一定条件时,可实现定时或计数溢出中断。

TMR0 模块的功能特点如下:

(1) 8 位宽的定时器/计数器。

(2) 定时寄存器的当前计数值可读/写,地址为 01H 或 101H。

(3) 可附带一个 8 种可选分频比的预分频器。

(4) 工作模式:定时工作模式、计数工作模式。

(5) 时钟来源:系统内部时钟 $f_{OSC}/4$、外部输入脉冲 T0CKI。

(6) 以递增方式计数,当从 FFH 到 00H 产生溢出中断,中断溢出标志位置位(T0IF=1)。

(7) 当时钟源为外部时钟时,可选择上升沿计数或下降沿计数。

(8) TMR0 无软件开关。

(9) 计数寄存器 TMR0 内容与系统复位无关。

5.1.2　与 TMR0 模块相关的寄存器

定时器/计数器 TMR0 模块主要涉及 4 个特殊功能寄存器。如表 5-2 所示为与 TMR0 模块相关的寄存器,如表 5-3 所示为相关寄存器的功能。

表 5-2　与 TMR0 模块相关的寄存器

寄存器	地址	各位名称							
		Bit7	Bit6	Bit5	Bit4	Bit3	Bit2	Bit1	Bit0
TMR0	01H/101H	8 位累加计数寄存器							
OPTION_REG	81H/181H	$\overline{\text{RBPU}}$	INTEDG	T0CS	T0SE	PSA	PS2	PS1	PS0
INTCON	0BH/8BH 10BH/18BH	GIE	PEIE	T0IE	INTE	RBIE	T0IF	INTF	RBIF
TRISA	85H	—	—	TRISA5	TRISA4	TRISA3	TRISA2	TRISA1	TRISA0

注:阴影部分与 TMR0 模块功能无关。

表 5-3　与 TMR0 模块相关寄存器的功能

寄　存　器	简　　称	功　　能
定时器/计数器	TMR0	实现 TMR0 的计数累加
选项寄存器	OPTION_REG	选择分频比、分频器分配位、边沿触发状态和时钟源
中断控制寄存器	INTCON	涉及 TMR0 溢出中断标志位、使能位和总中断使能位
端口 RA 方向控制寄存器	TRISA	涉及外部触发信号的输入

1）TMR0

定时器/计数器 TMR0 为 8 位宽、可读写的累加计数器，存放 TMR0 计数的初始值，即时间常数。TMR0 无软件开关，即当计数初始值送入 TMR0 后，TMR0 便在该值的基础上开始或重启累加计数。当计数值超过 FFH 时，产生溢出，TMR0 溢出中断标志位置位(T0IF=1)。在中断条件允许的情况下，即 GIE=1 和 T0IE=1 时，CPU 将响应 TMR0 溢出中断请求，实现定时或中断溢出。

2）OPTION_REG

选项寄存器 OPTION_REG 包括分频器分频比选择位 PS2～PS0、分频器分配位 PSA、时钟触发边沿选择位 T0SE 和时钟源选择位 T0CS。

Bit7	Bit6	Bit5	Bit4	Bit3	Bit2	Bit1	Bit0
$\overline{\text{RBPU}}$	INTEDG	T0CS	T0SE	PSA	PS2	PS1	PS0

PS2～PS0(Bit2～Bit0)：分频器分频比选择位。其不同的组合决定了分频器的分频比大小，既可分配给 TMR0 使用，又可分配给看门狗(WTD)使用，如表 5-4 所示。

表 5-4　PS2～PS0 分频比设置

PS2～PS0	十进制数(n)	TMR0 比率($1:2^{n+1}$)	WDT 比率($1:2^n$)
000	0	1∶2	1∶1
001	1	1∶4	1∶2
010	2	1∶8	1∶4
011	3	1∶16	1∶8
100	4	1∶32	1∶16
101	5	1∶64	1∶32
110	6	1∶128	1∶64
111	7	1∶256	1∶128

PSA(Bit3)：主动参数，分频器分配位。

- 0：分频器分配给 TMR0。
- 1：分频器分配给 WDT。

T0SE(Bit4)：主动参数，时钟触发边沿选择位。TMR0 工作在计数模式时，该位才有效。

- 0：选择外部引脚 RA4/T0CKI 的脉冲信号的上升沿触发。
- 1：选择外部引脚 RA4/T0CKI 的脉冲信号的下降沿触发。

T0CS(Bit5)：主动参数，时钟源选择位。其决定时钟源的来源。实际上确定 TMR0 工作模式。

- 0：触发信号来源于系统时钟 f_{OSC} 的 4 分频，工作于定时模式。
- 1：触发信号来源于外部引脚 RA4/T0CKI 的脉冲信号，工作于计数模式。

3) INTCON

中断控制寄存器 INTCON 是一个可读写的寄存器，包括 TMR0 的中断标志位 T0IF、TMR0 的中断使能位 T0IE 和总中断使能位 GIE，其各个位分布如下所示。

Bit7	Bit6	Bit5	Bit4	Bit3	Bit2	Bit1	Bit0
GIE	PEIE	T0IE	INTE	RBIE	T0IF	INTF	RBIF

T0IF(Bit2)：被动参数，溢出中断标志位(系统置位，软件清零)。

- 0：TMR0 未计数溢出。
- 1：TMR0 已计数溢出。

T0IE(Bit5)：主动参数，TMR0 溢出中断使能位。

- 0：禁止 TMR0 溢出后产生中断。
- 1：允许 TMR0 溢出后产生中断。

GIE(Bit7)：主动参数，总中断使能位。

- 0：禁止所有中断源的中断请求。
- 1：允许所有中断源的中断请求。

4) TRISA

当 TMR0 处于计数模式时，采用外部输入信号触发，由引脚 RA4/T0CKI 输入。因此，需要把方向控制寄存器 TRISA 的 Bit4 位置 1，即引脚 RA4 设置为输入模式。

拓展知识

> 在 MCS-51 单片机中，与定时/计数功能相关的寄存器包括：T0 的时间常数寄存器 TH0 和 TL0、T1 的时间常数寄存器 TH1 和 TL1、工作模式控制寄存器 TMOD，以及控制寄存器 TCON。

5.1.3 TMR0 模块的工作原理

定时器/计数器 TMR0 模块的电路结构如图 5-1 所示，TMR0 模块主要由 8 位计数寄存器 TMR0、预分频器和看门狗定时器 WDT 组成。

1. 工作模式

定时器/计数器 TMR0 有两种工作模式，分别为定时工作模式和计数工作模式。通过设置选项寄存器 OPTION_REG 的 T0CS 位(Bit5)选择工作模式。

1) 定时工作模式(当 T0CS=0 时)

当 T0CS=0 时，TMR0 处于定时工作模式。此时，计数触发信号来源于系统时钟 $f_{OSC}/4$，即指令周期。预分频器的分配取决于选项寄存器 OPTION_REG 的 PSA 位(Bit3)的设置。定时的长短主要取决于初始时间常数、系统时钟频率和预分频器的分频比。定时

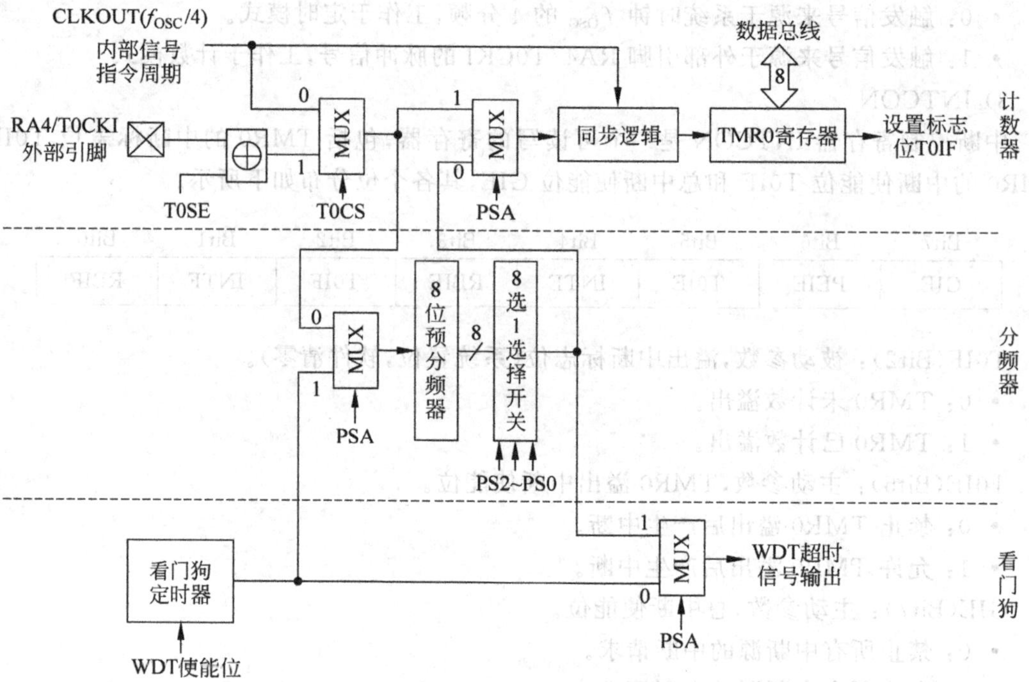

图 5-1 TMR0 模块的电路结构

时长的计算公式为

$$T=(256-K)\times N\times 4/f_{\mathrm{OSC}} \tag{5-1}$$

其中,K 为初始时间常数,计数初始值;f_{OSC} 为系统时钟频率。当 PSA=1 时,预分频器不起作用,$N=1$;当 PSA=0 时,预分频器起作用,N 为预分频器的分频比($N=2,4,\cdots,256$),可通过设置选项寄存器 OPTION_REG 的 PS2~PS0 选择具体分频比。

时间常数越大,定时越短,反之定时越长。例如,在不考虑分频器的作用下,送入初始值 00H,将在 256 个指令周期后产生溢出中断;送入时间常数 FFH,将在 1 个指令周期后产生溢出中断。

2) 计数工作模式(当 T0CS=1 时)

当 T0CS=1 时,TMR0 处于计数工作模式。此时,计数触发信号来源于 I/O 引脚 RA4/T0CKI 的输入时钟信号。只有处于计数工作模式时,选项寄存器 OPTION_REG 的 T0SE 位(Bit4)才有效。当 T0SE=0 时,表示上升沿触发计数;当 T0SE=1 时,表示下降沿触发计数。

2. 分频器

定时器/计数器 TMR0 内部带有一个 8 位可编程的分频器。该分频器共有 8 种不同的分频比,可供定时器/计数器 TMR0 和看门狗定时器 WDT 使用,但是分时复用。分频器的分配取决于选项寄存器 OPTION_REG 的 PSA 位。如图 5-1 所示,当 PSA=0 时,计数/定时寄存器 TMR0 前置一个分频器,触发信号经过分频器后才能进入累加计数器 TMR0;当 PSA=1 时,看门狗定时器 WDT 将携带分频器。分频比的选择通过选项寄存器 OPTION_REG 的 PS2~PS0 位设置,如表 5-4 所示。

看门狗定时器(watchdog timer, WDT)作为 PIC 单片机的特色内容之一,用于监视程序运行的状态,能够有效防止因环境干扰等问题所引起的程序"飞溢",进而提高系统运行的可靠性。WDT 的定时/计时脉冲来源于片内专用的 RC 振荡器,其定时时间的长短取决于 TMR0 的预分频比。WDT 工作过程与单片机的系统时钟电路无关,也无需接任何外部器件。因此,在系统时钟关闭时 WDT 仍能继续工作。

拓展知识

MCS-51 单片机的 T0 和 T1 有定时和计数两种工作状态,均有 0、1、2、3 四种工作模式,可通过设置工作模式控制寄存器 TMOD 和控制寄存器 TCON 来选择它们的工作状态及工作模式。

(1) 定时功能

当 T0 和 T1 用于定时功能时,其时钟信号是单片机内振荡器的 12 分频,不存在可选择的预分配器和后分频器。例如,采用频率为 12MHz 的晶体振荡器,则定时器每隔 1μs 将接收到 1 个计数脉冲信号。

(2) 计数功能

T0 和 T1 的计数功能,即对外部事件进行计数。其中,T0 的计数信号必须从引脚 P3.4 输入,T1 的计数信号必须从引脚 P3.5 输入。在外部输入脉冲信号产生由高电平至低电平的下降沿时,计数器就加 1。

5.1.4　TMR0 模块的应用实例

本节通过具体应用实例,介绍定时器/计数器 TMR0 模块的使用,使读者加深对相关知识的理解。

【实例 5-1】 PIC16F877A 单片机的引脚 RB0 驱动一个发光二极管 LED。要求:利用 TMR0 模块的定时器工作方式,使 LED 灯实现点亮和熄灭间隔时间为 1s 的闪烁功能。其电路如图 5-2 所示。

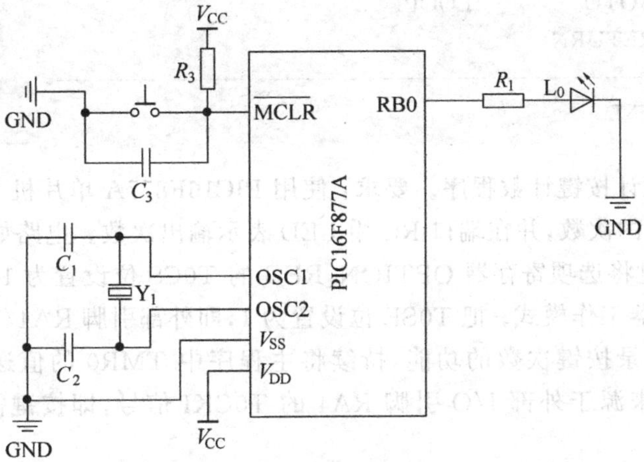

图 5-2　电路原理图

思路分析：PIC16F877A 单片机若使用 4MHz 的晶振，指令周期则为 1μs，取 TMR0 分频比为 1∶256，这时 TMR0 能实现的最大定时时间为 256×256×1μs＝65536μs。若要实现 1s 的定时，可将 TMR0 的一次定时时间设置为 50ms，TMR0 溢出 20 次即可满足。其中 TMR0 初值的计算为（256－K）×256×1＝50000，解得 K＝61，即 3DH。

程序如下：

```
            LIST      P=16F877A
            INCLUDE   "P16F877A.INC"
COUNTER     EQU       30H
TMR0_T      EQU       3DH                 ；TMR0 的初始值为 3DH
            ORG       0000H
            NOP
            BSF       STATUS, RP0         ；选择体 1
            CLRF      TRISB               ；端口 RB 定义为输出
            MOVLW     07H                 ；分频比为 1∶256
            MOVWF     OPTION_REG
            BCF       STATUS, RP0         ；选择体 0
LOOP        BCF       PORTB, 0
            CALL      DELAY1S
            BSF       PORTB, 0
            CALL      DELAY1S
            GOTO      LOOP
; ----------------------定时程序-----------------------------------
DELAY1S     MOVLW     14H                 ；定时器 TMR0 溢出 20 次
            MOVWF     COUNTER
LOOP1       BCF       INTCON, T0IF        ；清除 TMR0 溢出标志位 T0IF
            MOVLW     TMR0_T              ；寄存器 TMR0 赋初始值
            MOVWF     TMR0
LOOP2       BTFSS     INTCON, T0IF        ；判断溢出标志位是否置 1
            GOTO      LOOP2
            DECFSZ    COUNTER, F          ；判断是否达到 20 次溢出
            GOTO      LOOP1
            RETURN
; ----------------------------------------------------------------
            END
```

【实例 5-2】 设计按键计数程序。要求：使用 PIC16F877A 单片机 TMR0 模块的计数功能，记录按键按下的次数，并在端口 RC 用 LED 表示输出次数。电路如图 5-3 所示。

思路分析：通过将选项寄存器 OPTION_REG 的 T0CS 位设置为 1，即定时器/计数器 TMR0 设置为计数器工作模式；把 T0SE 位设置为 1，即外部引脚 RA4/T0CKI 脉冲信号的下降沿触发，实现记录按键次数的功能，持续将主程序中 TMR0 的值送至端口 RC 即可。TMR0 的计数脉冲来源于外部 I/O 引脚 RA4 的 T0CKI 信号，即按键需接于单片机的引脚 RA4。

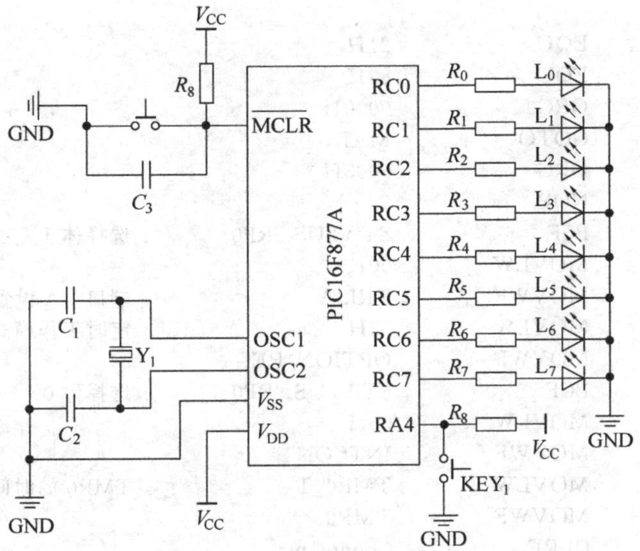

图 5-3 按键计数电路原理图

程序如下：

```
        LIST    P=16F877A
        INCLUDE  "P16F877A.INC"          ; PIC16F877A 包含的头文件
        ORG      0000H
        NOP
        BSF      STATUS, RP0             ; 选择体 1
        MOVLW    38H                     ; 触发信号来源于外部引脚脉冲
        MOVWF    OPTION_REG              ; 下降沿触发
        CLRF     TRISC                   ; 端口 RC 定义为输出
        BSF      TRISA, 4
        BCF      STATUS, RP0             ; 选择体 0
        CLRF     TMR0
LOOP    MOVF     TMR0, 0                 ; 将 TMR0 的值送至端口 RC
        MOVWF    PORTC
        GOTO     LOOP
        END
```

【实例 5-3】 利用 TMR0 的定时功能定时 1ms，并通过累计 TMR0 的溢出次数达到定时 10ms 和 100ms 的目的，并在端口 RA 输出 500Hz、50Hz 和 5Hz 的方波信号。

思路分析：PIC16F877A 单片机若使用 8MHz 的晶振，指令周期则为 0.5μs，采用 1∶16 的分频比，若要实现 1ms 的定时，可根据 TMR0 初值计算公式 $(256-K)\times16\times0.5=1000$，解得 $K=131$，即 83H。同理，TMR0 溢出 10 次可满足 10ms 的定时，溢出 100 次可满足 100ms 的定时。

程序如下：

```
        LIST    P=16F877A
        INCLUDE  "P16F877A.INC"
        Count_1ms    EQU             20H
```

```
Count_10ms   EQU      21H
TMR0_T       EQU      83H
             ORG      0000H
             GOTO     MAIN
             ORG      0008H
MAIN         NOP
             BSF      STATUS, RP0     ; 选择体 1
             MOVLW    00H
             MOVWF    TRISA           ; 端口 RA 设置为输出
             MOVLW    03H             ; 定时工作模式,分频比 1:16
             MOVWF    OPTION_REG
             BCF      STATUS, RP0     ; 选择体 0
             MOVLW    00H
             MOVWF    INTCON
             MOVLW    TMR0_T          ; TMR0 的时间常数设置为 83H
             MOVWF    TMR0
             CLRF     Count_1ms
             CLRF     Count_10ms
WAIT_T0      BTFSS    INTCON, T0IF    ; 等待溢出
             GOTO     WAIT_T0
             BCF      INTCON, T0IF    ; 清除中断标志位
             INCF     Count_1ms, F
             MOVLW    TMR0_T
             MOVWF    TMR0
             MOVLW    01H
             XORWF    PORTA, F        ; 输出 500Hz 的方波
             MOVF     Count_1ms, W
             SUBLW    0AH
             BTFSS    STATUS, Z
             GOTO     WAIT_T0
             CLRF     Count_1ms
             INCF     Count_10ms, F
             MOVLW    02H
             XORWF    PORTA, F        ; 输出 50Hz 的方波
             MOVF     Count_10ms, W
             SUBLW    0AH
             BTFSS    STATUS, Z
             GOTO     WAIT_T0
             CLRF     Count_10ms
             MOVLW    04H
             XORWF    PORTA, F        ; 输出 5Hz 的方波
             GOTO     WAIT_T0
             END
```

5.2 定时器/计数器 TMR1

在 PIC16F877 单片机中不仅具有 TMR0 模块，还配备一个性能较高的 16 位定时器/计数器 TMR1 模块。它有效地突破了 TMR0 在性能上的局限，TMR1 模块与 CCP 模块配合

使用，可实现信号的输入捕捉与输出比较，扩展了 PIC 单片机的应用范围。

5.2.1 TMR1 模块的功能和特性

定时器/计数器 TMR1 为一个可读/写的 16 位寄存器，分别由两个 8 位的寄存器 TMR1H 和 TMR1L 组成，可通过软件编程实现读/写功能。TMR1 不仅配备一个可编程的预分频器，还带有一个低功耗、低频的时基振荡器，可实现定时和计数功能。在条件允许的情况下，可实现定时或计数溢出中断。

TMR1 模块的功能特点如下：

(1) 16 位宽的定时器/计数器(TMR1H，TMR1L)。

(2) 寄存器 TMR1 的内容可通过软件读/写，地址为 0EH 和 0FH。

(3) 可附带一个具有 4 种可选分频比的预分频器。

(4) 工作模式：定时工作模式、计数工作模式(异步计数和同步计数)。

(5) 时钟来源：系统内部时钟 $f_{OSC}/4$，外部输入脉冲 T1CKI 和低频振荡器。

(6) 以递增方式计数，当从 FFFFH 到 0000H 产生溢出中断，中断溢出标志位置位(TMR1IF=1)。

(7) 当采用计数工作模式时，触发方式为外部引脚 T1CKI 输入信号的上升沿触发。

(8) 有软件开关。

(9) 可作为 CCP 模块输入捕捉和输出比较工作模式的时基。

(10) 计数寄存器 TMR1 内容与系统复位无关。

5.2.2 与 TMR1 模块相关的寄存器

定时器/计数器 TMR1 主要涉及 6 个特殊功能寄存器，如表 5-5 所示。其功能如表 5-6 所示。

表 5-5 与 TMR1 模块相关的寄存器

寄存器	地址	各位名称							
		Bit7	Bit6	Bit5	Bit4	Bit3	Bit2	Bit1	Bit0
TMR1L	0EH	16 位计数寄存器 TMR1 的低字节							
TMR1H	0FH	16 位计数寄存器 TMR1 的高字节							
INTCON	0BH/8BH/10BH/18BH	GIE	PEIE	T0IE	INTE	RBIE	T0IF	INTF	RBIF
PIE1	8CH	PSPIE	ADIE	RCIE	TXIE	SSPIE	CCP1IE	TMR2IE	TMR1IE
PIR1	0CH	PSPIF	ADIF	RCIF	TXIF	SSPIF	CCP1IF	TMR2IF	TMR1IF
T1CON	10H	—	—	T1CKPS1	T1CKPS0	T1OSCEN	$\overline{\text{T1SYNC}}$	TMR1CS	TMR1ON

注：阴影部分与 TMR1 模块功能无关。

表 5-6 与 TMR1 模块相关寄存器的功能

寄 存 器	简 称	功 能
TMR1 低字节计数寄存器	TMR1L	16 位计数寄存器 TMR1 的低 8 位
TMR1 高字节计数寄存器	TMR1H	16 位计数寄存器 TMR1 的高 8 位
中断控制寄存器	INTCON	涉及外围中断使能位和总中断使能位
第一外围中断使能寄存器	PIE1	涉及 TMR1 中断使能位
第一外围中断标志寄存器	PIR1	涉及 TMR1 中断标志位
TMR1 控制寄存器	T1CON	设置 TMR1 的工作方式

1）TMR1

计数寄存器 TMR1 为 16 位宽(由两个 8 位寄存器 TMR1H 和 TMR1L 组成)的累加计数器，是定时器/计数器 TMR1 模块的核心部分。在 0000H～FFFFH 范围内由用户设定一个初始时间常数，计数开始后，系统将在该时间常数的基础上累加。当累加到 FFFFH 时，再加 1 计数溢出，然后回到 0000H，置位中断标志位 TMR1IF。如果中断允许，将产生中断请求。

2）T1CON

TMR1 控制寄存器 T1CON 主要涉及 TMR1 的工作模式选择、启停控制和分频比选择等。

Bit7	Bit6	Bit5	Bit4	Bit3	Bit2	Bit1	Bit0
—	—	T1CKPS1	T1CKPS0	T1OSCEN	$\overline{\text{T1SYNC}}$	TMR1CS	TMR1ON

TMR1ON(Bit0)：主动参数，TMR1 计数启/停控制位。

- 0：停止计数，关闭 TMR1。
- 1：开始计数，启用 TMR1。

TMR1CS(Bit1)：主动参数，时钟源选择位。选择触发信号的来源，确定 TMR1 工作在计数模式还是定时模式。

- 0：选择内部时钟源信号，TMR1 工作在定时模式。
- 1：选择外部引脚 T1CKI 触发信号或自带振荡器所产生的时钟信号，TMR1 工作在计数模式。

$\overline{\text{T1SYNC}}$(Bit2)：主动参数，TMR1 外部输入与系统时钟同步控制选择位。只有 TMR1 工作于计数方式，该位的设置才有效。

- 0：外部输入脉冲信号与系统时钟同步。
- 1：外部输入脉冲信号与系统时钟异步。

T1OSCEN(Bit3)：主动参数，TMR1 自带振荡器使能位。

- 0：禁止自带低频振荡器工作。
- 1：使能自带低频振荡器工作。

T1CKPS1～T1CKPS0(Bit5～Bit4)：主动参数，预分频器的分频比选择位。如表 5-7 所示。

表 5-7 T1CKPS1～T1CKPS0 分频比设置

T1CKPS1～T1CKPS0	十进制数(n)	分频比($1:2^n$)
00	0	1∶1
01	1	1∶2

续表

T1CKPS1～T1CKPS0	十进制数(n)	分频比(1∶2ⁿ)
10	2	1∶4
11	3	1∶8

5.2.3 TMR1 模块的工作原理

定时器/计数器 TMR1 模块的电路结构如图 5-4 所示，TMR1 模块主要包括 16 位计数寄存器 TMR1、预分频器和振荡器等若干部分。

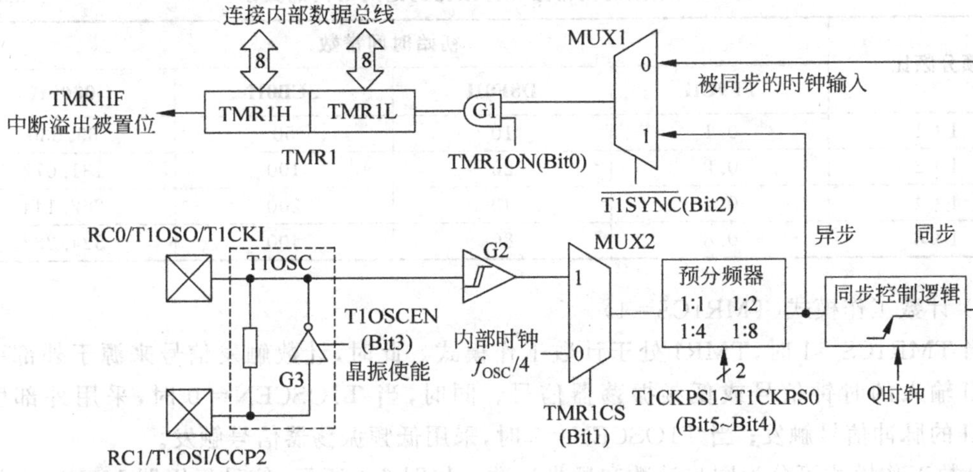

图 5-4 TMR1 模块的电路结构

TMR1 有 3 种时钟信号源，分别为系统内部时钟 $f_{OSC}/4$、外部输入脉冲 T1CKI 和低频振荡器，可通过寄存器 T1CON 的 TMR1CS 位(Bit1)和 T1OSCEN(Bit3)选择时钟源。

TMR1 模块配有一个可编程的预分频器，可提供 1∶1、1∶2、1∶4 和 1∶8 四种分频比。通过设置寄存器 T1CON 的 T1CKPS1 和 T1CKPS0 位来选择分频比。

计数寄存器 TMR1 触发信号可来自两个不同的路径，通过信号复用器 MUX1 控制触发信号与单片机系统内部时钟同步还是异步，设置寄存器 T1CON 的 $\overline{\text{T1SYNC}}$ 位(Bit2)来选择触发信号的来源路径。

定时器/计数器 TMR1 的核心部分为 16 位的累加计数寄存器 TMR1，通过与门 G1 控制累加计数器 TMR1 的启动/停止，即设置寄存器 T1CON 的 TMR1ON 位(Bit0)来控制启动/停止。

1. 工作模式

定时器/计数器 TMR1 有两种工作模式，分别为定时工作模式和计数工作模式。通过寄存器 T1CON 的 TMR1CS 位(Bit1)的设置选择工作模式。

1) 定时工作模式(TMR1CS＝0)

当 TMR1CS＝0 时，TMR1 处于定时工作模式。此时，计数触发信号来源于系统时钟

$f_{OSC}/4$,即指令周期。分频器的分配取决于寄存器 T1CON 的 T1CKPS1 和 T1CKPS0 位(Bit5、Bit4)的设置。定时的长短主要取决于初始时间常数、系统时钟频率和预分频器的分频比。定时时长的计算公式为

$$T=(256\times 256-K)\times N\times 4/f_{OSC} \tag{5-2}$$

其中,K 为初始时间常数,计数初始值;f_{OSC} 为系统时钟频率;N 为预分频器的分频比,$N=1,2,4,8$。

时间常数越大,定时越短,反之定时越长。如果不考虑预分频器的作用,其最大固定定时为 65ms。假设系统的时钟频率为 4MHz 时,指令周期为 1μs,部分时间常数与固定定时时间的关系如表 5-8 所示。

表 5-8 初始时间常数和分频比与定时时间的关系 ms

预分频比	初始时间常数			
	FF9CH	D8F0H	3CB0H	0000H
1∶1	0.1	10	50	65.536
1∶2	0.2	20	100	131.072
1∶4	0.4	40	200	262.144
1∶8	0.8	80	400	524.288

2) 计数工作模式(TMR1CS=1)

当 TMR1CS=1 时,TMR1 处于计数工作模式。此时,计数触发信号来源于外部引脚 T1CKI 输入的时钟信号或低频振荡器信号。同时,当 T1OSCEN=0 时,采用外部引脚 T1CKI 的脉冲信号触发;当 T1OSCEN=1 时,采用低频振荡器信号触发。

计数工作模式可分为同步计数和异步计数。如图 5-4 所示,信号复用器 MUX1 允许触发信号来自两个不同的路径,决定 TMR1 计数采用与单片机系统内部时钟同步还是异步。通过寄存器 T1CON 的 $\overline{\text{T1SYNC}}$ 位(Bit2)设置可选择触发信号的来源路径。只有处于计数工作模式时,寄存器 T1CON 的 $\overline{\text{T1SYNC}}$ 位(Bit2)才有效。

TMR1 的计数模式采用同步还是异步方式,一般情况下带来的影响较小,但当单片机处于睡眠模式时,这两种方式将产生不同的结果。单片机在睡眠状态时,若处于同步计数工作模式,由于系统振荡时钟停止振动,导致同步控制逻辑无法正常工作,累加计数器 TMR1 停止工作;若处于异步计数工作模式,外部输入信号可正常抵达累加计数器 TMR1,当 TMR1 溢出时产生中断请求同时唤醒 CPU。因此 PIC16F877 单片机具有在线低功耗功能。

2. 分频器

TMR1 模块配备一个可编程的预分频器,可提供 1∶1、1∶2、1∶4 和 1∶8 四种分频比。通过设置寄存器 T1CON 的 T1CKPS1 和 T1CKPS0 位来选择分频比。TMR1 分频器置于其触发计数信号的前向通道,若不想预分频器发挥作用,可将预分频比设置为 1∶1。

3. 低频振荡器

定时器/计数器 TMR1 可外接一个低频振荡器。如图 5-4 所示,由引脚 RC0/T1OSO 和 RC1/T1OSI 与外部电路相连,即跨接石英晶体和电容。最典型的外接低频振荡器的频

率为 32.768kHz,它也是实现实时时钟 RTC 功能的基石。如果 TMR1 的时钟源来源于低频振荡器,即使单片机处于睡眠模式,相应的器件仍能处于正常工作状态,而且当 TMR1 溢出时产生中断请求,可以唤醒 CPU。

5.2.4 TMR1 模块的应用实例

本节通过具体应用实例,介绍定时器/计数器 TMR1 模块的使用,使读者加深对相关知识的理解。

【实例 5-4】 对比软件和硬件延时。PIC16F877A 单片机在引脚 RC4 接 LED,通过软件延时实现时间间隔为 1s 的明暗交替;同时,在引脚 RC5 接 LED,通过 TMR1 模块外接 32.768kHz 低频振荡器实现时间间隔为 1s 的明暗交替。对比软件、硬件的延时效果。

思路分析：本实例采用 PIC16F877A 单片机的 TMR1 模块。当使用 32.768kHz 外接低频振荡器时,在振荡电路下 1s 能产生 32768 个脉冲信号；把 TMR1 的时间常数设置为 8000H,预分频比设置为 1∶1,即可实现 TMR1 的 1s 定时,以驱动引脚 RC5 上的发光二极管间隔 1s 闪烁,同时利用单片机的软件定时功能使引脚 RC4 上的发光二极管间隔 1s 闪烁,形成对比。

程序如下：

```
            LIST    P=16F877A
            INCLUDE "P16F877A.INC"
            ORG         0000H
            NOP
Resev_T     GOTO        MAIN                ; 跳转至主程序
; ------------------------------中断程序------------------------------
            ORG         0004H
            BCF         STATUS, RP0         ; 选择体 0
            BCF         PIR1, TMR1IF        ; 清除中断标志位 TMR1IF
            MOVLW       20H                 ; 将 RC5 取反
            XORWF       PORTC, F
            MOVLW       80H                 ; 初值 8000H 送至 TMR1
            MOVWF       TMR1H
            MOVLW       00H
            MOVWF       TMR1L
            RETFIE
; ------------------------------主程序------------------------------
MAIN        CLRF        STATUS              ; 选择体 0
            BCF         T1CON, TMR1ON       ; 关闭 TMR1
            MOVLW       80H                 ; TMR1 初始值为 8000H
            MOVWF       TMR1H
            CLRF        TMR1L
            CLRF        INTCON              ; 清除中断标志位
            CLRF        PIR1
            BSF         STATUS, RP0         ; 选择体 1
            CLRF        PIE1                ; 清除使能位
            CLRF        TRISC               ; 端口 RC 设置为输出
```

```
        BSF       TRISC, 0                ; RC0设置为输入
        BSF       PIE1, TMR1IE            ; 使能TMR1中断
        BCF       STATUS, RP0             ; 选择体0
        BSF       INTCON, PEIE            ; 开放外部中断
        BSF       INTCON, GIE             ; 开放总中断
        MOVLW     20H                     ; 点亮LED5
        MOVWF     PORTC
        MOVLW     0EH                     ; 外部时钟源、异步、使能振荡器
        MOVWF     T1CON                   ; 分频比设置为1:1
        BSF       T1CON, TMR1ON           ; 启动TMR1
LOOP    MOVLW     10H                     ; 将RC4取反
        XORWF     PORTC, F                ;
        CALL      DELAY1S                 ; 调用延时子程序
        GOTO      LOOP
;------------------------软件延时1s程序--------------------------
DELAY1S MOVLW     06H                     ; 外循环次数
        MOVWF     25H
LOOP1   MOVLW     0EBH                    ; 中循环次数
        MOVWF     26H
LOOP2   MOVLW     0EBH                    ; 内循环次数
        MOVWF     27H
LOOP3   DECFSZ    27H,F
        GOTO      LOOP3
        DECFSZ    26H,F
        GOTO      LOOP2
        DECFSZ    25H,F
        GOTO      LOOP1
        RETURN
;----------------------------------------------------------------
        END
```

【实例 5-5】 利用PIC16F877A单片机TMR1模块的定时器中断功能，每隔100ms对RB0口进行输出取反操作，从而在RB0口输出5Hz的方波信号。

思路分析：PIC16F877A单片机若使用4MHz的晶振，指令周期则为1μs，取TMR1分频比为1∶2，这时TMR1能实现的最大定时时间为$256\times256\times2\times1\mu s=131072\mu s$。其中TMR1初值的计算为$(256\times256-K)\times2\times1=100000$，解得$K=15536$，即3CB0H。

程序如下：

```
        LIST  P=16F877A
        INCLUDE  "P16F877A.INC"
        ORG       0000H
        NOP
        GOTO      MAIN                    ; 跳转至主程序
;--------------------中断程序------------------------------------
        ORG       0004H
        BCF       PIR1, TMR1IF            ; 清除中断标志位TMR1IF
        BCF       T1CON, TMR1ON           ; 关闭TMR1
        MOVLW     3CH                     ; 把初值3CB0H送至TMR1
```

```
        MOVWF      TMR1H
        MOVLW      0B0H
        MOVWF      TMR1L
        MOVLW      01H                    ; 取反 RB0
        XORWF      PORTB, F
        BSF        T1CON, TMR1ON          ; 启动 TMR1
        RETFIE
; ----------------------------主程序------------------------------------
MAIN    BSF        STATUS, RP0            ; 选择体 1
        CLRF       TRISB                  ; 端口 RB 设置为输出
        BSF        PIE1, TMR1IE           ; 使能中断
        BCF        STATUS, RP0            ; 选择体 0
        MOVLW      10H                    ; 选择内部时钟源,分频比为 1:2
        MOVWF      T1CON
        MOVLW      3CH                    ; TMR1 的初值设为 3CB0H
        MOVWF      TMR1H
        MOVLW      0B0H
        MOVWF      TMR1L
        MOVLW      0C0H                   ; 开放中断
        MOVWF      INTCON
        BSF        T1CON, TMR1ON          ; 启动 TMR1
LOOP    GOTO       LOOP                   ; 等待中断
        END
```

5.3 定时器 TMR2

在 PIC16F877 单片机中,除了配有 TMR0、TMR1 模块,还配有极具特色的 TMR2 模块。TMR2 只有定时功能,没有计数功能。其实质也是一个累加计数器。

5.3.1 TMR2 模块的功能和特性

TMR2 是一个 8 位宽的定时器,具有预分频器和后分频器,此外,还有一个 8 位的周期寄存器。TMR2 的时钟脉冲触发仅来源于内部时钟,因此,TMR2 只有定时功能,不能实现外部信号的计数功能。另外,TMR2 还是一个专用定时器,当满足一定的条件时,可实现定时溢出中断。

TMR2 模块的功能特点如下:

(1) 8 位宽的定时器。

(2) 寄存器 TMR2 的当前计数值可读/写,地址为 011H。

(3) 可附带一个具有 3 种可选分频比的预分频器和一个具有 16 种可选分频比的后分频器。

(4) 配置一个 8 位周期寄存器 PR2。

(5) 时钟来源于系统内部时钟 $f_{OSC}/4$,TMR2 只有定时器工作模式。

(6) 以递增方式计数,从 FFH 到 00H 产生溢出。

(7) 只有溢出次数达到后分频器溢出条件时,中断标志 TMR2IF 才置位。

(8) 有软件开关。

(9) 可作为 CCP 模块脉宽调制(PWM)工作模式的时基。

(10) 任何复位都会将计数寄存器 TMR2 的内容清零。

5.3.2 与 TMR2 模块相关的寄存器

定时器/计数器 TMR2 主要涉及 6 个特殊功能寄存器,如表 5-9 所示。其功能如表 5-10 所示。

表 5-9 与 TMR2 模块相关的寄存器

寄存器	地址	各位名称							
		Bit7	Bit6	Bit5	Bit4	Bit3	Bit2	Bit1	Bit0
TMR2	11H	8 位计数寄存器 TMR2							
INTCON	0BH/8BH/10BH/18BH	GIE	PEIE	T0IE	INTE	RBIE	T0IF	INTF	RBIF
PIE1	8CH	PSPIE	ADIE	RCIE	TXIE	SSPIE	CCP1IE	TMR2IE	TMR1IE
PIR1	0CH	PSPIF	ADIF	RCIF	TXIF	SSPIF	CCP1IF	TMR2IF	TMR1IF
T2CON	12H	—	TOUTPS3	TOUTPS2	TOUTPS1	TOUTPS0	TMR2ON	T2CKPS1	T2CKPS0
PR2	92H	8 位周期寄存器							

注:阴影部分与 TMR2 模块功能无关。

表 5-10 与 TMR2 模块相关寄存器的功能

寄 存 器	简 称	功 能
计数寄存器	TMR2	实现 TMR2 的计数累加
中断控制寄存器	INTCON	涉及外围中断使能位和总中断使能位
第一外围中断使能寄存器	PIE1	涉及 TMR2 中断使能位
第一外围中断标志寄存器	PIR1	涉及 TMR2 中断标志位
TMR2 控制寄存器	T2CON	选择预分频比、后分频比和计数启/停
周期寄存器	PR2	存放 TMR2 计数溢出的比较数值

1) TMR2

计数寄存器 TMR2 为 8 位宽的累加计数器,是定时器 TMR2 模块的核心部分。其作为通用定时器时,在 00H~FFH 范围内由用户设定一个初始时间常数。当计数开始后,系统将在该时间常数的基础上累加。当 TMR2 浮动溢出时,能与 CCP 模块配合实现脉宽调制 PWM,此时,TMR2 将从 00H 开始累加。

2) T2CON

T2CKPS1~T2CKPS0(Bit1~Bit0):主动参数,预分频器分频比选择位。可通过编程的方式选择预分频比,如表 5-11 所示。

表 5-11 TMR2 预分频器的分频比

T2CKPS1~T2CKPS0	分频比	T2CKPS1~T2CKPS0	分频比
00	1∶1	10	1∶16
01	1∶4	11	1∶16

TMR2ON(Bit2)：主动参数，TMR2 计数启动/停止控制位。

• 0：TMR2 停止计数。

• 1：TMR2 开始计数。

TOUTPS3～TOUTPS0(Bit6～Bit3)：主动参数，后分频器分频比选择位。可通过编程的方式来选择后分频比，如表 5-12 所示。

表 5-12　TMR2 后分频器的分频比

TOUTPS3～TOUTPS0	十进制数(n)	分频比($1:n+1$)
0000	0	1∶1
0001	1	1∶2
0010	2	1∶3
0011	3	1∶4
⋮	⋮	⋮
1110	14	1∶15
1111	15	1∶16

3) PR2

周期寄存器 PR2 用于存放与计数寄存器 TMR2 比较的数值，当 TMR2 的值与周期寄存器 PR2 的值相等时产生溢出信号，而在后分频器溢出时，TMR2 中断标志位 TMR2IF 自动置位。通常周期寄存器 PR2 的值越大，则固定定时越长。

5.3.3　TMR2 模块的工作原理

定时器 TMR2 模块的电路结构如图 5-5 所示，TMR2 模块主要包括计数寄存器 TMR2、比较器、周期寄存器、预分频器和后分频器。

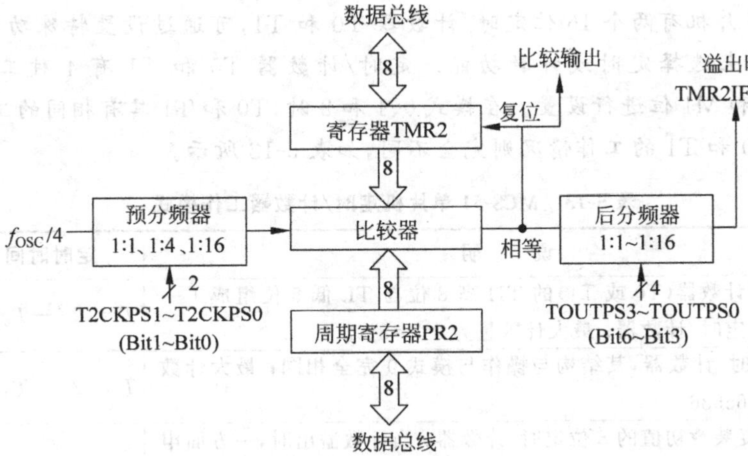

图 5-5　TMR2 模块的电路结构

1. 工作模式

由于 PIC16F877 单片机没有外部引脚 T2CKI 作为输入信号，因此，TMR2 的时钟脉冲触发信号仅来源于内部时钟，TMR2 只有定时工作模式。TMR2 可通过周期寄存器 PR2 与

CCP模块配合使用，作为脉宽调制(PWM)的时基。当单片机进入睡眠状态时，系统内部时钟停止振荡，此时定时器停止工作。

与TMR0和TMR1的溢出方式不同，TMR2的溢出并不是计数到计数寄存器TMR2最大值后自然溢出，而是将TMR2的值与周期寄存器PR2的值相比较，当TMR2的值等于周期寄存器PR2的值时，TMR2再加1产生溢出信号，其仅作为后分频器的计数脉冲。只有当后分频器计数溢出时，TMR2中断标志位TMR2IF自动置1。此时，若TMR2中断使能条件满足，CPU将响应TMR2溢出中断请求。

TMR2的定时时间取决于周期寄存器PR2、预分频器、后分频器和系统时钟频率。定时时长的计算公式为

$$T = N_1 \times N_2 \times (P + 1 - K) \times 4 / f_{\mathrm{OSC}} \tag{5-3}$$

式中，K 为TMR2的时间常数；P 为周期寄存器PR2的值；N_1 为预分频器分频比，$N_1 =$ 1,4,16；N_2 为后分频器分频比，$N_2 = 1,2,3,\cdots,16$；f_{OSC} 为系统时钟频率。

1) 作为通用寄存器

当TMR2作为通用寄存器时，周期寄存器PR2的值固定设置为FFH，即 $P=$0FFH，通过设置TMR2的时间常数 K 决定定时时长。此时，式(5-3)可写成

$$T = N_1 \times N_2 \times (256 - K) \times 4 / f_{\mathrm{OSC}} \tag{5-4}$$

2) 浮动"溢出"周期

当TMR2作为浮动溢出功能时，利用TMR2作为CCP模块脉宽调制(PWM)的时基，此时，TMR2时间常数从00H开始计数，即 $K=$00H。通过改变周期寄存器PR2的值改变脉宽调制的输出信号周期。此时，式(5-3)可写成

$$T = N_1 \times N_2 \times (P + 1) \times 4 / f_{\mathrm{OSC}} \tag{5-5}$$

拓展知识

MCS-51单片机有两个16位定时/计数器T0和T1，可通过设置特殊功能寄存器中的控制位C/T来选择定时或计数功能。定时/计数器T0和T1有4种工作模式，由TMOD的M0和M1位进行设置。在模式0、1和2时，T0和T1具有相同的工作情况，而在模式3时，T0和T1的工作情况则完全不同，如表5-13所示。

表5-13 MCS-51单片机定时/计数器工作模式

模式	说 明	定时时间计算公式
0	由定时器/计数器(T0或T1)的TH高8位与TL低5位组成了一个13位的定时/计数器；最大计数量为 $2^{13}=8192$	$T=(2^{13}-T_0)\times T_{\mathrm{OSC}}\times 12$
1	16位的定时/计数器，其结构与操作与模式0完全相同；最大计数量为 $2^{16}=65536$	$T=(2^{16}-T_0)\times T_{\mathrm{OSC}}\times 12$
2	可自动重复装载初值的8位定时/计数器；当计数溢出时，一方面申请中断，另一方面重新开始定时/计数，主要应用于UART的波特率控制	$T=(2^{8}-T_0)\times T_{\mathrm{OSC}}\times 12$
3	对于T0，TL0和TH0为两个独立的8位计数器。T1无工作模式3，若将其设为模式3状态，则立即停止计数，并保持原有的计数值	$T=(2^{8}-T_0)\times T_{\mathrm{OSC}}\times 12$

注：T_0 为定时/计数器T0的初值，T_{OSC} 为振荡周期。

2. 分频器

TMR2 内部配有一个 2 位可编程的预分频器和一个 4 位可编程的后分频器。预分频器可提供 1∶1、1∶4 和 1∶16 三种分频比，通过设置寄存器 T2CON 的 T2CKPS1～T2CKPS0 位(Bit1～Bit0)来选择分频比，如表 5-11 所示；后分频器可提供 1∶1～1∶16 十六种连续的分频比，通过设置寄存器 T2CON 的 TOUTPS3～TOUTPS0 位(Bit6～Bit3)来选择分频比，如表 5-12 所示。预分频器的作用是对进入 TMR2 的时钟信号进行预分频处理，而后分频器的作用是对比较器的输出信号进行后续分频处理。

3. TMR2 复位

不管单片机系统出现哪种复位，都会对计数寄存器 TMR2、周期寄存器 PR2、预分频器和后分频器进行复位。需要注意的是，计数寄存器 TMR2、预/后分频器的复位初始值为 0，而周期寄存器 PR2 的复位初始值为 0FFH。当计数寄存器 TMR2 的累计值与周期寄存器 PR2 的值匹配时，TMR2 将复位清零。当对寄存器 TMR2 或 T2CON 进行写操作时，分频器将复位清零。

5.3.4 TMR2 模块的应用实例

本节通过具体应用实例，介绍定时器 TMR2 模块的使用，使读者加深对相关知识的理解。

【实例 5-6】 利用 TMR2 的定时功能定时 500μs，在 RC0 口输出 1kHz 的方波信号。

思路分析：PIC16F877A 单片机若使用 20MHz 的晶振，指令周期则为 0.2μs，将 TMR2 的预分频器的预分频比设置为 1∶16，后分频器的分频比设置为 1∶1，周期寄存器 PR2 的复位值为 0FFH。其中 TMR2 初值的计算为 $16\times1\times(256-K)\times0.2=500$，解得 $K=100$，即 64H。每隔 500μs 对 RC0 口进行输出取反操作，输出的方波信号频率即为 1kHz。

程序如下：

```
        LIST    P=16F877A
        INCLUDE "P16F877A.INC"
        ORG         0000H
        GOTO        MAIN                    ; 跳转至主程序
;------------------------------中断程序------------------------------
        ORG         0004H
        BCF         PIR1, TMR2IF            ; 清除中断标志位 TMR2IF
        BCF         T2CON, TMR2ON           ; 关闭 TMR2
        MOVLW       64H                     ; 把初值 64H 送至 TMR2
        MOVWF       TMR2
        MOVLW       01H                     ; 取反 RC0
        XORWF       PORTC, F
        BSF         T2CON, TMR2ON           ; 启动 TMR2
        RETFIE
```

```
; ---------------------------------主程序-----------------------------------------------------------------
MAIN    BSF         STATUS, RP0             ; 选择体 1
        CLRF        TRISC                   ; 端口 RC 设置为输出
        BSF         PIE1, TMR2IE            ; 使能中断
        BCF         STATUS, RP0             ; 选择体 0
        MOVLW       02H                     ; 预分频比为 1∶16,后分频比为 1∶1
        MOVWF       T2CON
        MOVLW       64H                     ; TMR2 的初值设为 64H
        MOVWF       TMR2
        MOVLW       0C0H                    ; 开放中断
        MOVWF       INTCON
        BSF         T2CON, TMR2ON           ; 启动 TMR2
LOOP    GOTO        LOOP                    ; 等待中断
        END
```

第 6 章

捕捉/比较/脉宽调制

捕捉/比较/脉宽调制(CCP)模块是 PIC16F877 单片机重要的功能模块。其可用于矩形脉冲信号的检测和输出,以及电机调速和控制等。本章主要介绍 CCP 模块的基本功能、工作原理和应用。

6.1 CCP 模块概述

PIC16F877 单片机配置两个 CCP 模块,分别为 CCP1 模块和 CCP2 模块。两个模块的结构、操作方式和功能基本相同,区别在于各自拥有专用的外部引脚 RC2/CCP1 和 RC1/CCP2,以及各自专用的寄存器 CCPR1 和 CCPR2(地址不同)。此外,CCP2 模块还可用于触发启动模/数转换器(ADC)。下面以 CCP1 模块为例,介绍 CCP 模块的基本功能,以及工作原理和应用。

6.1.1 CCP 模块的基本功能

CCP 模块有 3 种工作模式,分别是输入捕捉、输出比较和脉宽调制(pulse width modulation,PWM)。其中,应用最广泛的是 PWM 工作模式。

1. 输入捕捉工作模式

输入捕捉工作模式用于捕捉事件发生时的定时器值,可捕捉外部输入引脚的脉冲信号的上升沿或下降沿。当单片机捕捉到触发事件时,将 CCP 的中断标志位置位,同时当前定时器 TMR1 的 16 位计数值加载到 CCP 模块的 16 位捕捉寄存器。输入捕捉工作模式可用于测量矩形脉冲信号的周期、脉宽和占空比等参数。

2. 输出比较工作模式

在输出比较工作模式下,单片机将 CCP 模块的 16 位比较寄存器的预设值与定时器 TMR1 的计数值进行比较,如果二者的数值相等,则将 CCP 的中断标志位置位,并调整特定引脚的电平变化。输出比较工作模式可用于输出不同脉宽的矩形正/负脉冲和延时启动信号等。

3. PWM 工作模式

PWM 工作模式可用于输出脉宽可调的矩形波信号。当单片机在该工作模式时,可以改变方波信号的周期、脉宽和占空比。PWM 工作模式需要 TMR2 模块提供时间基准，以输出脉宽可调的信号。该工作模式可用于实现直流电机调速、步进电机的变频控制和 D/A 转换等。

6.1.2 CCP 模块专用寄存器

CCP 模块有两个专用寄存器，包括一个 16 位可读写的 CCP 模块寄存器 CCPR 和一个 8 位的 CCP 模块控制寄存器 CCPCON。

1）CCP 模块寄存器 CCPR

PIC16F877 单片机具有两个 CCP 模块：CCP1 和 CCP2。每个 CCP 模块都包含有一个 16 位可读写寄存器，这 16 位寄存器可作为 16 位捕捉寄存器、16 位比较寄存器或 PWM 主/从脉宽寄存器。

CCP1 模块的 16 位寄存器 CCPR1 由两个 8 位寄存器 CCPR1H（高字节）与 CCPR1L（低字节）组成，CCPR1H 与 CCPR1L 在文件寄存器区域内统一编址，地址分别为 16H 和 15H。CCP1 模块可由比较匹配信号产生一个特殊事件触发功能，并使 TMR1 复位。

CCP2 模块的 16 位寄存器 CCPR2 由两个 8 位寄存器 CCPR2H（高字节）与 CCPR2L（低字节）组成，CCPR2H 与 CCPR2L 在文件寄存器区域内统一编址，地址分别为 1CH 和 1BH。CCP2 模块可由比较匹配信号产生一个特殊事件触发功能，并使 TMR1 复位。如果开放了 A/D 转换模块，还可触发启动 A/D 转换。

2）CCP 模块控制寄存器 CCPCON

CCP 模块的工作需要由控制寄存器进行操作，因此，在 CCP1 与 CCP2 模块中分别配有控制寄存器 CCP1CON 与 CCP2CON，均位于数据存储器体 0。CCP1CON 和 CCP2CON 在文件寄存器区域内统一编址，地址分别为 17H 和 1DH。CCP1 与 CCP2 模块功能相似，下面以 CCP1 为例进行分析。

CCP1 模块控制寄存器 CCP1CON 与 CCP1 模块有关的位包括 PWM 功能低 2 位（CCP1X～CCP1Y）和 CCP1 工作模式选择位（CCP1M3～CCP1M0），分布如下所示。

Bit7	Bit6	Bit5	Bit4	Bit3	Bit2	Bit1	Bit0
—	—	CCP1X	CCP1Y	CCP1M3	CCP1M2	CCP1M1	CCP1M0

CCP1M3～CCP1M0（Bit3～Bit0）：主动参数，CCP1 工作模式选择位。采用其组合来选择 CCP1 的具体工作模式，如输入捕捉、输出比较或脉宽调制（PWM），如表 6-1 所示。

表 6-1 CCP1 工作模式选择

工作模式	CCP1M3～CCP1M2	CCP1M1～CCP1M0	触发条件	响应状态
关闭	00	00	—	CCP1 复位
捕捉	01	00	每个脉冲下降沿触发	—
		01	每个脉冲上升沿触发	—
		10	每 4 个脉冲上升沿触发	—
		11	每 16 个脉冲上升沿触发	—

续表

工作模式	CCP1M3～CCP1M2	CCP1M1～CCP1M0	触发条件	响应状态
比较	10	00	输出匹配	使引脚 RC2/CCP1 为高电平
		01	输出匹配	使引脚 RC2/CCP1 为低电平
		10	输出匹配	软件中断
		11	特殊事件触发	TMR1 清零
脉宽调制	11	xx	条件匹配	—

CCP1X～CCP1Y(Bit5～Bit4)：PWM 工作模式的 10 位脉宽寄存器的低 2 位。这 2 位在比较和捕捉模式中不使用，只在 PWM 模式中使用，作为脉宽的低 2 位，可以提高 PWM 脉宽调制的精度。

6.2　捕捉功能模式

PIC 单片机的输入捕捉功能，用于 CCP 模块外部输入脉冲的上升沿或下降沿的实时检测。借助于边沿捕捉功能，可实现对信号周期、频率、脉宽和脉冲占空比等的检测。

6.2.1　捕捉模式的工作原理

捕捉工作模式的结构如图 6-1 所示，主要包括 16 位的寄存器 CCPR1 与寄存器 TMR1、16 位数值捕捉模块、预分频器和边沿检测电路等组成部分。

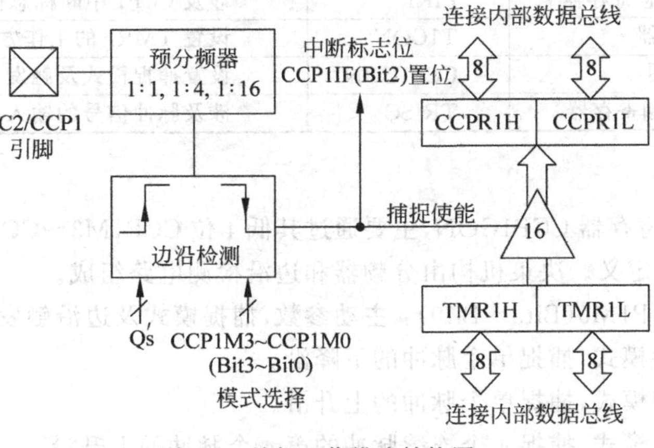

图 6-1　捕捉工作模式结构图

CCP1 捕捉工作模式，是对外部输入信号进行实时检测。外部信号由引脚 RC2/CCP1 输入，经过预分频器传送至边沿检测模块。当引脚 RC2/CCP1 上满足特定的事件触发条件时，寄存器 TMR1H：TMR1L 的当前计数值导入寄存器 CCPR1H：CCPR1L 中，同时 CCP1 的中断标志位 CCP1IF 自动置位。在捕捉模式下，TMR1 只能工作于定时模式或者同步计数模式。

6.2.2 与捕捉模式相关的寄存器

CCP1 捕捉模式主要涉及 10 个特殊功能寄存器,如表 6-2 所示。其功能如表 6-3 所示。

表 6-2 与 CCP1 模块相关的寄存器

寄存器	地址	各位名称							
		Bit7	Bit6	Bit5	Bit4	Bit3	Bit2	Bit1	Bit0
INTCON	0BH/8BH/10BH/18BH	GIE	PEIE	T0IE	INTE	RBIE	T0IF	INTF	RBIF
PIE1	8CH	PSPIE	ADIE	RCIE	TXIE	SSPIE	CCP1IE	TMR2IE	TMR1IE
PIR1	0CH	PSPIF	ADIF	RCIF	TXIF	SSPIF	CCP1IF	TMR2IF	TMR1IF
TMR1L	0EH	16 位计数寄存器 TMR1 的低字节							
TMR1H	0FH	16 位计数寄存器 TMR1 的高字节							
T1CON	10H	—	—	T1CKPS1	T1CKPS0	T1OSCEN	$\overline{\text{T1SYNC}}$	TMR1CS	TMR1ON
CCP1CON	17H	—	—	CCP1X	CCP1Y	CCP1M3	CCP1M2	CCP1M1	CCP1M0
CCPR1L	15H	16 位寄存器 CCPR1 的低字节							
CCPR1H	16H	16 位寄存器 CCPR1 的高字节							
TRISC	87H	TRISC7	TRISC6	TRISC5	TRISC4	TRISC3	TRISC2	TRISC1	TRISC0

注：阴影部分与 CCP1 模块功能无关。

表 6-3 与 CCP1 模块相关寄存器的功能

寄 存 器	简 称	功 能
中断控制寄存器	INTCON	涉及外围中断使能位和总中断使能位
第一外围中断使能寄存器	PIE1	涉及 CCP1 中断使能位
第一外围中断标志寄存器	PIR1	涉及 CCP1 中断标志位
TMR1 控制寄存器	T1CON	设置 TMR1 的工作方式
CCP1 控制寄存器	CCP1CON	设置捕捉模式及触发条件
端口 RC 方向控制寄存器	TRISC	涉及脉冲信号的输入

1) CCP1CON

CCP1 的控制寄存器 CCP1CON,主要通过其低 4 位 CCP1M3～CCP1M0 进行捕捉方式和边沿触发条件的定义。决策机构由分频器和边沿检测电路组成。

CCP1M3～CCP1M0(Bit3～Bit0)：主动参数,捕捉模式及边沿触发设置位。

- 0100：捕捉模式,捕捉单个脉冲的下降沿。
- 0101：捕捉模式,捕捉单个脉冲的上升沿。
- 0110：捕捉模式,捕捉 4 个连续脉冲的第 4 个脉冲的上升沿。
- 0111：捕捉模式,捕捉 16 个连续脉冲的第 16 个脉冲的上升沿。

2) CCPR1

捕捉寄存器 CCPR1 是一个 16 位的寄存器,由两个 8 位寄存器 CCPR1L(低 8 位)和 CCPR1H(高 8 位)构成。在特定事件触发时,捕捉并保存定时器 TMR1 的计数值。若 CCPR1 内容还没有取走,另一捕捉出现,新的数值将覆盖旧的数值。

3）PIE1

第一外围中断使能寄存器 PIE1 主要涉及外部中断源的使能位。捕捉/比较/脉宽调制 CCP1 中断属于外部中断源，因此，其中断使能位通过该寄存器进行设置。

CCP1IE(Bit2)：主动参数，CCP1 模块中断使能位。

- 0：禁止 CCP1 模块中断请求。
- 1：允许 CCP1 模块中断请求。

4）PIR1

第一外围中断标志寄存器 PIR1 主要涉及外部中断源的标志位。捕捉/比较/脉宽调制 CCP1 中断属于外部中断源，因此，CCP1 的中断标志位状态可通过查询该寄存器的相应位获得。

CCP1IF(Bit2)：被动参数，CCP1 模块中断标志位。

- 0：表示未发生 CCP1 模块中断请求。
- 1：表示已发生 CCP1 模块中断请求。

6.2.3 捕捉模式的应用实例

本节通过具体应用实例，介绍 CCP1 模块捕捉工作模式的使用，使读者加深对相关知识的理解。

【实例 6-1】 利用 CCP1 的输入捕捉功能测量矩形波信号的周期。通过测量两次上升沿之间的时间间隔获得脉冲的周期。

思路分析：PIC16F877 单片机 CCP 模块的捕捉功能，通过外部引脚 RC2/CCP1 输入被测信号，测量该信号连续两次上升沿之间的时间间隔，即为脉冲周期。具体操作：在第一次捕获到上升沿时将 TIMER1 计数清零，记下第二次捕获到上升沿时 CCPR1 的计数值。

程序如下：

```
            LIST    P=16F877A
            INCLUDE  "P16F877A.INC"              ; PIC16F877A 包含的头文件
TEMP        EQU       20H                        ; 自定义寄存器
TEMP1       EQU       21H
TEMP2       EQU       22H
            ORG       0000H
            NOP
            GOTO      MAIN
            ORG       0004H
            GOTO      INT_SUB
;-----------------------------------------------------------------------
            ORG       0020H
MAIN        CLRF      INTCON
            BSF       STATUS, RP0                ; 选择体 1
            MOVLW     04H
            MOVWF     TRISC                      ; RC2 为输入
            MOVLW     04H
            MOVWF     PIE1                       ; 中断允许
            BCF       STATUS, RP0                ; 选择体 0
```

```
          CLRF      PIR1                    ；清中断标志位
          CLRF      TMR1L
          CLRF      TMR1H
          CLRF      TEMP
          MOVLW     00H
          MOVWF     T1CON                   ；预分频比 1：1,关闭定时器 1
          MOVLW     05H                     ；捕捉模式,每个脉冲的上升沿
          MOVWF     CCP1CON
          MOVLW     0C0H
          MOVWF     INTCON                  ；开中断
          BSF       T1CON, TMR1ON           ；开启定时器 1
LOOP      NOP
          GOTO      LOOP
;-------------------------------------------------------------------
INT_SUB   BCF       PIR1, CCP1IF            ；清中断标志
          MOVF      TEMP, 0
          BTFSS     STATUS, Z
          GOTO      CAP_END                 ；完成第二个上升沿捕捉
          BCF       T1CON, TMR1ON           ；准备第二个上升沿捕捉
          CLRF      TMR1L
          CLRF      TMR1H                   ；清定时器 1
          BSF       T1CON, TMR1ON           ；开启定时器 1
          MOVLW     65H
          MOVWF     TEMP
          RETFIE
;-------------------------------------------------------------------
CAP_END   MOVF      CCPR1L, 0
          MOVWF     TEMP1
          MOVF      CCPR1H, 0
          MOVWF     TEMP2
          CLRF      TEMP
          END
```

6.3 比较功能模式

CCP 模块的输出比较工作模式，就是将事先设置好的特定值与定时器 TMR1 的值进行比较，当两者的数值相等时，给出匹配信号，触发 CCP 产生中断，并从特定的引脚输出电平。输出比较工作模式下使用定时器 TMR1，此时 TMR1 只能设置为定时模式或同步计数模式。

6.3.1 比较模式的工作原理

CCP 模块在输出比较工作模式下的电路结构如图 6-2 所示，主要包括 16 位寄存器 CCPR1 与寄存器 TMR1、16 位比较器、输出逻辑控制电路、RS 触发器和受控三态门等部分。

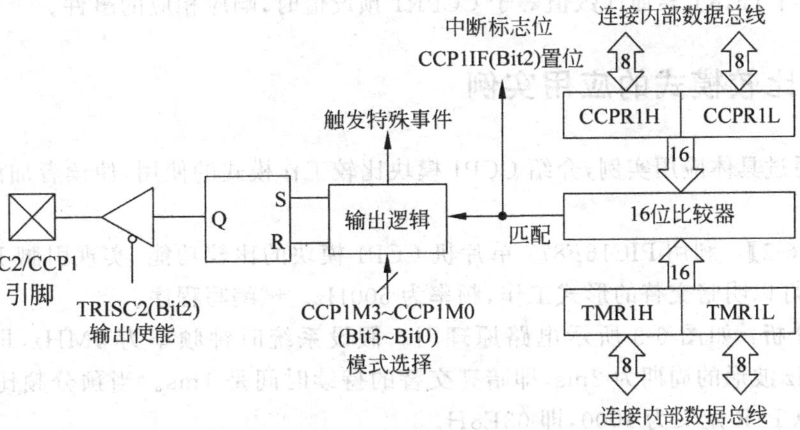

图 6-2 比较工作模式结构图

当 CCP1 模块处于比较工作模式时，单片机把寄存器 CCPR1(CCPR1H：CCPR1L)事先设好的特定值与寄存器 TMR1(TMR1H：TMR1L)的值进行实时比较。一旦两者数值相等，引脚 RC2/CCP1 会出现以下 3 种电平变化：电平变高、电平变低或电平不变。其变化由寄存器 CCP1CON 的 CCP1M3～CCP1M0 决定，每当两者数值相等时，CCP1 中断标志位 CCP1IF 置 1，在中断源使能位允许的条件下，CPU 将允许 CCP1 中断请求。在 CPU 响应中断后，需要用软件将 CCP1IF 清零。

6.3.2 与比较模式相关的寄存器

CCP1 比较模式主要涉及 10 个特殊功能寄存器，如表 6-2 所示。其相关寄存器功能如表 6-3 所示。

1) CCP1CON

CCP1 控制寄存器 CCP1CON 具有 4 个比较工作方式设置位，如下所示。

Bit7	Bit6	Bit5	Bit4	Bit3	Bit2	Bit1	Bit0
—	—	CCP1X	CCP1Y	CCP1M3	CCP1M2	CCP1M1	CCP1M0

CCP1M3～CCP1M0(Bit3～Bit0)：主动参数，比较方式设置位。设定 CCP1 模块的工作模式及事件类型，如表 6-1 所示。

- 1000：比较模式，CCPR1 与 TMR1 匹配，引脚 CCP1 为高电平，CCP1IF 置 1。
- 1001：比较模式，CCPR1 与 TMR1 匹配，引脚 CCP1 为低电平，CCP1IF 置 1。
- 1010：比较模式，CCPR1 与 TMR1 匹配，引脚 CCP1 电平保持不变，CCP1IF 置 1，内部产生软件中断。
- 1011：比较模式，CCPR1 与 TMR1 匹配，引脚 CCP1 电平保持不变，CCP1IF 置 1，内部触发特殊事件。

2) CCPR1

16 位寄存器 CCPR1 由两个 8 位寄存器 CCPR1L 和 CCPR1H 构成。该寄存器用于存放预设值，当 TMR1 累加计数值等于 CCPR1 预设值时，响应相应的事件。

6.3.3 比较模式的应用实例

本节通过具体应用实例，介绍 CCP1 模块比较工作模式的使用，使读者加深对相关知识的理解。

【实例 6-2】 利用 PIC16F877 单片机 CCP1 模块的比较功能，实现引脚 RC2/CCP1 驱动的 LED 灯以明暗交替的形式工作，频率为 500Hz。试编写程序。

思路分析：如图 6-3 所示电路原理图。假设系统时钟频率为 4MHz，即指令周期为 1μs。500Hz 波形的周期为 2ms，即暗亮交替的持续时间是 1ms。当预分频比设置为 1∶1 时，16 位 CCP1R 定义为 1000，即 03E8H。

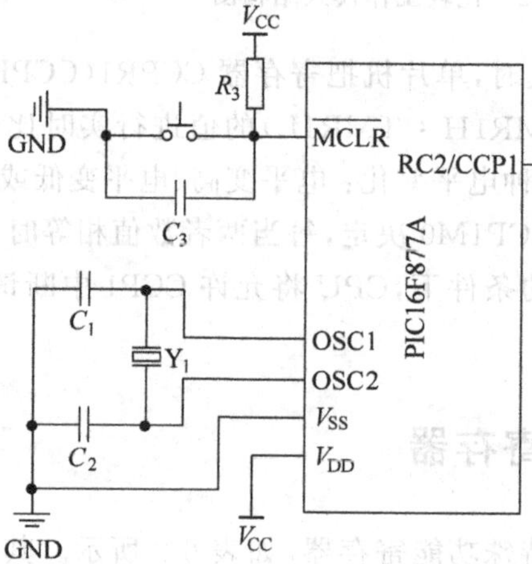

图 6-3 电路原理图

程序如下：

```
        LIST    P=16F877A
        INCLUDE "P16F877A.INC"          ; PIC16F877A 包含的头文件
        ORG     0000H
        NOP
MAIN    BSF     STATUS, RP0             ; 选择数据存储器体 1
        CLRF    TRISC                   ; 端口 RC 定义为输出状态
        BCF     STATUS, RP0             ; 选择数据存储器体 0
        MOVLW   03H                     ; CCPR1 = 03E8H
        MOVWF   CCPR1H
        MOVLW   0E8H
        MOVWF   CCPR1L
        MOVLW   B'00000000'             ; 关闭 TMR1，预分频比为 1∶1
        MOVWF   T1CON                   ; 设置内部定时方式
        MOVLW   B'00001000'             ; 比较工作模式，输出高电平
        MOVWF   CCP1CON
        BSF     T1CON, TMR1ON           ; 开启 TMR1
LOOP    BTFSS   PIR1, CCP1IF            ; 检测 CCP1IF 是否为 1
```

```
        GOTO        LOOP                    ; 等待
        CLRF        TMR1H
        CLRF        TMR1L
        MOVLW       B'00000001'             ; RC2/CCP1 输出低电平
        XORWF       CCP1CON
        BCF         PIR1, CCP1IF            ; CCP1IF 清零
        GOTO        LOOP
        END
```

6.4 脉宽调制功能模式

作为现代变频技术的基础，脉宽调制(PWM)是 CCP 模块中应用最为广泛的工作模式。PWM 功能强大，可从引脚输出脉宽可调的 PWM 信号，通过编程随时调整 PWM 信号的频率和宽度，使得 PIC 单片机能有效地利用数字输出控制模拟电路。PWM 通常用于直流电机调速、步进电机的变频控制和制作简易 D/A 转换器。脉宽调制功能模式下使用定时器/计数器 TMR2。

6.4.1 脉宽调制模式的工作原理

脉宽调制工作模式的结构如图 6-4 所示，主要包括主、从脉宽寄存器，8、10 位比较器，计数寄存器 TMR2，周期寄存器 PR2 和 RS 触发器等组成部分。

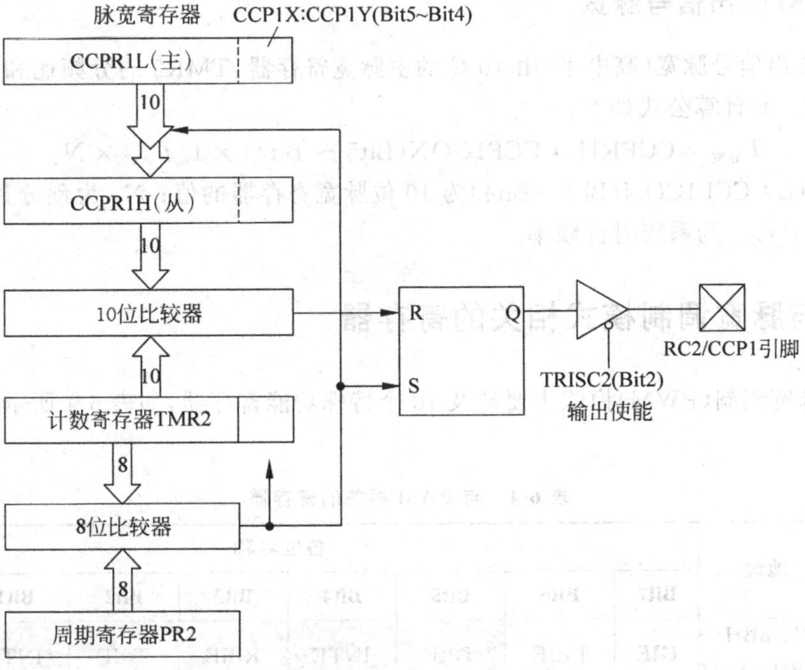

图 6-4　脉宽调制工作模式结构图

(1) 主脉宽寄存器

主脉宽寄存器是一个复合的10位单元,高8位来自于寄存器CCPR1L,低2位来自于控制寄存器CCP1CON的Bit5~Bit4,即表示为CCPR1L:CCP1CON(Bit5~Bit4)。

(2) 8位比较器

8位比较器用于比较TMR2的累加计数值与周期寄存器PR2的预设值。TMR2从00H开始累加计数,直至与PR2的数值匹配时有以下3个连锁反应:TMR2复位;RS触发器置位,引脚RC2输出为高电平;完成主、从脉宽寄存器数据从CCPR1L(10位)到CCPR1H(10位)的加载过程。

(3) 10位比较器

10位比较器用于比较TMR2的累加计数值与从脉宽寄存器(10位)的数值。TMR2从00H开始累加计数,直至与从脉宽寄存器的数值匹配时,RS触发器复位,引脚RC2输出为低电平。

1. PWM输出信号周期

PWM输出信号周期由周期寄存器PR2的预设值、TMR2的分频比和系统时钟频率$f_{OSC}/4$决定。其计算公式如下:

$$T_{PWM}=(P+1)\times 4/f_{OSC}\times N_1 \tag{6-1}$$

式中,P为周期寄存器PR2的预设值;N_1为预分频器分频比,$N_1=1,4,16$;f_{OSC}为系统时钟频率。

假设系统时钟频率为4MHz,分频比取1:4,即$N_1=4$,当PR2取0FFH时,PWM输出信号的周期为1024μs。

2. PWM输出信号脉宽

PWM输出信号脉宽(高电平)由10位的主脉宽寄存器、TMR2的分频比和系统时钟频率f_{OSC}决定。其计算公式如下:

$$T_{脉宽}=\text{CCPR1L}:\text{CCP1CON}(\text{Bit5}\sim\text{Bit4})\times 1/f_{OSC}\times N_1 \tag{6-2}$$

式中,CCPR1L:CCP1CON(Bit5~Bit4)为10位脉宽寄存器的值;N_1为预分频器分频比,$N_1=1,4,16$;f_{OSC}为系统时钟频率。

6.4.2 与脉宽调制模式相关的寄存器

CCP1脉宽调制(PWM)模式主要涉及10个特殊功能寄存器,如表6-4所示。其功能如表6-5所示。

表6-4 与PWM相关的寄存器

寄存器	地址	各位名称							
		Bit7	Bit6	Bit5	Bit4	Bit3	Bit2	Bit1	Bit0
INTCON	0BH/8BH/10BH/18BH	GIE	PEIE	T0IE	INTE	RBIE	T0IF	INTF	RBIF

续表

寄存器	地址	各位名称							
		Bit7	Bit6	Bit5	Bit4	Bit3	Bit2	Bit1	Bit0
PIE1	8CH	PSPIE	ADIE	RCIE	TXIE	SSPIE	CCP1IE	TMR2IE	TMR1IE
PIR1	0CH	PSPIF	ADIF	RCIF	TXIF	SSPIF	CCP1IF	TMR2IF	TMR1IF
TMR2	11H	8位定时寄存器 TMR2							
PR2	92H	8位周期寄存器 PR2							
CCP1CON	17H	—	—	CCP1X	CCP1Y	CCP1M3	CCP1M2	CCP1M1	CCP1M0
CCPR1L	15H	16位寄存器 CCPR1 低字节							
CCPR1H	16H	16位寄存器 CCPR1 高字节							
TRISC	87H	TRISC7	TRISC6	TRISC5	TRISC4	TRISC3	TRISC2	TRISC1	TRISC0
T2CON	12H	—	TOUTPS3	TOUTPS2	TOUTPS1	TOUTPS0	TMR2ON	T2CKPS1	T2CKPS0

注：阴影部分与 PWM 模块功能无关。

表 6-5 与 PWM 相关寄存器的功能

寄存器	简称	功能
中断控制寄存器	INTCON	涉及外围中断使能位和总中断使能位
第一外围中断使能寄存器	PIE1	涉及 CCP1 和 TMR2 中断使能位
第一外围中断标志寄存器	PIR1	涉及 CCP1 和 TMR2 中断标志位
TMR2 定时寄存器	TMR2	从 00H 开始累加计数，直至与 PR2 匹配时复位
TMR2 周期寄存器	PR2	存放 TMR2 计数溢出的比较数值
CCP1 控制寄存器	CCP1CON	设置 CCP1 工作模式及 2 位附加参数
CCP1 低字节计数寄存器	CCPR1L	主脉宽寄存器
CCP1 高字节计数寄存器	CCPR1H	从脉宽寄存器
端口 RC 方向控制寄存器	TRISC	PWM 信号从引脚 RC2 输出
TMR2 控制寄存器	T2CON	设置 TMR2 的分频比和计数启/停状态

CCP1 控制寄存器 CCP1CON，主要涉及 CCP1 工作模式设置和 CCP1 脉宽寄存器的低 2 位。

CCP1M3～CCP1M0(Bit3～Bit0)：主动参数，捕捉模式设置位，详见表 6-1。

- 0000：禁止 CCP1 模块工作。
- 11xx：脉宽调制(PWM)模式，不受低 2 位影响。

CCP1X～CCP1Y(Bit5～Bit4)：主动参数，CCP1 脉宽寄存器的低 2 位。与寄存器 CCPR1L 共同构成 10 位的主脉宽寄存器(即高 8 位来自于寄存器 CCPR1L)，可以提高脉宽调制精度。

假定系统时钟频率为 4MHz，指令周期为 1μs，对应 TMR2 计数脉冲的周期为 1μs。当脉宽寄存器只采用 8 位时，脉宽时间长度的分辨率为 $R_1=1\mu s$；当脉宽寄存器采用 10 位时，即添加了 2 位补充位，此时分辨率为 $R_2=R_1/4=0.25\mu s$，从而提高了脉宽时间长度的分辨率。

6.4.3 脉宽调制的应用实例

本节通过具体应用实例，介绍 CCP1 模块 PWM 工作模式的使用，使读者加深对相关知识的理解。

【实例 6-3】 利用 PIC16F877 单片机 CCP1 模块的 PWM 功能，实现在引脚 RC2/CCP1 输出频率为 5100Hz、占空比为 30%的 PWM 信号。电路原理如图 6-5 所示。

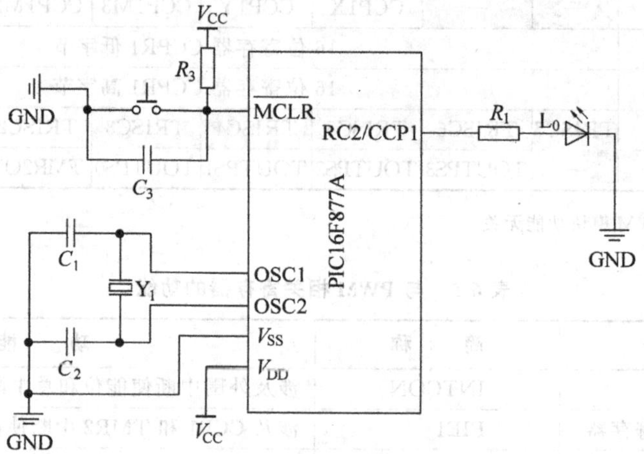

图 6-5 电路原理图

思路分析：假设系统时钟频率为 4MHz，其指令周期为 1μs。对于频率为 5100Hz 的 PWM 信号，选择预分频比为 1∶1。

$$\text{PWM 周期} = (P+1) \times 4T_{OSC} \times N_1$$

即

$$1/5100 \times 10^6 = (P+1) \times 1 \times 1$$

解得

$$P = 195D = 0C3H$$

$$\text{PWM 脉宽} = \text{CCPR1L : CCP1CON(Bit5} \sim \text{Bit4)} \times T_{OSC} \times N_1$$

即

$$1/5100 \times 10^6 \times 30\% = \text{CCPR1L : CCP1CON(Bit5} \sim \text{Bit4)} \times 0.25 \times 1$$

解得

CCPR1L∶CCP1CON(Bit5～Bit4)＝235.294＝0011101011B

235.294÷4＝58.824

故 CCPR1L＝58D＝3AH＝00111010B；CCP1CON(Bit5～Bit4)＝11B

程序如下：

```
LIST   P=16F877A
INCLUDE   "P16F877A.INC"                ；PIC16F877A 包含的头文件
ORG          0000H
NOP
```

```
        BSF       STATUS, RP0           ; 选择体 1
        BCF       TRISC, 2              ; RC2 设置为输出
        BCF       STATUS, RP0           ; 选择体 0
        MOVLW     00H                   ; 预分频比 1：1
        MOVWF     T2CON
        CLRF      TMR2                  ; 清零 TMR2
        BSF       STATUS, RP0           ; 选择体 1
        MOVLW     0C3H
        MOVWF     PR2
        BCF       STATUS, RP0
        MOVLW     B'00111100'           ; PWM 模式,CCP1X：CCP1Y=01
        MOVWF     CCP1CON
        MOVLW     3AH                   ; 脉宽寄存器初值
        MOVWF     CCPR1L
        BSF       T2CON,TMR2ON          ; TMR2 开始计时
LP      GOTO      LP                    ; 等待,从引脚 RC2 输出信号
        END
```

第 7 章

模/数转换器及串行通信

在单片机应用系统中，实际检测和控制的对象，如温度、湿度、压力、位移、速度、图像等通常为一些连续的模拟信号。模/数转换器(analog to digital converter，ADC)的功能便是将这些连续的模拟信号转换成离散的数字信号，以便于单片机对这些信号进行计算、处理、储存、控制和显示等操作。PIC16F877 单片机内嵌有 10 位的 ADC，可满足较复杂测控系统的要求。

在实际应用中，单片机经常需要与其他设备如存储芯片、外接设备等进行数据交流，这称为通信。其通信方式可分为两种：并行通信和串行通信。PIC16F877 单片机配置了主控同步串行通信模块(master synchronous serial port，MSSP)和通用同步/异步串行收发器(universal synchronous/asynchronous receiver/transmitter，USART)。

本章主要介绍 PIC16F877 单片机的 ADC 模块及串行通信模块的原理。

7.1 模/数转换器

模/数转换器(即 A/D 转换器，或简称 ADC)作为单片机中重要的扩展器件之一，其种类繁多，不同种类的 ADC 其工作原理也有些差异。主要包括直接型 ADC 和间接型 ADC 两大类，其中直接型 ADC 又可以分为并联比较型和逐次比较型(或逐次逼近型)，间接型 ADC 则主要为双积分型。在实际应用中，使用最为广泛的是逐次比较型 ADC。

7.1.1 A/D 转换原理及结构

1. ADC 的工作原理

逐次比较型 ADC 的实现原理：从高位向低位逐位比较设定，通过比较模拟量的输出，确定原设定位的标定值。逐次比较型 ADC 主要由采样保持电路、模拟电压比较器、逐次比较寄存器、数/模(D/A)转换器和输出锁存器等部分组成，其结构原理图如图 7-1 所示。

下面以 PIC16F877 单片机的 10 位 ADC 为例，介绍逐次比较型 ADC 的工作过程。首先，对被测模拟电压 u_i 进行采样。当采样开关 S 闭合时，被测电压 u_i 对保持电容进行充电并采样保存；然后，从高位开始逐位比较设定。在启动信号 GO 控制下，先设置 10 位逐次比较寄存器的初始状态为 0，根据脉冲 CP 信号，置数控制逻辑将逐次比较寄存器的最高位(Bit9)置 1，并将逐次比较寄存器的数值“10 0000 0000”经 D/A 转换器转换为相应的模拟电压 u_c。若 $u_c > u_i$，将逐次比较寄存器的最高位(Bit9)清 0，并修改次高位(Bit8)为 1，即

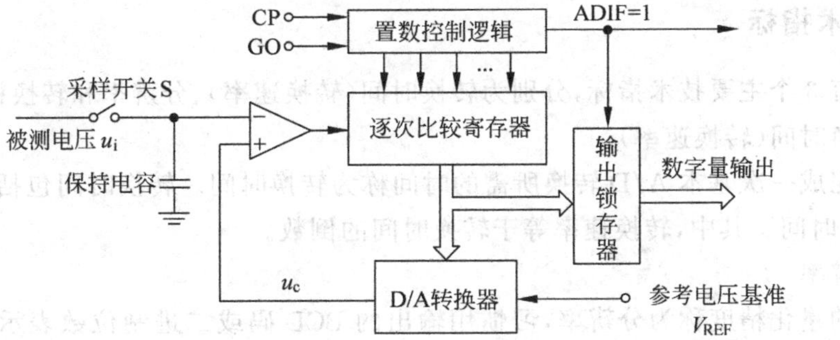

图 7-1 逐次比较型 ADC 结构原理图

“01 0000 0000”；否则，逐次比较寄存器的最高位(Bit9)保持不变，把次高位(Bit8)置 1，即逐次比较寄存器的数值为“11 0000 0000”，该数值经 D/A 转换器转换为相应的模拟电压 u_c。以此方法逐位比较直至确定最低位(Bit0)，完成转换过程。转换完成后，启动控制位 GO 清 0，中断标志位 ADIF 置 1，此时锁存器中的数值即为输入模拟信号 u_i 的数字量。

如图 7-2 所示为 PIC16F877 单片机的 ADC 结构示意图。PIC16F877 单片机内置的 ADC 具有 8 个模拟量输入通道，分别对应外部引脚 RA0～RA3、RA5、RE0～RE2。在实际工作中，通过对寄存器 ADCON0 的 CHS2～CHS0 位的设置进行具体通道选择。此外，引脚 RA2 和 RA3 还可作为外部参考电压输入端。ADC 参考电压来源有两种，一种是单片机的供电电压；另一种是引脚 RA3 和 RA2 输入的参考电压。具体参考电压的选择可通过寄存器 ADCON1 的 PCFG3～PCFG0 位的设置来实现。同时，端口 RA 和端口 RE 各引脚的功能选择也是通过 PCFG3～PCFG0 位设置。

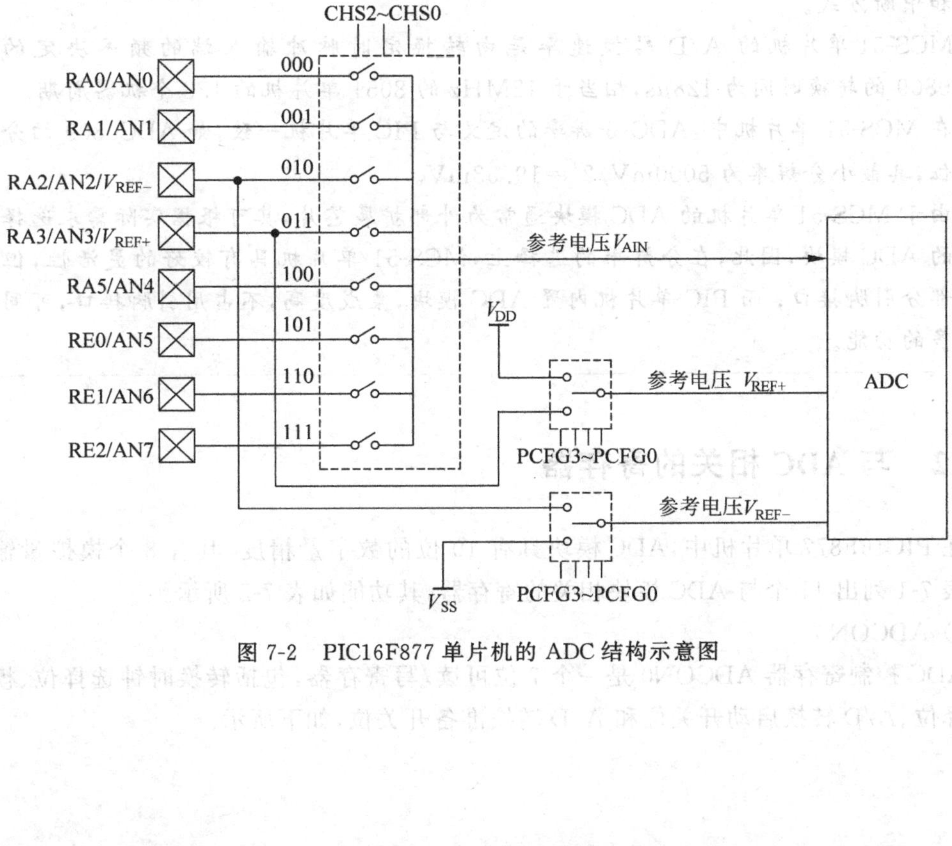

图 7-2 PIC16F877 单片机的 ADC 结构示意图

2. 技术指标

ADC有3个主要技术指标，分别为转换时间(转换速率)、分辨率和转换精度。

1) 转换时间(转换速率)

ADC完成一次基本A/D转换所需的时间称为转换时间。转换时间包括采样时间和逐次比较设定时间。其中，转换速率等于转换时间的倒数。

2) 分辨率

ADC的量化精度称为分辨率，习惯用输出的BCD码或二进制位数表示。其中最小波动数值称为1LSB。以PIC16F877的ADC为例，其输出数字量位数为10位，可表示的数字量变化范围为 $0\sim2^{10}$，即用 2^{10} 个分割单位对被测模拟量进行量化，其最小波动数值 $1LSB=1/2^{10}\times100\%=0.0977\%$。若输入模拟量满量程为5V时，那么，其最小分辨率为 $5000mV/2^{10}=4.88mV$。

3) 转换精度

一个实际ADC的量化值与实际值的差值称为ADC的转换精度。转换精度可用绝对误差或相对误差表示。

拓展知识

逐次逼近型ADC在MCS-51单片机的A/D转换中应用广泛，如ADC0809。ADC0809与MCS-51单片机的连接需注意两个问题：①8路模拟信号通道的选择；②A/D转换完成后转换数据的传送。其中，转换数据的传送方式有定时传送方式、查询方式和中断方式。

MCS-51单片机的A/D转换速率是由转换定时脉冲输入端的频率决定的。如ADC0809的转换时间为128μs，相当于12MHz的8051单片机的128个机器周期。

在MCS-51单片机中，ADC分辨率的定义与PIC单片机一致，如ADC0809的分辨率为8位，其最小分辨率为 $5000mV/2^{8}=19.53mV$。

由于MCS-51单片机的ADC模块通常为外部扩展芯片，其可根据实际需求选择不同精度的ADC模块，因此，在分辨率的选择上，MCS-51单片机具有较好的灵活性，但需要占用部分引脚接口；而PIC单片机内置ADC模块，集成度高，不占用引脚接口，可同步实现更多的功能。

7.1.2 与ADC相关的寄存器

在PIC16F877单片机中，ADC模块具有10位的数字量精度，其有8个模拟量输入通道。表7-1列出11个与ADC模块相关的寄存器，其功能如表7-2所示。

1) ADCON0

ADC控制寄存器ADCON0是一个7位可读/写寄存器，包括转换时钟选择位、模拟信道选择位、A/D转换启动开关位和A/D转换准备开关位，如下所示。

表 7-1　与 ADC 模块相关的寄存器

寄存器	地址	各位名称							
		Bit7	Bit6	Bit5	Bit4	Bit3	Bit2	Bit1	Bit0
INTCON	0BH/8BH/10BH/18BH	GIE	PEIE	T0IE	INTE	RBIE	T0IF	INTF	RBIF
PIE1	8CH	PSPIE	ADIE	RCIE	TXIE	SSPIE	CCP1IE	TMR2IE	TMR1IE
PIR1	0CH	PSPIF	ADIF	RCIF	TXIF	SSPIF	CCP1IF	TMR2IF	TMR1IF
TRISE	89H	—	—	—	—	—	TRISE2	TRISE1	TRISE0
TRISA	85H	—	—	TRISA5	TRISA4	TRISA3	TRISA2	TRISA1	TRISA0
PORTE	09H	—	—	—	—	—	RE2	RE1	RE0
PORTA	05H	—	—	RA5	RA4	RA3	RA2	RA1	RA0
ADCON0	1FH	ADCS1	ADCS0	CHS2	CHS1	CHS0	GO/$\overline{\text{DONE}}$	—	ADON
ADCON1	9FH	ADFM	—	—	—	PCFG3	PCFG2	PCFG1	PCFG0
ADRESH	1EH	ADC 转换结果寄存器高位							
ADRESL	9EH	ADC 转换结果寄存器低位							

注：阴影部分与 ADC 模块功能无关。

表 7-2　与 ADC 模块相关寄存器的功能

寄　存　器	寄存器简称	功　　能
中断控制寄存器	INTCON	控制外围各类中断使能状况
第一外围中断使能寄存器	PIE1	涉及 A/D 转换中断使能位
第一外围中断标志寄存器	PIR1	涉及 A/D 转换中断标志位
方向控制寄存器	TRISE、TRISA	定义 8 个模拟量端口数据的传输方向
数据寄存器	PORTE、PORTA	8 个模拟量输入通道
ADC 控制寄存器	ADCON0	启停控制方式、模拟输入信道和转换时钟频率的选择
ADC 控制寄存器	ADCON1	定义相关引脚的功能选择
ADC 结果高/低位寄存器	ADRESH/ADRESL	组合形成 10 位转换数字量结果

Bit7	Bit6	Bit5	Bit4	Bit3	Bit2	Bit1	Bit0
ADCS1	ADCS0	CHS2	CHS1	CHS0	GO/$\overline{\text{DONE}}$	—	ADON

ADON(Bit0)：主动参数，A/D 转换启、停准备位。

- 0：禁止 A/D 转换。
- 1：开启 A/D 转换，进入准备状态。

GO/$\overline{\text{DONE}}$(Bit2)：主动参数，ADC 的启动开关位。

- 0：已经完成 A/D 转换或还未进行 A/D 转换。
- 1：正在进行 A/D 转换或启动 A/D 转换。

CHS2～CHS0(Bit5～Bit3)：主动参数，模拟信道选择位。

- 000：选用 RA0/AN0 作为模拟输入通道。
- 001：选用 RA1/AN1 作为模拟输入通道。
- 010：选用 RA2/AN2 作为模拟输入通道。

- 011：选用 RA3/AN3 作为模拟输入通道。
- 100：选用 RA5/AN4 作为模拟输入通道。
- 101：选用 RE0/AN5 作为模拟输入通道。
- 110：选用 RE1/AN6 作为模拟输入通道。
- 111：选用 RE2/AN7 作为模拟输入通道。

ADCS1～ADCS0(Bit7～Bit6)：主动参数，转换时钟及其频率选择位。

- 00：选用频率为 $f_{OSC}/2$ 的系统时钟。
- 01：选用频率为 $f_{OSC}/8$ 的系统时钟。
- 10：选用频率为 $f_{OSC}/32$ 的系统时钟。
- 11：选用内部阻容(RC)振荡器，其频率为 f_{RC}。

当选用内部 RC 振荡器时，即使单片机处于睡眠的状态下，ADC 模块仍能正常运行。

2) ADCON1

ADC 控制寄存器 ADCON1 用以定义相关引脚的功能选择，包括 A/D 转换结果对齐选择位和端口 RA 和端口 RE 各引脚的功能选择位。

Bit7	Bit6	Bit5	Bit4	Bit3	Bit2	Bit1	Bit0
ADFM	—	—	—	PCFG3	PCFG2	PCFG1	PCFG0

ADFM(Bit7)：主动参数，A/D 转换结果组合方式选择位。

- 0：左对齐，转换结果高 8 位存在寄存器 ADRESH，低 2 位存在寄存器 ADRESL 的 Bit7～Bit6。
- 1：右对齐，转换结果高 2 位存在寄存器 ADRESH 的 Bit1～Bit0，低 8 位存在寄存器 ADRESL。

PCFG3～PCFG0(Bit3～Bit0)：主动参数，端口 RA 和端口 RE 引脚功能选择位。其组合设置端口 RA 和端口 RE 的引脚功能，详见表 7-3。

表 7-3 RA 和 RE 的引脚功能选择

PCFG3～PCFG0	AN7 RE2	AN6 RE1	AN5 RE0	AN4 RA5	AN3 RA3	AN2 RA2	AN1 RA1	AN0 RA0
0000	A	A	A	A	A	A	A	A
0001	A	A	A	A	V_{REF+}	A	A	A
0010	D	D	D	A	A	A	A	A
0011	D	D	D	A	V_{REF+}	A	A	A
0100	D	D	D	D	A	D	A	A
0101	D	D	D	D	V_{REF+}	D	A	A
011x	D	D	D	D	D	D	D	D
1000	A	A	A	A	V_{REF+}	V_{REF-}	A	A
1001	D	D	A	A	A	A	A	A
1010	D	D	A	A	V_{REF+}	A	A	A
1011	D	D	A	A	V_{REF+}	V_{REF-}	A	A

续表

PCFG3～PCFG0	AN7 RE2	AN6 RE1	AN5 RE0	AN4 RA5	AN3 RA3	AN2 RA2	AN1 RA1	AN0 RA0
1100	D	D	D	A	V_{REF+}	V_{REF-}	A	A
1101	D	D	D	D	V_{REF+}	V_{REF-}	A	A
1110	D	D	D	D	D	D	D	A
1111	D	D	D	D	V_{REF+}	V_{REF-}	D	A

注：A 表示模拟输入通道；D 表示数字输入/输出通道；V_{REF} 表示参考电压。

3）ADRESH 和 ADRESL

PIC16F877 单片机的 10 位 A/D 转换结果，存放在转换结果寄存器 ADRESH 和 ADRESL 中。如图 7-3 所示，当 ADFM＝0 时，结果为左对齐，转换结果的高 8 位存在寄存器 ADRESH，低 2 位存在寄存器 ADRESL 的 Bit7～Bit6，在对精度要求不高的情况下，可只读取 ADRESH 的值作为转换结果。当 ADFM＝1 时，结果为右对齐，转换结果的高 2 位存在寄存器 ADRESH 的 Bit1～Bit0，低 8 位存在寄存器 ADRESL。

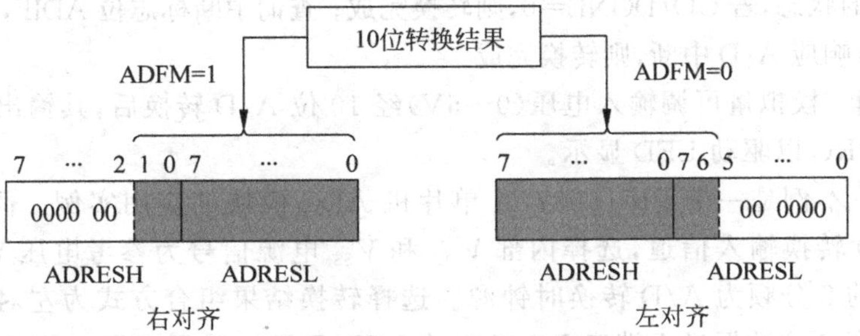

图 7-3　A/D 转换结果的组合方式

4）TRISA 和 TRISE

根据寄存器 ADCON1 对引脚功能的分配，通过设置方向控制寄存器 TRISA、TRISE 来控制 ADC 模拟通道引脚的功能。当端口 RA 或端口 RE 的引脚作为模拟输入通道时，应把相应的引脚设置为输入模式。

拓展知识

在 PIC 单片机中，往往通过对 ADC 模块相关的寄存器设置实现对 A/D 转换的控制。而 MCS-51 单片机是通过控制引脚的电平来实现对 A/D 转换的控制。MCS-51 单片机利用引脚 ALE 的地址锁存信号选择相应的模拟量输入通道；利用引脚 START 的启动信号启动 A/D 转换；利用引脚 CLK 的时钟信号传送转换时序信号；利用引脚 EOC 的转换结束信号查询 ADC 的状态以及用作中断请求信号；利用引脚 OE 控制数字结果的输出；以及利用相应的输入引脚设置输入模式等。

7.1.3 ADC 的应用实例

在使用 ADC 模块时，需要进行初始化程序设置。首先，配置 A/D 转换功能。通过寄存器 ADCON1 的 PCFG3～PCFG0 位(Bit3～Bit0)配置引脚功能，寄存器 ADCON0 的 CHS2～CHS0 位(Bit5～Bit3)选择模拟信号通道，并通过方向控制寄存器 TRISA 和 TRISE 设置相应引脚为输入模式；通过寄存器 ADCON0 的 ADCS1～ADCS0 位(Bit7～Bit6)选择转换时钟；通过寄存器 ADCON1 的 ADFM 位(Bit7)配置转换结果组合方式；通过 ADCON0 的 ADON 位(Bit0)置位(ADON＝1)，打开 A/D 转换器。

如果需要 A/D 中断功能，还需进行 A/D 中断设置。将寄存器 PIR1 的 ADIF 位(Bit6)清零(ADIF＝0)；将寄存器 PIE1 的 ADIE 位(Bit6)置位(ADIE＝1)；由于 A/D 中断属于外部中断源，除了将中断控制寄存器 INTCON 的 GIE 位(Bit7)置位(GIE＝1)，还需将 PEIE 位(Bit6)置位(PEIE＝1)。

等待 A/D 采样结束后，通过设置 ADCON0 的 $GO/\overline{DONE}$ 位(Bit2)置位($GO/\overline{DONE}=1$)，启动 A/D 转换，然后等待 A/D 转换完成。其中，判断 A/D 转换是否完成的方法有 3 种：查询 $GO/\overline{DONE}$ 的状态，若 $GO/\overline{DONE}=0$，则转换完成；查询中断标志位 ADIF，若为 ADIF＝1，则转换完成；若响应 A/D 中断，则转换完成。

【实例 7-1】 模拟量可调输入电压(0～5V)经 10 位 A/D 转换后，其输出数据结果的高 8 位，送到端口 RC 以驱动 LED 显示。

思路分析：本例是一个 PIC16F877A 单片机 ADC 模块的应用实例。假设采用 RA0/AN0 作为 A/D 转换输入信道，选择内部 V_{DD} 和 V_{SS} 电源信号为参考电压 V_{REF}，选用系统 4MHz 振荡器的 8 分频为 A/D 转换时钟源。选择转换结果组合方式为左对齐，将 A/D 转换输出结果的高 8 位数据送入端口 RC 以驱动 LED 显示。采用查询 ADIF 方式判断 A/D 转换是否完成。

程序如下：

```
        LIST    P=16F877A
        INCLUDE "P16F877A.INC"          ; PIC16F877A 包含的头文件
        ORG     0000H
        NOP
        BSF     STATUS, RP0             ; 选择体 1
        MOVLW   0EH                     ; 仅 RA0 为模拟输入信道
        MOVWF   ADCON1
        MOVLW   01H                     ; RA0 为模拟输入信道
        MOVWF   TRISA
        CLRF    TRISC                   ; TRISC 定义为输出
        BCF     STATUS, RP0             ; 选择体 0
        MOVLW   40H
        MOVWF   ADCON0                  ; 转换时钟频率为 fOSC/8
        CLRF    PORTC                   ; PORTC 清零
        BSF     ADCON0, 0               ; ADC 进入准备状态
Main    BCF     PIR1, ADIF              ; ADIF 清零
        BSF     ADCON0, 2               ; 启动 ADC
WaitAD  BTFSS   PIR1, ADIF              ; 等待 A/D 转换完成
```

```
        GOTO        WaitAD
        MOVF        ADRESH, 0          ; 转换结果高 8 位传送给 W
        MOVWF       PORTC              ; 送到端口 RC 驱动 LED 显示
        GOTO        Main               ; 返回主程序,继续检测
        END
```

7.2　串行通信

在实际应用中,单片机往往需要与存储芯片、外围器件和 PC 等进行数据交流。单片机与其他设备的数据交流称为通信。通信方式可概括为两大类:并行通信和串行通信。采用并行通信时,数据可进行多位同步传送,如以字节为单位进行传送,即 8 位数据同时进行传送,需要 8 条数据线。并行通信具有传输速度快、传输效率高的优点,然而,需要较多的数据线,当远距离传输时硬件连接较为复杂,经济成本较高,因此并行通信较适合用于短距离传输。而采用串行通信时,数据逐位传输,此时需要的数据线较少,最少只需一根数据线即可,硬件连接较为简单,从而可以降低经济成本。但串行通信传输速度较慢。

目前,由于单片机工作效率的不断提高和串行通信的自身优点,串行通信在计算机通信领域得到了广泛的应用。PIC16F877 单片机配置的串行通信模块可分为两种类型,即主控同步串行通信(master synchronous serial port,MSSP)模块和通用同步/异步收发器(universal synchronous/asynchronous receiver transmitter,USART)模块,前者多用于系统内部芯片之间的近距离通信,工作模式可分为串行外围设备接口(serial peripheral interface,SPI)总线和 I^2C(inter integrated circuit)总线;后者多用于系统之间的远距离通信。

7.2.1　SPI 串行通信模块

串行外围设备接口(SPI)是一种单片机外设芯片串行扩展接口,是 Motorola 公司提出的一种串行通信标准。SPI 总线是一种全双工、多主控、分层的通信网络,其具有硬件功能较强,软件操作相对简单和引脚性价比高等特点,因此得到广泛的应用。

1. SPI 工作方式

SPI 采用全双工制式,可同时发送和接收数据,二者互不影响。其具有 4 根信号线,分别为主控器件输出线 SDO、主控器件输入线 SDI、同步串行时钟信号线 SCK 和从器件使能线 $\overline{SS}$。如图 7-4 所示为 SPI 主、从器件连接示意图。

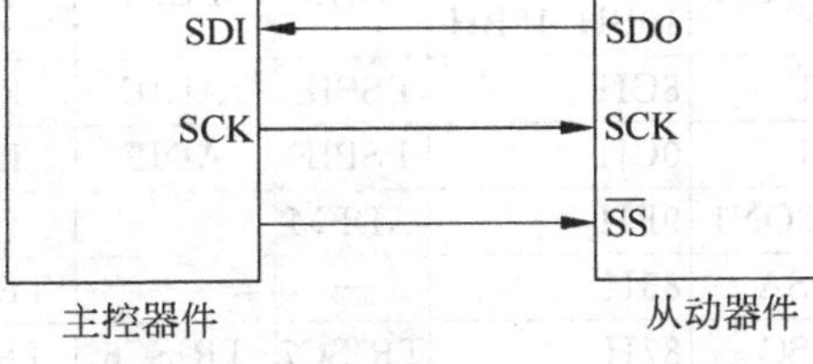

图 7-4　SPI 主、从器件连接示意图

主控器件为双方通信的主体,从动器件为通信的客体,二者进行全双工通信的连接方式。其 4 根信号线的定义如下:

1）SDO

主控器件输出线（serial data output，SDO），对应引脚 RC5/SDO，是主控器件向从动器件发送数据的信号线。数据传输的方向恒定，由主控器件中输出，向从动器件输入。数据传输以字节为单位，每次可传输单字节或多字节数据。当单字节发送时，从高位（most significant bit，MSB）到低位（least significant bit，LSB）逐位传送。

2）SDI

主控器件输入线（serial data input，SDI），对应引脚 RC4/SDI，是主控器件向从动器件读取数据的信号线。其数据传输特点与 SDO 相似，但数据传输方向相反。数据由从动器件中输出，向主控器件输入。一般情况下，SDI 可以不用，仅当需要从动器件返回数据时才启用。

3）SCK

同步串行时钟信号线（serial clock，SCK），对应引脚 RC3/SCK。SCK 的数据传输方向为由主控器件输出，向从动器件输入。用于输送主控器件产生的时序信号，协调控制主、从动器件之间数据传输的步调。

4）$\overline{SS}$

从动器件使能线 $\overline{SS}$，对应引脚 RA5/$\overline{SS}$。主、从器件之间有一个很重要的握手信号，即主控器件向从动器件发出数据传送命令的通知方式。在主控器件中，$\overline{SS}$ 一般不使用或者常接高电平；而当从动器件空闲时，$\overline{SS}$ 输入线必须接高电平。当主控器件需要对从动器件进行操作时，通过设置从动器件的信号线 $\overline{SS}$ 为低电平，让从动器件做好接收数据的准备。

拓展知识

MCS-51 单片机在使用串行接口 SPI 时，需要 4 条信号线：串行时钟线 SCK、主机输出/从机输入数据线 MOSI、主机输入/从机输出数据线 MISO 和低电平有效的从机选择线 CS（$\overline{SS}$）。其相应功能与 PIC 单片机大致相同。

2. 与 SPI 相关的寄存器

与 SPI 相关的特殊功能寄存器主要有 10 个，如表 7-4 所示，其功能如表 7-5 所示。

表 7-4　与 SPI 功能模块相关的寄存器

寄存器	地址	各位名称							
		Bit7	Bit6	Bit5	Bit4	Bit3	Bit2	Bit1	Bit0
INTCON	0BH/8BH/10BH/18BH	GIE	PEIE	T0IE	INTE	RBIE	T0IF	INTF	RBIF
PIE1	8CH	PSPIE	ADIE	RCIE	TXIE	SSPIE	CCP1IE	TMR2IE	TMR1IE
PIR1	0CH	PSPIF	ADIF	RCIF	TXIF	SSPIF	CCP1IF	TMR2IF	TMR1IF
ADCON1	9FH	ADFM	—	—	—	PCFG3	PCFG2	PCFG1	PCFG0
TRISA	85H	—	—	TRISA5	TRISA4	TRISA3	TRISA2	TRISA1	TRISA0
TRISC	87H	TRISC7	TRISC6	TRISC5	TRISC4	TRISC3	TRISC2	TRISC1	TRISC0

续表

寄存器	地址	各位名称							
		Bit7	Bit6	Bit5	Bit4	Bit3	Bit2	Bit1	Bit0
SSPBUF	13H	MSSP 接收/发送缓冲寄存器							
SSPCON	14H	WCOL	SSPOV	SSPEN	CKP	SSPM3	SSPM2	SSPM1	SSPM0
SSPSTAT	94H	SMP	CKE	D/$\overline{A}$	P	S	R/$\overline{W}$	UA	BF
SSPSR	—	MSSP 接收/发送移位寄存器							

注：阴影部分与 SPI 模块功能无关。

表 7-5　与 SPI 功能模块相关寄存器的功能

寄　存　器	寄存器简称	功　　能
中断控制寄存器	INTCON	SPI 的中断状态受控于 GIE 和 PEIE
第一外围中断使能寄存器	PIE1	涉及 SSP 中断使能位 SSPIE
第一外围中断标志寄存器	PIR1	涉及 SSP 中断标志位 SSPIF
ADC 控制寄存器	ADCON1	定义引脚 RA5 为输入/输出数字通道
RA 方向控制寄存器	TRISA	设置引脚 RA5 为输入方式
RC 方向控制寄存器	TRISC	SPI 通信专用数据 I/O 通道和时序同步信号
收/发数据缓冲寄存器	SSPBUF	SPI 通信收/发数据专用寄存器
同步串行控制寄存器	SSPCON	定义 SPI 通信的工作方式、空闲时钟电平选择、主同步功能使能、接收溢出和发送冲突反馈，以及时序信号频率的选择
同步串行状态寄存器	SSPSTAT	记录 MSSP 模块的各种工作状态
移位寄存器	SSPSR	无编址

1) SSPSTAT

同步串行状态寄存器 SSPSTAT，用于记录 MSSP 模块的各种工作状态，包括时钟边沿选择位、缓冲寄存器满标志位和 SPI 通信的采样控制位。其高 2 位可进行读/写操作，但其低 6 位只能进行读操作。

Bit7	Bit6	Bit5	Bit4	Bit3	Bit2	Bit1	Bit0
SMP	CKE	D/$\overline{A}$	P	S	R/$\overline{W}$	UA	BF

BF(Bit0)：被动参数，缓冲寄存器 SSPBUF 的满标志位，仅用于 SPI 接收状态。

- 0：表示接收缓冲寄存器为空。
- 1：表示接收缓冲寄存器已满。

CKE(Bit6)：主动参数，时钟边沿选择位。其定义与 SSPCON 寄存器的 CKP 位有关。

当 CKP=0 时，表示静态电平为低电平：

- 0：在串行时钟 SCK 的下降沿发送数据。
- 1：在串行时钟 SCK 的上升沿发送数据。

当 CKP=1 时，表示静态电平为高电平：

- 0：在串行时钟 SCK 的上升沿发送数据。
- 1：在串行时钟 SCK 的下降沿发送数据。

SMP(Bit7)：主动参数，SPI 通信采样控制位。在从动方式下，该位固定为 0；在主控方式下可以选择两种不同的采样方式：

- 0：在信号中间对输入数据进行采样。
- 1：在信号末尾对输入数据进行采样。

2) SSPCON

同步串行控制寄存器 SSPCON，是一个可读/写操作的功能寄存器。其涉及信息广泛，包括了 SPI 通信工作方式、空闲时钟电平选择、主同步功能使能、接收溢出和发送冲突反馈，以及时序信号频率选择。

Bit7	Bit6	Bit5	Bit4	Bit3	Bit2	Bit1	Bit0
WCOL	SSPOV	SSPEN	CKP	SSPM3	SSPM2	SSPM1	SSPM0

SSPM3～SSPM0(Bit3～Bit0)：主动参数，同步串口 SPI 工作方式选择位。涉及主控方式下频率选择位和从动方式下 $\overline{SS}$ 的使能位，其方式选择位如表 7-6 所示。

表 7-6 同步串口 SPI 方式选择位

工作方式	SSPM3～SSPM0	时钟	$\overline{SS}$ 功能
主控方式	0000	$f_{OSC}/4$	—
	0001	$f_{OSC}/16$	—
	0010	$f_{OSC}/64$	—
	0011	TMR2 输出/2	—
从动方式	0100	引脚 SCK 输入	使能引脚 $\overline{SS}$ 功能
	0101	引脚 SCK 输入	关闭引脚 $\overline{SS}$ 功能

CKP(Bit4)：主动参数，空闲时钟电平选择位。

- 0：表示空闲时钟处于低电平。
- 1：表示空闲时钟处于高电平。

SSPEN(Bit5)：主动参数，同步串行接口 MSSP 使能位。

- 0：表示禁止串行端口功能。此时，SCK、SDO、SDI 和 $\overline{SS}$ 四个引脚可作为通用数字 I/O 口。
- 1：表示使能串行端口功能。此时，SCK、SDO、SDI 和 $\overline{SS}$ 作为 SPI 通信专用通道。

注意，还需要在方向控制寄存器中设置相应引脚的输入/输出模式。

SSPOV(Bit6)：被动参数，接收溢出标志位。当前一个数据还未被接收缓冲寄存器 SSPBUF 读取完毕时，若有新的数据传送到移位寄存器 SSPSR，称为接收溢出。这将会导致移位寄存器 SSPSR 的数据丢失，应该杜绝该现象的发生。

- 0：表示未发生接收溢出。
- 1：表示已发生接收溢出。

WCOL(Bit7)：被动参数，写操作冲突检测位。当移位寄存器 SSPSR 未完成发送前一个数据时，若有新的数据写入缓冲寄存器 SSPBUF，称为写操作冲突。实际操作时应杜绝该现象的发生。

- 0：表示未发生写操作冲突。
- 1：表示已发生写操作冲突。

3）SSPBUF

缓冲寄存器 SSPBUF 是一个可读/写的寄存器，与内部总线连接。用户不仅可直接向寄存器 SSPBUF 写入要发送的数据，也可从寄存器 SSPBUF 读出接收到的数据。

Bit7	Bit6	Bit5	Bit4	Bit3	Bit2	Bit1	Bit0
MSSP 接收/发送数据串行移位空间							

4）SSPSR

在 SPI 模式下，移位寄存器 SSPSR 是主、从器件进行数据发送和接收的重要器件。移位寄存器 SSPSR 可以通过硬件直接加载缓冲寄存器 SSPBUF 的数据并从引脚 SDO 逐位发送，也可从引脚 SDI 逐位接收数据并传送到缓冲寄存器 SSPBUF。

Bit7	Bit6	Bit5	Bit4	Bit3	Bit2	Bit1	Bit0
MSSP 接收/发送数据缓冲空间							

3. SPI 模式的工作原理

SPI 模块电路的基本结构如图 7-5 所示，主要包括数据发送/接收部分和时钟信号部分。

1）数据发送过程

发送数据时，数据以 1 个字节为单位，通过内部数据总线传输到发送缓冲寄存器 SSPBUF；然后，系统将数据自动传输到移位寄存器 SSPSR；最后，根据时钟信号，移位寄存器 SSPSR 的数据从高位(MSB)向低位(LSB)通过引脚 SDO 逐位发送出去。

2）数据接收过程

接收数据时，根据时钟信号，数据通过引脚 RC4/SDI 从高位向低位逐位传送到移位寄存器 SSPSR，经过 8 个周期信号后，完成 8 位数据的传输；然后，移位寄存器 SSPSR 的数据自动传输到接收缓冲寄存器 SSPBUF，同时把接收缓冲寄存器 SSPBUF 的满标志位 BF 和中断标志位 SSPIF 置位，即同步串行状态寄存器 SSPSTAT 的 Bit0＝1 和第一外围中断标志寄存器 PIR1 的 Bit3＝1。当中断控制寄存器 INTCON 的总中断使能位 GIE(Bit7)和外围中断使能位 PEIE(Bit6)，以及第一外围中断使能寄存器 PIE1 的串行通信中断使能位 SSPIE(Bit3)置 1 时，CPU 将接收 SPI 模块的中断请求。缓冲寄存器 SSPBUF 的数据由程序及时读取，避免被新的输入数据所覆盖。

3）时钟信号选择

从图 7-5 中可以看出，SPI 模块的 3 种时钟信号来源，包括引脚 RC3/SCK 的输入信号、定时器 TMR2 和系统时钟经过预分频器的输出信号，可通过寄存器 SSPCON 的 SSPM3～SSPM0 位组合来选择时钟信号源，详见表 7-6。在主控方式下，各个信号的时序关系如图 7-6 所示。在从动方式下，即使单片机在睡眠时，SPI 模块仍能进行数据接收，而且可通过中断唤醒 CPU。

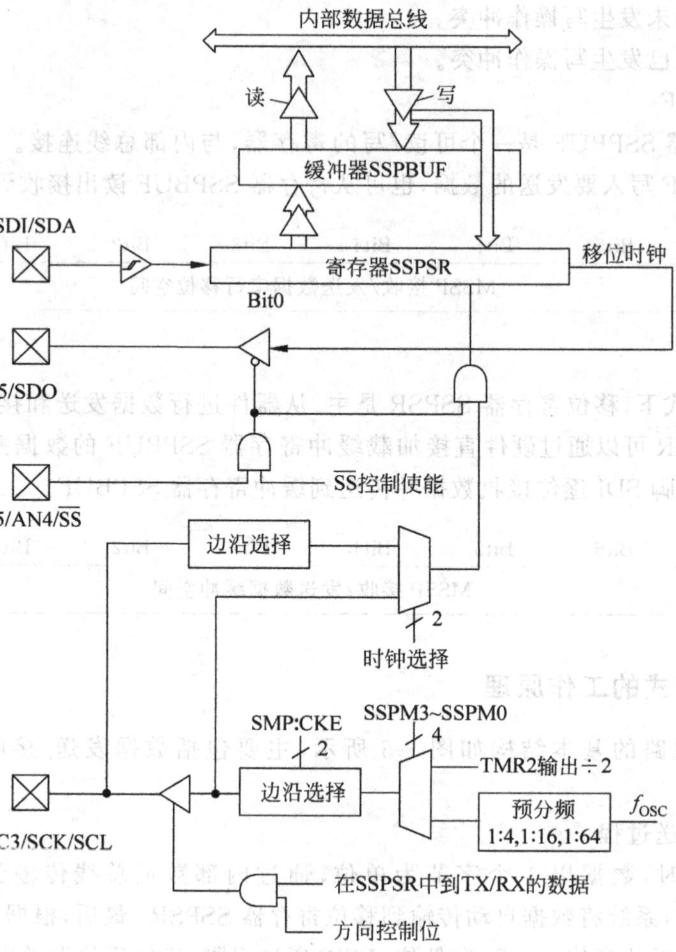

图 7-5　SPI 模块电路结构示意图

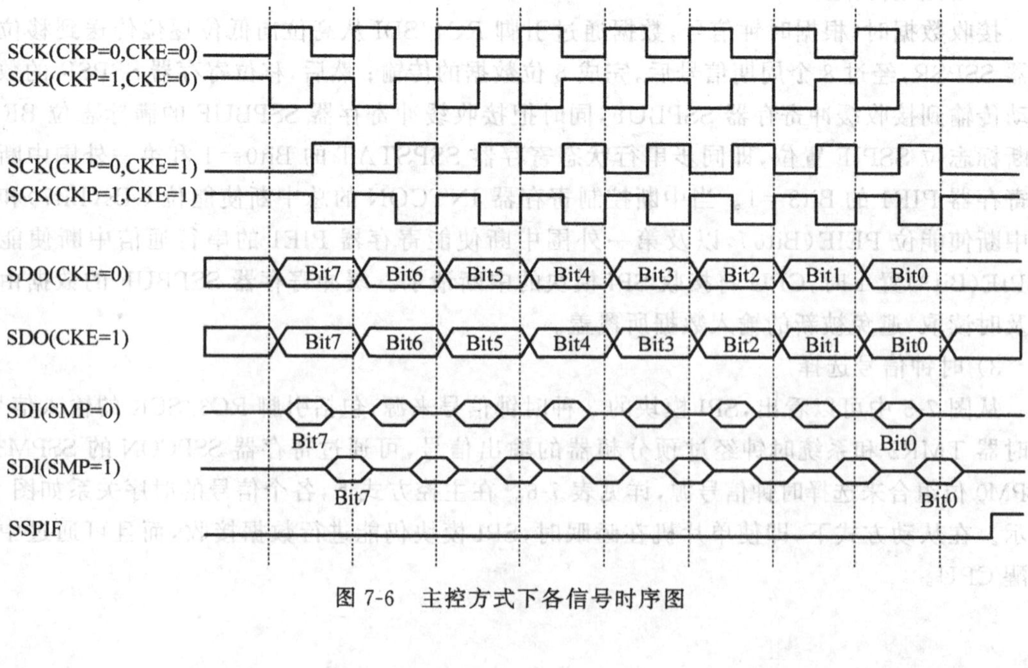

图 7-6　主控方式下各信号时序图

拓展知识

与PIC单片机相似，MCS-51单片机在SPI模式下传输8位数据；当采用SPI总线时，也分主、从器件操作模式，其核心部件也是移位寄存器。不同的是，MCS-51单片机需要利用3～4根I/O口线进行SPI外设芯片扩展。当SPI工作时，在MCS-51单片机移位寄存器中，8位数据从高位到低位通过输出引脚MOSI逐位发送，同时从输入引脚MISO接收的数据从高位到低位送入到移位寄存器。一个字节发送完成后，从另一个外围器件接收的字节数据送入移位寄存器。主动器件的时钟信号SCK使数据传输同步。

MCS-51单片机进行读操作，即数据由从器件输出时，在引脚CS有效的情况下，SCK信号的下降沿时，从动器件通过MISO线传输数据，单片机对其进行延时采样，并将相应数据位读入，在SCK的上升沿锁存数据。

MCS-51单片机进行写操作，即数据由从器件输入时，在引脚CS有效的情况下，SCK信号的下降沿时，从动器件通过MOSI线传输数据，从器件对其进行延时采样，并将相应数据位送入，在SCK的上升沿锁存数据。

7.2.2 I^2C 串行通信模块

I^2C 总线是由Philips公司推出的一种用于芯片间串行通信总线的标准。其工作性能稳定，目前已被广泛应用于各个领域，如面向系统内部的应用（手机中的双音多频拨号器和电视机内的图像处理等），面向外围器件的连接（I/O、ADC和传感器等）。

I^2C 总线结构简单，使用二线制总线拓扑结构（即数据线和时钟线）。I^2C 采用主、从器件分时合用一条数据线的数据传输方式。

1. I^2C 总线信号线

I^2C 总线仅靠两根信号线便可实现单工或者双工同步数据传送。这两根信号线是同步串行数据线SDA和同步串行时钟线SCL。

1）数据线SDA

同步串行数据线SDA是进行数据传输的信号线，其与端口RC(RC4/SDI/SDA)复合。通常数据在传输过程中的流向是交变的，在主、从通信双方之间同步传送。数据在传输时，必须包括一些固有成分，如主、从双方之间通信的启动信号和停止信号。

2）时钟线SCL

同步串行时钟线SCL是进行数据传输的时钟线，其与端口RC(RC3/SCK/SCL)复合。时钟信号由主控器件发出，协调主、从通信双方之间数据传输的节奏。通常，数据线SDA和时钟线SCL在空闲时为高电平，只有在SCL为低电平时，才允许数据线SDA的电平变化。

拓展知识

MCS-51 单片机需要通过 3～4 根 I/O 线进行外部扩展芯片，方可实现 I²C 总线通信。其总线结构和 PIC 单片机相似，也是由数据线 SDA 和时钟线 SCL 构成。

2. I²C 数据传输

进行一次 I²C 数据通信，需要经过以下 4 个步骤：

(1) 当总线空闲时，主控器件发出一个启动信号。在时钟线 SCL 检测为高电平时，数据线 SDA 的电平被拉低，即启动信号 START。

(2) 在紧接的 8 个时钟周期里，主控器件发送一个 8 位的地址信息，包含了 7 位的地址识别码和 1 位 R/$\overline{W}$ 信息。当接收到该信息后，从动器件对比接收的地址识别码和从动器件的识别码，与之相匹配的从动器件将在第 9 个时钟周期反馈一个有效应答信号 $\overline{ACK}$。

(3) 读写控制位 R/$\overline{W}$ 控制数据传送方向，当 R/$\overline{W}$=0 时，表示本次通信中，主控器件对从动器件的数据进行“写”操作；当 R/$\overline{W}$=1 时，表示该次通信中，主控器件对从动器件的数据进行“读”操作。每发送或接收一个字节的数据之后必须在第 9 个时钟周期接收到一个应答信号 $\overline{ACK}$ 才能进行下一个字节的传送。若在主控器件对从动器件的数据进行“读/写”操作时出现非应答信号，则终止数据传输。

(4) 数据传输完成后，主控器件可以通过发送一个停止信号 STOP 终止数据传送。即时钟信号线 SCL 为高电平时，数据线 SDA 产生一个上升沿。从动器件可以发送一个非应答信号 NACK，配合主控器件，终止数据的传送。

如图 7-7 和图 7-8 所示分别为主控器件向从动器件发送数据和读数据的时序图。

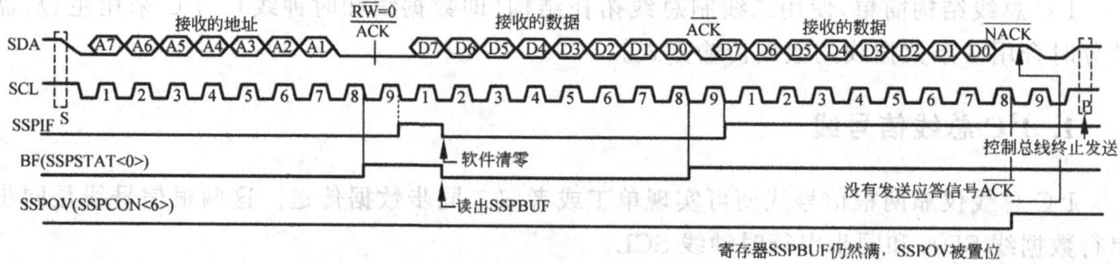

图 7-7　主控器件向从动器件发送数据时序图

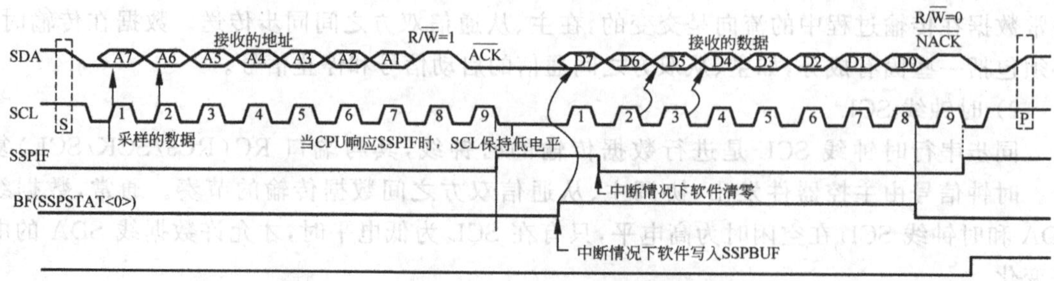

图 7-8　主控器件向从动器件读数据时序图

拓展知识

除了启动和停止信号的检测之外，MCS-51 单片机的 I^2C 数据传输过程大致与 PIC 单片机一致。PIC 单片机具有 I^2C 总线接口，可容易地检测到启动信号和停止信号，由总线接口电路向 CPU 发中断申请方式，而对于需要通过外部扩展的 MCS-51 单片机，其片内无 I^2C 总线接口电路，需要通过软件持续监视总线的工作状态。

3. 与 I^2C 总线模式相关的寄存器

I^2C 串行通信主要涉及 12 个特殊功能寄存器，如表 7-7 所示。其功能如表 7-8 所示。

表 7-7 与 I^2C 串行通信相关的寄存器

寄存器	地址	各位名称							
		Bit7	Bit6	Bit5	Bit4	Bit3	Bit2	Bit1	Bit0
INTCON	0BH/8BH/10BH/18BH	GIE	PEIE	T0IE	INTE	RBIE	T0IF	INTF	RBIF
PIE1	8CH	PSPIE	ADIE	RCIE	TXIE	SSPIE	CCP1IE	TMR2IE	TMR1IE
PIR1	0CH	PSPIF	ADIF	RCIF	TXIF	SSPIF	CCP1IF	TMR2IF	TMR1IF
PIE2	8DH	—	—	—	EEIE	BCLIE	—	—	CCP2IE
PIR2	0DH	—	—	—	EEIF	BCLIF	—	—	CCP2IF
TRISC	87H	TRISC7	TRISC6	TRISC5	TRISC4	TRISC3	TRISC2	TRISC1	TRISC0
SSPBUF	13H	SSP 接收/发送缓冲寄存器							
SSPCON	14H	WCOL	SSPOV	SSPEN	CKP	SSPM3	SSPM2	SSPM1	SSPM0
SSPCON2	91H	GCEN	ACKSTAT	ACKDT	ACKEN	RCEN	PEN	RSEN	SEN
SSPADD	93H	I^2C 从动方式存放从器件地址/I^2C 主控方式存放波特率值							
SSPSTAT	94H	SMP	CKE	$D/\overline{A}$	P	S	$R/\overline{W}$	UA	BF
SSPSR	—	I^2C 接收/发送移位寄存器							

注：阴影部分与 I^2C 模块功能无关。

表 7-8 与 I^2C 串行通信相关寄存器的功能

寄 存 器	简 称	功 能
中断控制寄存器	INTCON	控制 SSP 的中断状态
第一外围中断使能寄存器	PIE1	涉及 SSP 中断使能位 SSPIE
第一外围中断标志寄存器	PIR1	涉及 SSP 中断标志位 SSPIF
第二外围中断使能寄存器	PIE2	涉及 I^2C 总线冲突中断使能位
第二外围中断标志寄存器	PIR2	涉及 I^2C 总线冲突中断标志位
RC 方向寄存器	TRISC	I^2C 通信专用数据 I/O 通道和时序同步信号
收/发数据缓冲寄存器	SSPBUF	I^2C 通信收/发数据专用寄存器
同步串行控制寄存器	SSPCON	设置 I^2C 工作模式，发送冲突/接收溢出标志位，主/从方式选择

续表

寄存器	简称	功能
同步串行控制寄存器	SSPCON2	用于I^2C通信的工作模式的功能设置，定义各类信号的使能情况
从动器件地址/波特率寄存器	SSPADD	用于10位地址或波特率发生器
同步串行状态寄存器	SSPSTAT	定义SPI通信的各种工作状态
移位寄存器	SSPSR	无编址

1）SSPCON

同步串行控制寄存器SSPCON是一个可进行读/写操作的功能寄存器，涉及I^2C模块工作模式的设定、发送冲突/接收溢出标志位及主/从方式和地址选择等。

Bit7	Bit6	Bit5	Bit4	Bit3	Bit2	Bit1	Bit0
WCOL	SSPOV	SSPEN	CKP	SSPM3	SSPM2	SSPM1	SSPM0

SSPM3～SSPM0（Bit3～Bit0）：主动参数，涉及同步串行I^2C工作方式、寻址方式选择位和同步串口MSSP方式选择位，如表7-9所示。

表7-9 同步串口MSSP方式选择位

工作方式	SSPM3～SSPM0	寻址方式
从动方式	0110	7位寻址
	0111	10位寻址
主控方式	1000	时钟为$f_{OSC}/[4\times(SSPADD+1)]$
	1011	从动器件空闲
	1110	启动位、停止位，被允许中断的7位寻址
	1111	启动位、停止位，被允许中断的10位寻址

CKP（Bit4）：主动参数，在I^2C从动方式下，作为SCL时钟使能位。

- 0：将SCL拉低并保持一定时间（时钟延长），以确保数据建立所需的时间。
- 1：时钟正常工作（释放时钟线）。

SSPEN（Bit5）：主动参数，同步串口MSSP使能位。对于I^2C模式，必须确保SCK设定为输出状态，而SDA可随时切换输入/输出状态。

- 0：表示关闭串行端口功能，SDA和SCL作为通用I/O口。
- 1：表示允许串行端口功能，SDA和SCL作为I^2C总线引脚。

SSPOV（Bit6）：被动参数，接收溢出标志位。

- 0：表示未发生接收溢出。
- 1：表示已发生接收溢出。

WCOL（Bit7）：被动参数，写操作冲突检测位。当移位寄存器SSPSR未完成发送前一个数据时，有新的数据写入缓冲寄存器SSPBUF，称为写操作冲突。实际操作时应杜绝该现象的发生。

- 0：表示未发生写操作冲突。
- 1：表示已发生写操作冲突。

2）SSPCON2

同步串行控制寄存器 SSPCON2 是一个可被读/写的寄存器，主要涉及 MSSP 模块的 I^2C 总线模式的主控功能，控制 I^2C 总线方式各类信号的使能状况。

Bit7	Bit6	Bit5	Bit4	Bit3	Bit2	Bit1	Bit0
GCEN	ACKSTAT	ACKDT	ACKEN	RCEN	PEN	RSEN	SEN

SEN(Bit0)：复合参数，启动信号时序发送使能位。

- 0：在 I^2C 传输线上未建立启动信号时序。
- 1：在 I^2C 传输线上建立并发送一个启动信号时序(硬件自动清零)。

RSEN(Bit1)：复合参数，重启信号时序发送使能位。

- 0：在 I^2C 传输线上未建立重启信号时序。
- 1：在 I^2C 传输线上建立并发送一个重启信号时序(硬件自动清零)。

PEN(Bit2)：复合参数，停止信号时序发送使能位，仅用于 I^2C 主控方式。

- 0：在 I^2C 传输线上未建立停止信号时序。
- 1：在 I^2C 传输线上建立并发送一个停止信号时序(硬件自动清零)。

RCEN(Bit3)：主动参数，接收使能位。

- 0：禁止 I^2C 接收模式。
- 1：使能 I^2C 接收模式，产生时序信号。

ACKEN(Bit4)：复合参数，应答信号时序发送使能位。只在主控接收方式使用。

- 0：在 I^2C 传输线上未建立应答信号时序。
- 1：在 I^2C 传输线上建立并发送一个有效的应答信号时序(硬件自动清零)。

ACKDT(Bit5)：主动参数，应答信息位。I^2C 总线处于主控方式时，每完成一个字节数据的接收，主控器件应给从动器件回送一个应答信号。

- 0：回送有效应答信号($\overline{ACK}$)。
- 1：回送非应答信号($\overline{NACK}$)。

ACKSTAT(Bit6)：被动参数，应答状态位。I^2C 总线处于主控方式时，主动器件自动接收由从动器件发出的应答信号。

- 0：表示已收到由从动器件发出的有效应答信号($\overline{ACK}$)。
- 1：表示未收到由从动器件发出的有效应答信号($\overline{NACK}$)。

GCEN(Bit7)：主动参数，通用呼叫地址使能位。

- 0：禁止使用通用呼叫地址方式寻址。
- 1：使能通用呼叫地址方式寻址。

3）SSPSTAT

同步串行状态寄存器 SSPSTAT 是一个 8 位寄存器，其高 2 位可读/写，而低 6 位只可读。寄存器 SSPSTAT 可用于记录 MSSP 模块的多种工作状态，包括 I^2C 总线转换率、数据地址标志、读/写信息、总线输入电平规范选择等。

Bit7	Bit6	Bit5	Bit4	Bit3	Bit2	Bit1	Bit0
SMP	CKE	$D/\overline{A}$	P	S	$R/\overline{W}$	UA	BF

BF(Bit0)：被动参数，缓冲器满标志位。

在接收时：

• 0：表示缓冲器 SSPBUF 接收未完成，缓冲器 SSPBUF 为空。

• 1：表示缓冲器 SSPBUF 接收已完成，缓冲器 SSPBUF 已满。

在发送时：

• 0：表示缓冲器 SSPBUF 发送已完成，缓冲器 SSPBUF 已空。

• 1：表示缓冲器 SSPBUF 发送未完成，缓冲器 SSPBUF 仍然为满。

UA(Bit1)：被动参数，地址更新标志位。仅用于 I^2C 总线的 10 位地址寻址方式。

• 0：表示无需更新寄存器 SSPADD 中的地址。

• 1：表示需要更新寄存器 SSPADD 中的地址(硬件自动置位)。

$R/\overline{W}$(Bit2)：被动参数，读/写信息位。该位决定 I^2C 总线的主、从数据传送方向。

在主控方式下：

• 0：表示没有进行发送。

• 1：表示正在进行发送。

在从动方式下：

• 0：表示写数据操作。

• 1：表示读数据操作。

S(Bit3)：被动参数，启动位。当 SSPEN＝0，MSSP 模块关闭时，复位清零。仅用于 I^2C 总线。

• 0：表示当前没有检测到启动位。

• 1：表示当前检测到了启动位。

P(Bit4)：被动参数，停止位。当 SSPEN＝0，MSSP 模块关闭时，复位清零。仅用于 I^2C 总线。

• 0：表示当前没有检测到停止位。

• 1：表示当前检测到了停止位。

$D/\overline{A}$(Bit5)：被动参数，数据地址标志位。表示此次传送的信息类型，仅用于 I^2C 总线。

• 0：表示此次传送的字节是地址。

• 1：表示此次传送的字节是数据。

CKE(Bit6)：主动参数，I^2C 总线输入电平标准选择位。

• 0：总线输入电平符合 I^2C 总线标准。

• 1：总线输入电平符合 SMBus 总线标准。

SMP(Bit7)：主动参数，在 I^2C 总线转换率控制位。

• 0：打开速度控制，采用快速 F 模式(400kb/s)。

• 1：关闭速度控制，采用标准 S 模式(100kb/s)。

4) SSPADD

寄存器 SSPADD 处于两种不同的工作方式时具有不同的功能：在主控方式下，SSPADD 的低 7 位作为加载波特率发生器 BRG 的定时常数；在从动方式下，SSPADD 用于作为从动器件的地址寄存器。在 10 位寻址方式下，需要先写入地址的高字节($1111\ 0A_9A_80$)，一且高字节和所接收到的地址匹配，再把低字节（$A_7 \sim A_0$）写入。

Bit7	Bit6	Bit5	Bit4	Bit3	Bit2	Bit1	Bit0
I²C 从动方式存放从动器件地址/I²C 主控方式存放波特率值							

4. I²C 主控的工作原理

1）主控方式

I²C 在主控工作方式下的结构如图 7-9 所示。在主控方式下，同步串行数据线 SDA 设置为输出（寄存器 TRISC 的 Bit4=0），串行时钟线 SCL 的状态取决于数据和返回信号的方向。在发送数据之前，主控器件需通过引脚 RC3 和 RC4 向从动器件发送一个启动信号 START。发送的第一个字节是地址信息，由从动器件的 7 位地址和读/写信息位 $R/\overline{W}$ 构成，此时 $R/\overline{W}$ 位须为逻辑“0”。主控器件每发送一个 8 位的数据，即每个字节发送完成后，都需要等待接收一个从动器件发送的有效应答信号 $\overline{ACK}$，才能继续发送下一个数据。主控器件在发送一个或多个数据字节后，从动器件返回一个非应答信号 $\overline{NACK}$，主动器件将立即给出停止信号 STOP，表明一次数据传送结束。

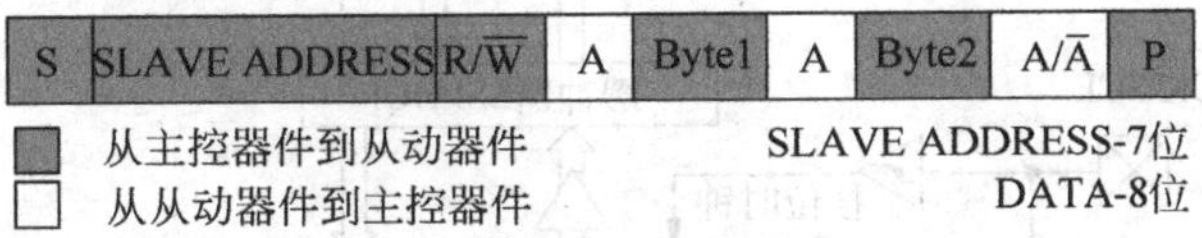

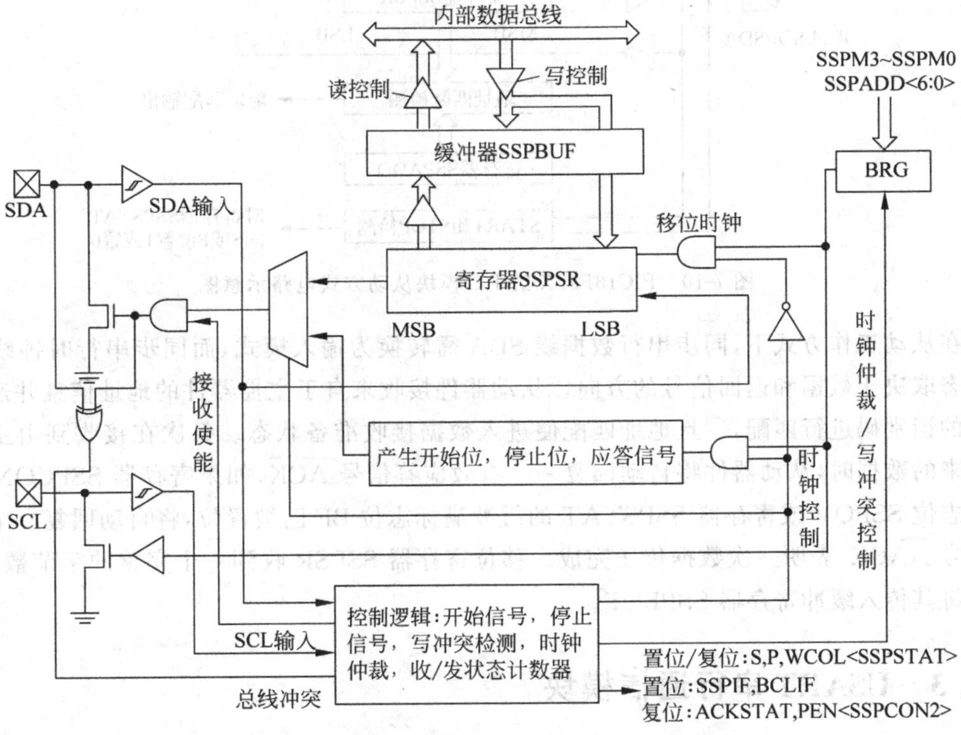

图 7-9　I²C 在主控方式下的结构图

2）从动方式

I^2C 在从动工作方式下的结构如图 7-10 所示。在从动工作方式下，同步串行数据线 SDA 需设置为输入（寄存器 TRISC 的 Bit4=1），而同步串行时钟线 SCL 的状态取决于数据和返回信号的方向。从动器件接收来自于主控器件的地址信息并逐位与自身的识别码进行匹配，一旦地址匹配便进入数据接收准备状态。通常在每次接收到从主控器件发送的数据时，从动器件将自动回复一个有效应答信号 $\overline{\text{ACK}}$。但是，若寄存器 SSPCON 的溢出标志位 SSPOV 或寄存器 SSPSTAT 的缓冲满标志位 BF 已被置位，将自动回复一个非应答信号 $\overline{\text{NACK}}$，表明一次数据传送完成。移位寄存器 SSPSR 接收到一个完整的字节数据后，立刻将其传入缓冲寄存器 SSPBUF。

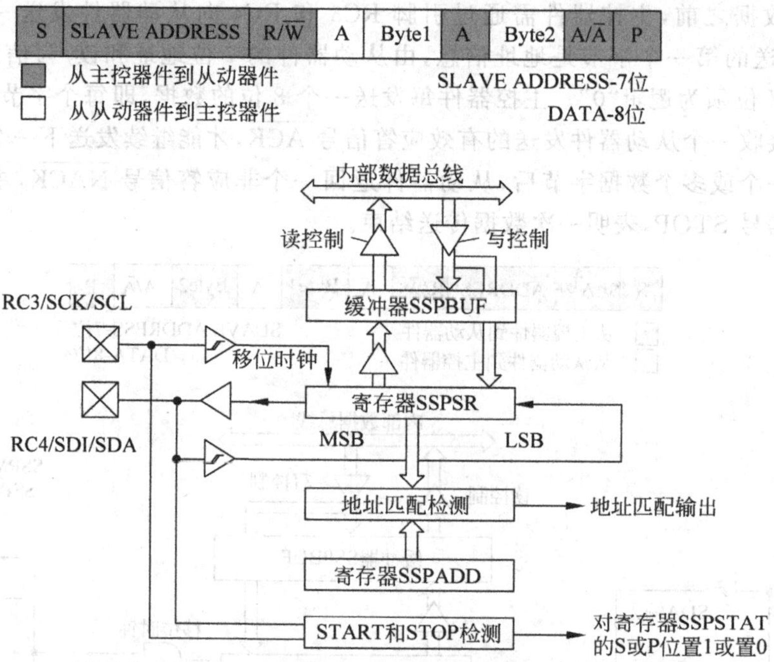

图 7-10　PIC16F87X 的 I^2C 模块从动方式电路示意图

在从动工作方式下，同步串行数据线 SDA 需转换为输入模式，而同步串行时钟线 SCL 的状态取决于数据和返回信号的方向。从动器件接收来自于主控器件的地址信息并逐位与自身的识别码进行匹配，一旦地址匹配便进入数据接收准备状态。每次在接收到由主控器件发来的数据时，从动器件将自动回复一个有效应答信号 $\overline{\text{ACK}}$，如果寄存器 SSPCON 的溢出标志位 SSPOV 或寄存器 SSPSTAT 的缓冲满标志位 BF 已被置位，将自动回复一个非应答信号 $\overline{\text{NACK}}$，表明一次数据传送完成。移位寄存器 SSPSR 收到一个完整的字节数据后，立刻将其传入缓冲寄存器 SSPBUF。

7.2.3　USART 串行通信模块

在微机系统设计和接口技术中，为使 CPU 能与外围扩展设备进行通信，片内除了有同步串行口（synchronous serial port，SSP）外，还有通用的串行通信接口（serial communication interface,SCI),即通用同步/异步收发器(universal synchronous/asynchronous receiver transmitter,USART)串行接口。PIC16F877单片机内部集成的USART模块是一种二线制串行通信接口,其工作方式可分为3种:全双工异步方式、半双工同步主控方式和半双工同步从动方式。与MSSP模块不同,USART模块多用于与外部设备远距离通信。

拓展知识

MCS-51单片机除了具有4个8位并行口之外,也具有串行接口。此串行接口是一个全双工串行通信接口,与PIC单片机不同的是,其可作通用异步接收/发送器(UART),不可作通用同步接收发送器(USRT),但可作同步移位寄存器。

1. 与USART模块相关的寄存器

USART模块主要涉及10个特殊功能寄存器,如表7-10所示,其功能如表7-11所示。

表7-10 USART模块涉及的寄存器

寄存器	地址	各位名称							
		Bit7	Bit6	Bit5	Bit4	Bit3	Bit2	Bit1	Bit0
INTCON	0BH/8BH/10BH/18BH	GIE	PEIE	T0IE	INTE	RBIE	T0IF	INTF	RBIF
PIE1	8CH	PSPIE	ADIE	RCIE	TXIE	SSPIE	CCP1IE	TMR2IE	TMR1IE
PIR1	0CH	PSPIF	ADIF	RCIF	TXIF	SSPIF	CCP1IF	TMR2IF	TMR1IF
TRISC	87H	TRISC7	TRISC6	TRISC5	TRISC4	TRISC3	TRISC2	TRISC1	TRISC0
PORTC	07H	PORTC7	PORTC6	PORTC5	PORTC4	PORTC3	PORTC2	PORTC1	PORTC0
TXSTA	98H	CSRC	TX9	TXEN	SYNC	—	BRGH	TRMT	TX9D
RCSTA	18H	SPEN	RX9	SREN	CREN	ADDEN	FERR	OERR	RX9D
TXREG	19H	USART发送缓冲寄存器							
RCREG	1AH	USART接收缓冲寄存器							
SPBRG	99H	波特率发生器产生波特率的定义值							

注:阴影部分与USART模块功能无关。

表7-11 与USART模块相关寄存器的功能

寄 存 器	寄存器简称	功 能
中断控制寄存器	INTCON	控制USART的中断状态
第一外围中断使能寄存器	PIE1	涉及USART收/发中断使能位SSPIE
第一外围中断标志寄存器	PIR1	涉及USART收/发中断标志位SSPIF
RC方向控制寄存器	TRISC	选择USART通信引脚的输入/输出方式
发送状态兼控制寄存器	TXSTA	数据发送方式和同步/异步模式选择
接收状态兼控制寄存器	RCSTA	数据接收方式选择和串行端口使能状态控制
发送缓冲寄存器	TXREG	数据发送的缓存空间
接收缓冲寄存器	RCREG	数据接收的缓存空间
波特率寄存器	SPBRG	波特率发生器

1) TXSTA

发送状态兼控制寄存器 TXSTA,主要用于时钟源选择、发送数据帧结构长度选择、数据发送状态使能、同步/异步模式选择以及高/低波特率选择等。寄存器 TXSTA 的 Bit3 位是无效定义,Bit1 位只读,其余位可读/写。

Bit7	Bit6	Bit5	Bit4	Bit3	Bit2	Bit1	Bit0
CSRC	TX9	TXEN	SYNC	—	BRGH	TRMT	TX9D

TX9D(Bit0):被动参数,按9位数据帧结构形式发送数据时的第9位数据,即校验位或标识位。

- 0:表示第9位发送数据为0。
- 1:表示第9位发送数据为1。

TRMT(Bit1):被动参数,移位寄存器 TSR 的"空"状态标志位。

- 0:移位寄存器 TSR 未空。
- 1:移位寄存器 TSR 已空。

BRGH(Bit2):主动参数,控制高/低波特率的选择,只用于异步模式。

- 0:使用低速波特率。
- 1:使用高速波特率。

SYNC(Bit4):主动参数,同步/异步工作模式选择位。

- 0:选择异步模式 USAT。
- 1:选择同步模式 USRT。

TXEN(Bit5):主动参数,发送状态使能位。

- 0:禁止 USART 发送数据功能。
- 1:使能 USART 发送数据功能。

TX9(Bit6):主动参数,发送数据长度选择位。

- 0:按8位数据格式发送。
- 1:按9位数据格式发送(8位数据加1位校验或标识位)。

CSRC(Bit7):主动参数,时钟源选择位,只适用于同步模式。

- 0:选择从动方式,时钟信号来源于外部输入。
- 1:选择主控方式,主控器件的波特率发生器产生时钟信号。

2) RCSTA

接收状态兼控制寄存器 RCSTA 是一个除了 Bit2~Bit0 只读,其他位可读/写的寄存器。其主要控制串行端口使能、单字节接收数据使能、地址匹配检测使能、接收数据帧结构长度选择,以及控制数据接收格式和方式等,可反馈数据接收状态。

Bit7	Bit6	Bit5	Bit4	Bit3	Bit2	Bit1	Bit0
SPEN	RX9	SREN	CREN	ADDEN	FERR	OERR	RX9D

RX9D(Bit0):被动参数,第9位接收数据,即校验位或标识位。

- 0:第9位接收数据为0。

• 1：第9位接收数据为1。

OERR(Bit1)：被动参数，数据接收溢出标志位。

• 0：未发生接收溢出错误。

• 1：已发生接收溢出，可通过清零 CREN 位来复位。

FERR(Bit2)：被动参数，数据帧格式错误标志位，仅用于异步接收模式。

• 0：未发生帧格式错误。

• 1：已发生帧格式错误。

ADDEN(Bit3)：主动参数，地址匹配检测使能位，只适用于接收9位数据(RX=9时生效)。

• 0：禁止地址匹配检测功能。

• 1：使能地址匹配检测功能。

CREN(Bit4)：主动参数，连续接收数据使能位，优先级比 SREN 高。

• 0：禁止连续接收功能。

• 1：允许连续接收功能。

SREN(Bit5)：主动参数，单字节接收数据使能位，只适用于同步方式。

• 0：禁止 USART 单字节接收功能。

• 1：允许 USART 单字节接收功能。

RX9(Bit6)：主动参数，接收数据帧结构长度选择位。

• 0：选择8位数据帧结构接收。

• 1：选择9位数据帧结构接收(8位数据加1位校验或者标识位)。

SPEN(Bit7)：主动参数，串行端口 SCI 使能位。

• 0：禁止串行端口 SCI 工作。

• 1：允许串行端口 SCI 工作，把引脚 RC7 和 RC6 设置成 USART 的外接引脚。

3) TXREG

发送缓冲寄存器 TXREG 是8位的可读/写寄存器，与芯片内部总线相连。在发送数据时，数据由用户软件写入寄存器 TXREG 缓存区，然后在时钟信号的控制下，由硬件自动加载到寄存器 TSR 按位发送出去。

Bit7	Bit6	Bit5	Bit4	Bit3	Bit2	Bit1	Bit0
TX7	TX6	TX5	TX4	TX3	TX2	TX1	TX0

4) RCREG

接收缓冲寄存器 RCREG 是8位的可读/写寄存器，与芯片内部总线相连。在接收数据时，数据按位接收并传送到寄存器 TSR，当最后一位接收完毕时，由硬件自动转移到寄存器 RCREG 缓存区。

Bit7	Bit6	Bit5	Bit4	Bit3	Bit2	Bit1	Bit0
RX7	RX6	RX5	RX4	RX3	RX2	RX1	RX0

5) SPBRG

波特率寄存器 SPBRG 可用于控制定时器的溢出周期，其设定值(0～255)与波特率成反比。当采用同步模式时，波特率由该寄存器确定；而当采用异步模式时，波特率由该寄存器和寄存器 TXSTA 的 BRGH 位(Bit2)共同确定。

Bit7	Bit6	Bit5	Bit4	Bit3	Bit2	Bit1	Bit0
波特率发生器的波特率定义值							

6) PORTC

输入/输出端口寄存器 PORTC，主要用于数据发送和接收，以及提供时序信号等。

PORTC6(Bit6)：对应引脚 RC6/TX/CK，作为全双工异步发送端和半双工同步传送时钟端。

PORTC7(Bit7)：对应引脚 RC7/RX/DT，作为全双工异步接收端和半双工同步传送数据端。

当 USART 串行通信模块在异步串行工作模式时，引脚 RC6 和 RC7 分别作为数据的发送端和接收端，数据传输相互独立且可同时进行，为主、从双方全双工通信。其中，引脚 RC6 必须设置为输出引脚；引脚 RC7 必须设置为输入引脚。

当 USART 串行通信模块在同步串行工作模式时，数据的发送和接收均通过引脚 RC7 分时进行，而时钟信号通过引脚 RC6 协调主、从双方数据的传输步伐，为半双工通信。

拓展知识

MCS-51 单片机的串行接口主要通过串行接口控制寄存器 SCON 和电源控制寄存器 PCON 进行控制。其中，寄存器 SCON 用于选择工作模式、控制发送/接收状态和设置状态标志位；寄存器 PCON 用于控制电源。

2. 波特率发生器

在 USART 串行通信模块内，配置一个 8 位的波特率发生器(baud rate generator，BRG)，可产生时序脉冲，用于控制串行通信数据的传输节奏。它适用于 USART 通信的同步和异步工作方式。

波特率发生器(BRG)的工作原理是通过波特率寄存器 SPBRG 设置初值，然后寄存器 SPBRG 初值加载到专用计数器中，按照给定的时序脉冲触发该计数器递减，直至计数器出现借位时，寄存器 SPBRG 的初值重新加载。其中，触发计数器脉冲的频率与系统时钟的分频比有关，通过设置寄存器 TXSTA 中的 BRGH 位(Bit2)和 SYNC 位(Bit4)可以获得 3 种分频比(1∶4、1∶16 和 1∶64)。波特率初始值的计算方法如表 7-12 所示。

表 7-12 波特率初始值的计算方法

工作模式	SYNC	BRGH=0(低速)	BRGH=1(高速)
异步	0	$f_B=f_{OSC}/[4\times(K_0+1)]$	无
同步	1	$f_B=f_{OSC}/[64\times(K_0+1)]$	$f_B=f_{OSC}/[16\times(K_0+1)]$

注：f_B 表示波特率，f_{OSC} 表示系统时钟频率，K_0 表示波特率寄存器 SPBRG 的初始值。

拓展知识

PIC 单片机具有内置波特率发生器，而 MCS-51 单片机以定时器/计数器作为波特率发生器。MCS-51 单片机使用定时器 T1 作为波特率发生器，T1 溢出率经 2 分频(或不分频)后，再经 16 分频作为串行发送或接收的移位脉冲。移位脉冲的速率即为波特率。

3. USART 异步通信模式

当寄存器 TXSTA 的 SYNC 位清零(Bit4＝0)时，USART 处于异步通信模式。由于 USART 异步通信没有时钟信号线，数据以字符帧的格式进行传送。在 PIC16F877 中，USART 异步通信模式采用的字符帧格式为：1 位起始位、8 位或者 9 位数据位和 1 位停止位。该方式一般没有奇偶校验码。如图 7-11 所示，异步通信模式主要由波特率发生器、采样电路、异步发送器、异步接收器四个部分组成。其带有独立的发送器和接收器，二者在通信发生时采用相同的数据格式和波特率。

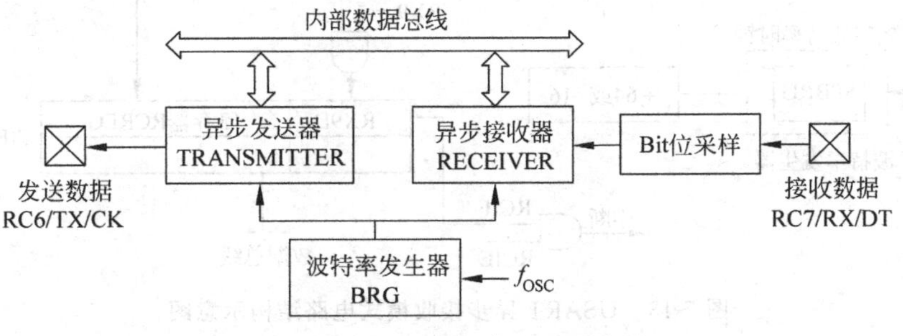

图 7-11　USART 工作方式示意图

USART 工作在异步发送模式的电路结构如图 7-12 所示，主要包括发送移位寄存器 TSR 和发送缓冲寄存器 TXREG。

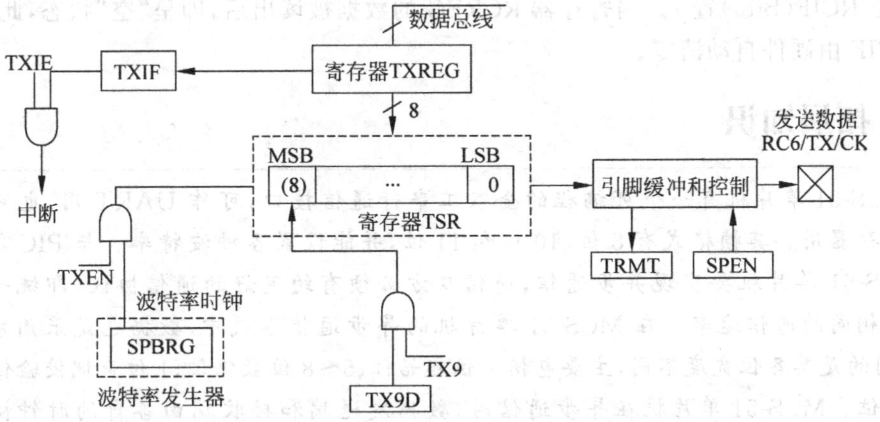

图 7-12　USART 异步发送模式电路结构示意图

数据的发送过程：以发送 8 位数据为例，首先，通过用户程序把要发送的数据写入发送数据缓冲器 TXREG 中，然后由硬件自动把寄存器 TXREG 中的数据加载到移位寄存器

TSR。此时，寄存器 TXREG 为"空"状态，表明数据发送条件已经完备，寄存器 PIR1 的中断发送标志位 TXIF(Bit4)置 1，并向 CPU 提出中断申请。最后，借助波特率信号，通过引脚 RC6 把数据从高位到低位逐位发送出去。

若发送的数据为 9 位时，传输时必须注意数据的写入次序。首先，应将第 9 位数据写入寄存器 TXSTA 的 TX9D 位(Bit0)，然后将其余 8 位数据写入寄存器 TXREG，否则会引起第 9 位数据传输出错。

USART 工作在异步接收模式的电路结构如图 7-13 所示，主要包括寄存器 RSR 和接收缓冲寄存器 RCREG。

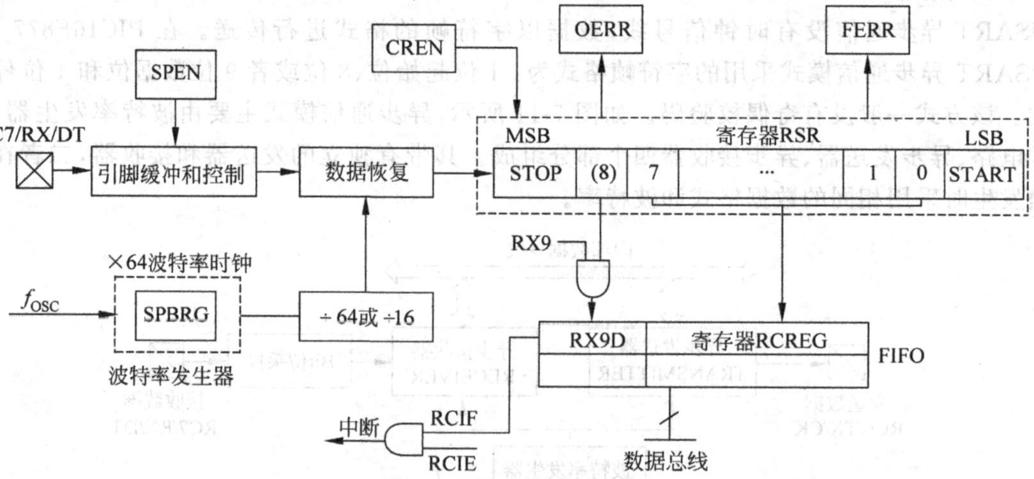

图 7-13　USART 异步接收模式电路结构示意图

数据的接收过程：数据由引脚 RC7 输入，借助波特率脉冲信号，接收移位寄存器 RSR 从高位到低位逐位接收数据。当接收到停止位时，表明一个完整的数据帧接收完毕。然后，移位寄存器 RSR 把数据自动送入接收数据缓存器 RCREG。此时，寄存器 PIR1 的接收中断标志位 RCIF(Bit5)置 1。当寄存器 RCREG 的数据被读出后，即呈"空"状态，此时中断标志位 RCIF 由硬件自动清零。

拓展知识

MCS-51 单片机有一个可编程的全双工串行通信接口，可作 UART 用，也可作同步移位寄存器用。其帧格式有 8 位、10 位和 11 位，并能设置各种波特率。与 PIC 单片机一样，MCS-51 单片机要实现异步通信，通信双方必须有约定好的通信协议，即统一的数据格式和相同的通信速率。在 MCS-51 单片机的异步通信模式中，数据也是采用帧格式传送，不同的是其各位宽度不同，主要包括 1 位起始位、5～8 位数据位、1 位奇偶校验位和 1～2 位停止位。MCS-51 单片机在异步通信时，数据发送端和接收端由各自的时钟协调数据传送步伐，两个时钟源相互独立，保持异步。

4. USART 同步通信模式

USART 同步通信模式也使用引脚 RC6 和 RC7 的复用功能，但不同的是，引脚 RC6 被用作时钟信号线 CK，引脚 RC7 被用作数据线 DT。时钟信号只能由主控器件发送，从动器件接收；而数据可在数据线 DT 上双向传输。通过时钟信号线 CK 使发送和接收数据同步，因此数据帧结构中不需要起始位和停止位，从而提高了数据的传输效率。

1）同步主控方式（SYNC＝1，CSRC＝1）

USART 同步主控模式与异步通信模式的发送方式和部件结构基本相同。通过用户程序将欲发送的数据写入发送缓冲寄存器 TXREG 中；当移位寄存器 TSR 发送完前一个数据的最后一位时，寄存器 TXREG 中的数据将自动装载到寄存器 TSR。一旦寄存器 TSR 数据加载，则寄存器 PIR1 的发送中断标志位 TXIF 置位（Bit4＝1），等候 CPU 发送指令。而只有在下一个数据送入寄存器 TXREG 后，发送中断标志位 TXIF 才自动清零（Bit4＝0）。用户可通过查询寄存器 TXSTA 的 TRMT 位（Bit1）判断是否完成寄存器 TSR 数据的发送。

（1）当 CREN＝0 或者 SREN＝0 时，USART 工作在同步主控接收方式；

（2）当 CREN＝0，SREN＝1 时，单片机仅接收一个数据字节；

（3）当 CREN＝1 时，不管 SREN 的状态如何，单片机可连续接收数据字节。

时序脉冲频率决定数据传送速度，一般在时序脉冲的下降沿，对数据线 DT 上的信号进行采样。当接收移位寄存器 RSR 接收到一个完整的字节数据后，寄存器 RSR 的数据将自动加载到接收数据缓冲器 RCREG，同时寄存器 PIR1 的发送中断标志位 TXIF 置位（Bit4＝1），请求 CPU 中断取走数据信息，当数据被读取之后，寄存器 PIR1 的标志位 RCIF 自动清零（Bit5＝0）。

2）同步从动方式（SYNC＝1，CSRC＝0）

USART 同步从动方式与同步主控方式的工作原理基本相似。时钟脉冲序列均来源于主控器件，但对于主控方式来说，其来源于本身；而对于从动方式来说，其来源于外部设备，通过引脚 CK 输入。因此，当单片机处于睡眠模式时，USART 在同步从动接收方式下仍能继续工作，并且还能通过中断操作唤醒 CPU。

拓展知识

在 MCS-51 单片机的同步通信模式中，通信双方同步进行发送和接收数据，因为它们采用相同的时钟源。数据开始传送前使用先前约定的同步字符作为标志，并通过时钟信号实现发送端和接收端同步，即比较和匹配到约定的同步字符后，开始依次传送数据，由所需传送数据块的长度确定数据个数，直到通信结束。

MCS-51 单片机在同步通信时，8 位数据为一帧，低位在前、高位在后，无起始位、奇偶校验位及停止位。①在发送过程中，CPU 首先将 8 位数据写入发送缓冲器 SBUF，然后通过引脚 RXD 逐位输出。发送完毕后，定时器 T1 置位，直至发送下一个数据前 T1 由软件清零；②在接收过程中，外部数据通过引脚 RXD 送入接收缓冲器 SBUF 中，接收完成后，接收中断标志位 RI 由硬件置位，直至接收下一个数据前 RI 由软件清零。

第 8 章

PIC 单片机综合实验

在前面介绍的理论知识基础上，本章将开展 PIC 单片机相关应用实践。从 PIC 单片机综合实验的角度出发，探究 PIC 单片机应用开发过程，其主要分为 4 个部分，包括实验平台的搭建、软硬件的相关使用、应用背景以及综合实验。以 PIC16F877A 单片机搭建的实验平台为例，让读者了解单片机的开发过程，包括设计硬件原理图→设计程序流程图→调试程序→完善程序，巩固 PIC 单片机的基础知识。

8.1 PIC 实验平台概述

PIC 实验平台采用 PIC16F877A 单片机，其编程及调试的开发过程可满足"验证式→模仿式→探索式→开发式"的由浅入深的基本实验要求。PIC 实验开发板作为一个独立的应用系统，可以脱机验证实验结果，即实验步骤与实际开发环境相一致，从而可以将理论与实践相结合，让初学者更好地掌握微机原理及其应用。

8.1.1 实验平台介绍

1. 计算机

实验平台对计算机的要求为：Windows XP 以上的操作系统，大于 2MB 的 RAM 内存和 500MB 的硬盘存储空间，具有 USB 接口。

2. PICkit 2

PICkit 2 是一款常用的开发编程器，可对 Microchip 公司的大部分闪存单片机和串行 E^2PROM 器件进行编程。PICkit 2 支持 MPLAB IDE 6.0 或更高版本的软件，其使用前提条件是实验开发板的 MCU 正常运行。它支持 Windows 平台，可以为调试 Microchip 公司生产的 PIC 单片机提供编程、单步运行、设置断点、设置寄存器及观测功能。图 8-1 所示为 PICkit 2 的实物图。

3. 供电电源适配器

供电电源适配器为 APP001 实验开发板提供电源，其实物如图 8-2 所示。

4. APP001 实验开发板

APP001 实验开发板由 DIP40 锁紧插座（用于安装 PIC16F877A 单片机芯片）、电源电

图 8-1　PICkit 2

图 8-2　供电电源适配器

路、LED 电路、LCD 电路、通信电路、拨动开关电路及按钮开关电路组成。PIC16F877A 单片机所有信号均以插针方式引出到 J1 上，还设计了常用门电路、晶振源、电源插孔及蜂鸣器等。APP001 实验开发板如图 8-3 所示，它不仅可以用于其他实验模块的组合实验，还可以用于个性化设计命题和新器件、新方案的实验。

图 8-3　APP001 实验开发板

APP001 实验开发板各组成部分的功能如下：

(1) DP40 锁紧插座：具有 40 个引脚，可用于安装大部分 40 引脚的 PIC 单片机芯片。

(2) 电源电路：提供两种电源供电模式。一种由稳压 IC 提供，另一种由 Microchip 的 Switching Power 提供 5V 系统电源输出，两种模式之间可以切换。

(3) LED 电路：LED 流水灯能完成花样灯、顺反序走马灯等功能。

(4) LCD 电路：LCD 数码显示器不仅能用于数字显示，还可用于计时器仿真。

(5) 通信电路：串口通信电路用于实现 PC 机和单片机的联机通信。

(6) 拨动开关：通过拨动开关柄，接通或断开电路，达到切换电路的目的。

(7) 按钮开关：共有 8 个，可完成键盘扫描显示实验。

(8) 门电路：APP001 配有模块化的门电路，可完成与、或、非等简单的逻辑运算。

(9) 蜂鸣器：用于声音的输出，可完成报警、鸣叫、奏乐等声音类实验。

8.1.2 MPLAB IDE 软件安装

MPLAB IDE 是一款集编辑器、项目管理器和设计平台于一体的集成开发环境软件。通过该软件，读者不仅可以在计算机上对 PIC 单片机进行程序开发，还可以进行动态调试。MPLAB IDE 的功能完备、操作简易，因此广泛应用于 PIC 单片机实验教学。

1. MPLAB IDE 软件安装

将光盘放入光驱，光盘会自动运行，出现安装提示；选择"安装 Windows"软件选项；按照安装程序的提示，输入相应内容；继续安装，直至结束。在安装过程中，如果用户没有指定安装目录，将会默认在 C 盘建立安装目录，如图 8-4 所示。

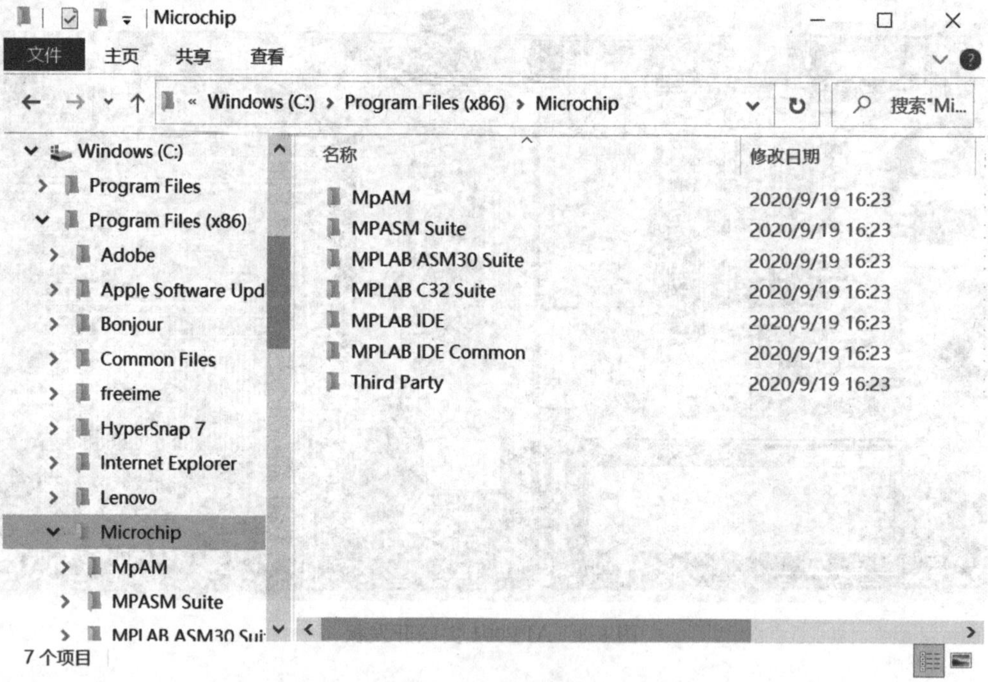

图 8-4 MPLAB IDE 软件的默认安装路径

2. 开发环境简介

MPLAB IDE 软件界面如图 8-5 所示。MPLAB IDE 的菜单栏包含了所有功能的选择和开发环境的设置。其使用方法与 Windows 其他软件类似，主要包括以下菜单。

1) File(文件)

File 中除了常规的 New(新建)、Add Files to Project(为项目添加文件)、Open(打开)、Close(关闭)、Save(保存)、Save as(另存为)等命令外，还有对工作空间的操作，如 Open Workspace、Save Workspace、Close Workspace 等，Import(文件导入)、Export(文件导出)

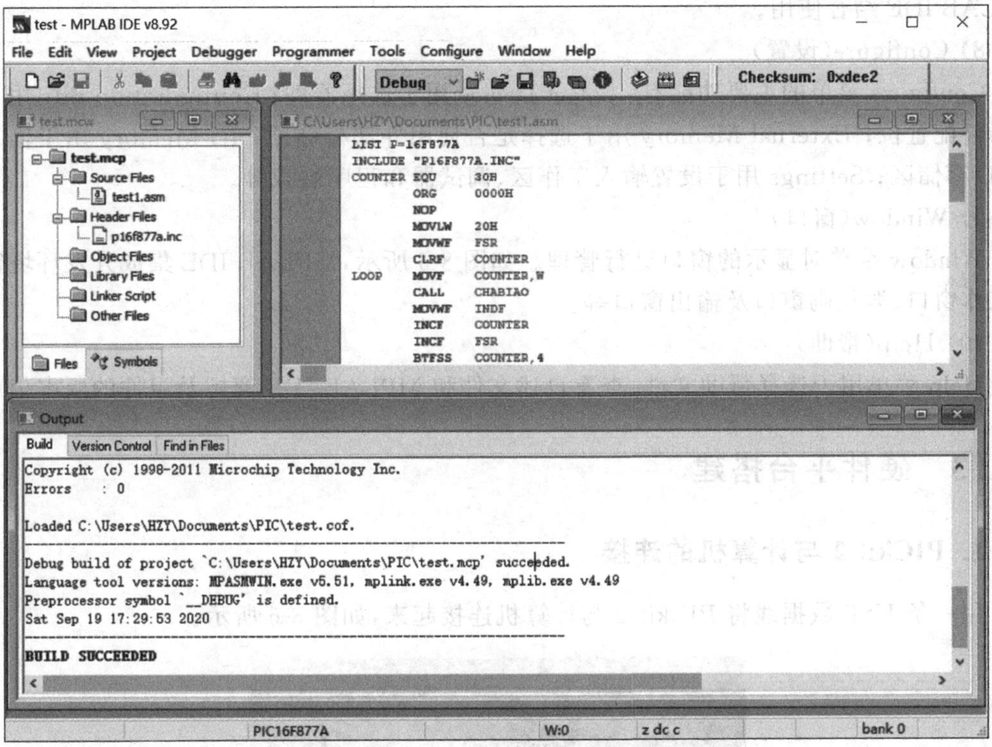

图 8-5 MPLAB IDE 软件界面

和 Print(文件打印)等。

2) Edit(编辑)

Edit 菜单主要包括 Undo(撤销)、Redo(重复)、Cut(剪切)、Copy(复制)、Paste(粘贴)、Delete(删除)等命令。

3) View(查看)

MPLAB IDE 提供了强大的查看功能,它不仅可以查看 CUP 寄存器、文件寄存器和程序储存器,还可以调用堆栈等。

4) Project(项目)

Project 菜单主要包括 Project Wizard(项目菜单)、New(新建)、Open(打开)、Close(关闭)、Set Active Project(设置活动项目)和 Build All(编译所有)等命令,可以实现编译当前窗口的程序、编译项目中所有的模块和包含文件等功能。

5) Debugger(查错)

Debugger 菜单包含 Select Tool(选择工具)和 Clear Memory(清空存储器),分别用于选择调试工具和清除内部数据。

6) Programmer(编程器)

Programmer 菜单用于选择编程器,默认选择为 None。可选编程器列表取决于已安装的调试工具。

7) Tools(工具)

Tools 菜单主要有 MPLAB Macros(MPLAB 宏)等功能,可将 Microsoft 宏功能和

MPLAB IDE 结合使用。

8）Configure(设置)

Configure 菜单的主要功能有：Select Device 用于选择器件；Configuration Bits 用于选择器件配置位；External Memory 用于选择是否使用外部存储器；ID Memory 用于输入值到 ID 存储区；Settings 用于设置输入工作区、调试器和程序装载等。

9）Window(窗口)

Window 菜单对显示的窗口进行管理。如图 8-5 所示，MPLAB IDE 集成开发环境窗口有工作窗口、源代码窗口及输出窗口等。

10）Help(帮助)

Help 菜单用于选择帮助文件、查看自述文件和 MPLAB IDE 商标及组件的版本信息。

8.1.3 硬件平台搭建

1. PICkit 2 与计算机的连接

用一条 USB 数据线将 PICkit 2 与计算机连接起来，如图 8-6 所示。

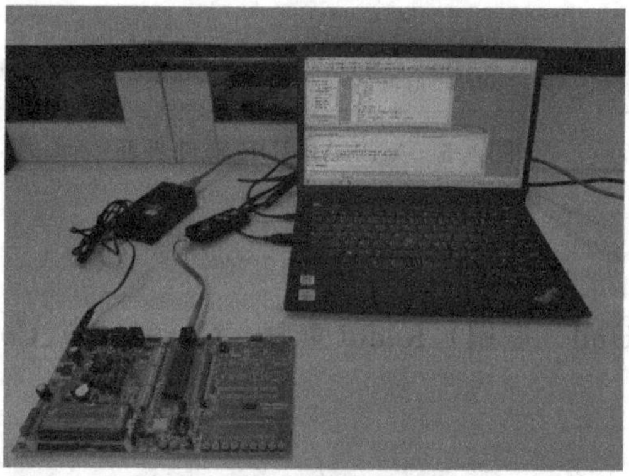

图 8-6 系统连接图

2. PICkit 2 与 APP001 实验开发板的连接

APP001 实验开发板与 PICkit 2 通过电缆连接，该电缆一端为水晶头，插入 APP001 实验开发板中间的水晶头插座；另一端为插针，插入 PICkit 2 的 6 芯插座。

3. APP001 实验开发板供电

APP001 实验开发板左上角有一个圆形电源插孔，由独立电源适配器供电。需要注意的是，APP001 实验开发板的上电过程需按一定的顺序进行，否则不能建立 APP001 实验开发板与 PICkit2 的通信。

8.1.4 软件使用

采用 MPLAB IDE 软件平台创建工程、创建文件、编译项目文件、调试及运行程序，下面将详细介绍具体步骤。

1. 打开 MPLAB IDE 软件

在计算机上双击 MPLAB IDE 图标，进入 MPLAB IDE 软件平台主窗口。

2. 创建工程文件

(1) 进入工程建立向导。首先，在菜单栏单击 Project→Project Wizard 命令，如图 8-7 所示。然后，进入工程建立向导(见图 8-8)，单击“下一步”按钮。

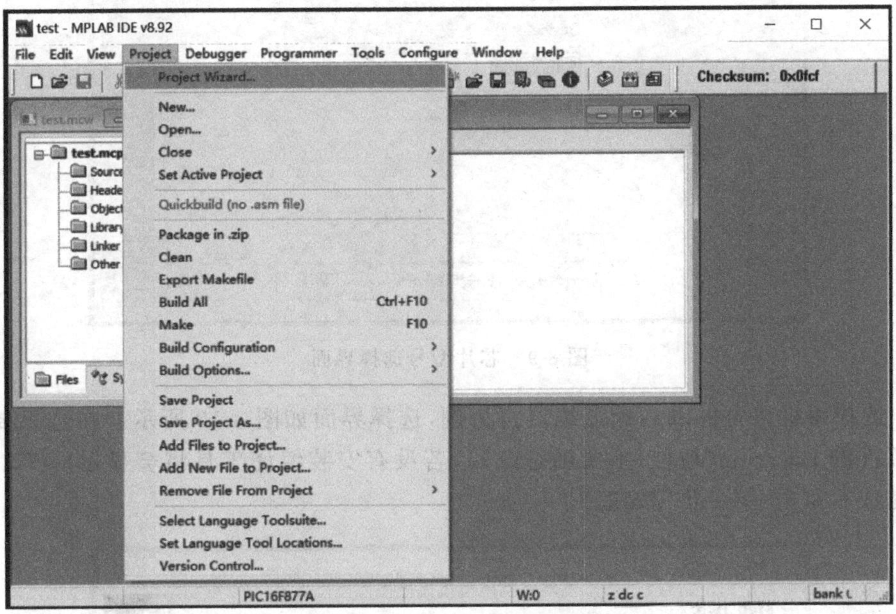

图 8-7　Project 下拉菜单

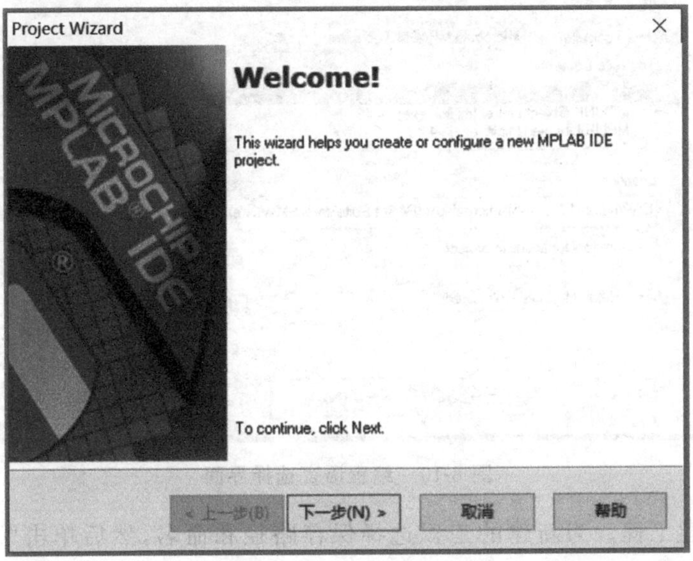

图 8-8　工程建立向导界面

(2) 选择芯片型号。选择界面如图 8-9 所示，以 PIC16F877A 为例，选择完成后单击“下一步”按钮。

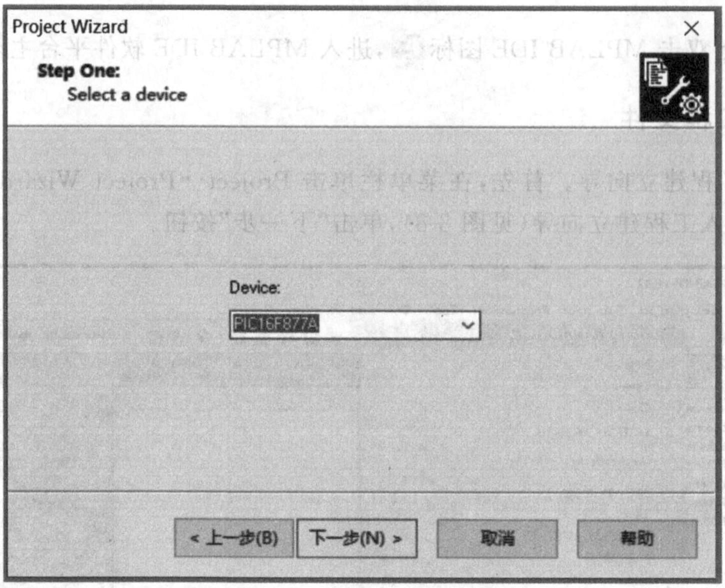

图 8-9　芯片型号选择界面

(3) 选择编程语言。以选择汇编语言为例，选择界面如图 8-10 所示。在这里要注意每个编译工件的 Location(地址)不要随意改写，若没有安装编译工具将会显示“×”。编程语言选择完成后单击“下一步”按钮。

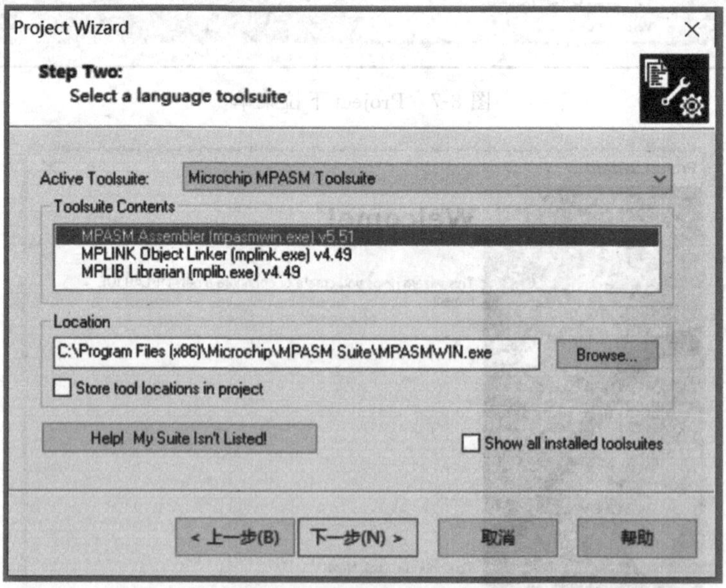

图 8-10　编程语言选择界面

(4) 保存新建工程。为新建的工程选择保存路径和命名，然后单击“下一步”按钮，如图 8-11 所示。

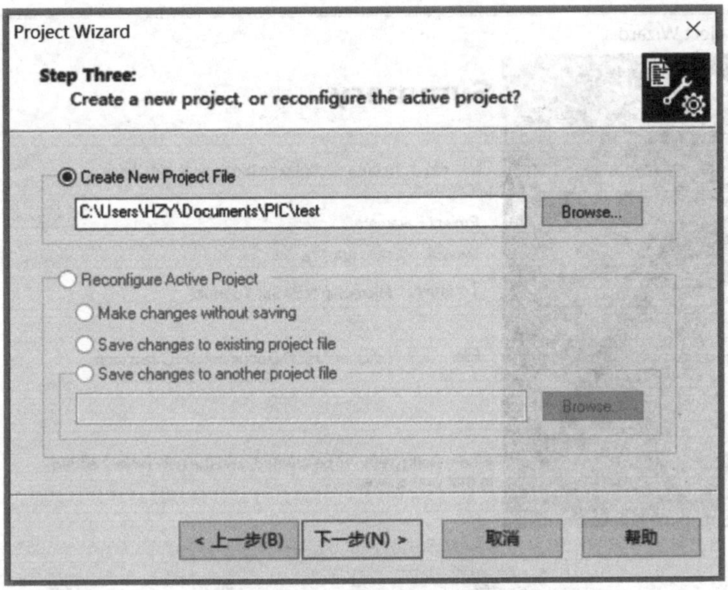

图 8-11 工程保存路径选择及命名

(5) 导入编译文件。该步为导入工程的编译文件，用户可以将已有的文件添加到工程中。如果没有编译文件，则直接单击“下一步”按钮，如图 8-12 所示。

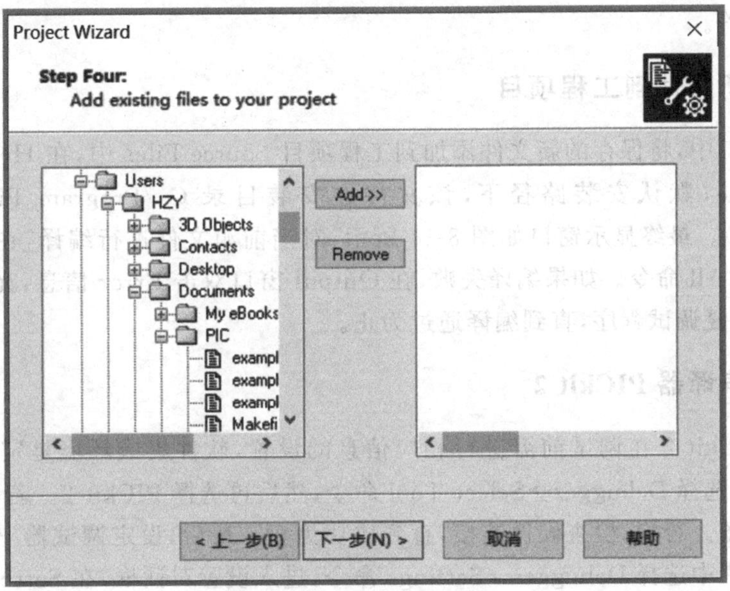

图 8-12 编译文件的导入

(6) 完成工程创建。如图 8-13 所示，工程的创建已完成，这时会显示两个重要的窗口：Project(项目)窗口和 Output(输出)窗口。

3. 创建新文件

在菜单栏中单击 File→New 命令，进入编辑窗口，编写程序并保存。需要注意的是，保

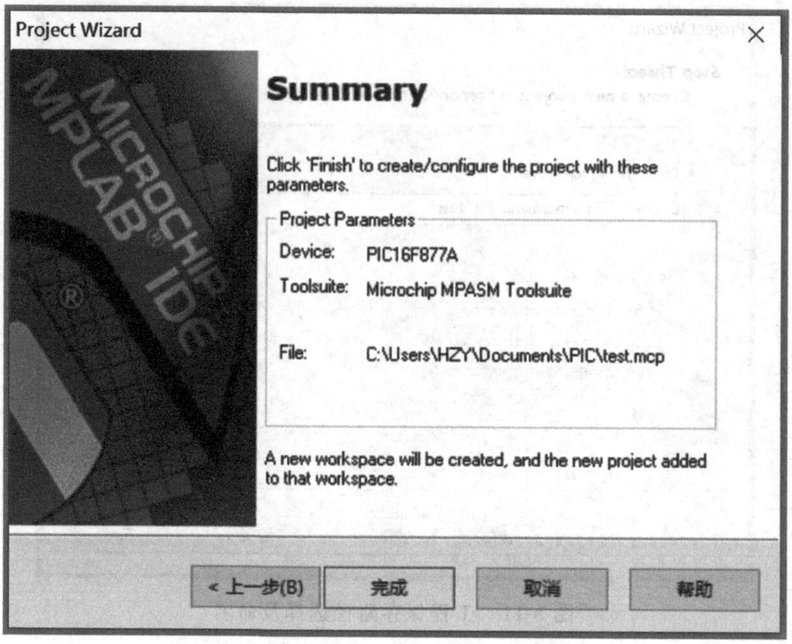

图 8-13 工程创建完成

存文件的格式必须为 *.asm，如 test1.asm。另外，建立的工程文件、新文件和路径中均不能出现中文字符。

4. 添加新文件到工程项目

在项目窗口中，将保存的新文件添加到工程项目 Source Files 中，在 Header Files 中添加 p16f877a.inc（默认安装路径下，该文件在安装目录 C:/Program Files/Microchip/MPASM Suite）。最终显示窗口如图 8-14 所示，对当前源文件进行编译，在菜单栏中单击 Project→Build All 命令。如果编译失败，在 Output 窗口双击 Error 信息，光标将跳转至相应错误语句，反复调试程序，直到编译通过为止。

5. 配置编译器 PICkit 2

编译器 PICkit 2 在调试前需进行相应信息的设置，软件集成环境是定义在 Debug 状态，在菜单栏中选择 Debugger→Select Tool 命令，然后再选择 PICkit 2。若硬件连接成功，将会提示已准备。否则，检查硬件连接，直到成功为止。最后，设定调试器 PICkit 2 的相关参数。在菜单栏中选择 Debugger→Settings 命令，进入设置对话框，在 Settings 选项卡中选择，如图 8-15 所示。

6. 设置器件配置位

在菜单栏中选择 Configure→Configuration Bits 命令进入配置位的设置对话框，如图 8-16 所示。此时，需将 Configuration Bits set in code 选项取消默认勾选；然后选择高速晶振，关闭看门狗，再重新勾选。

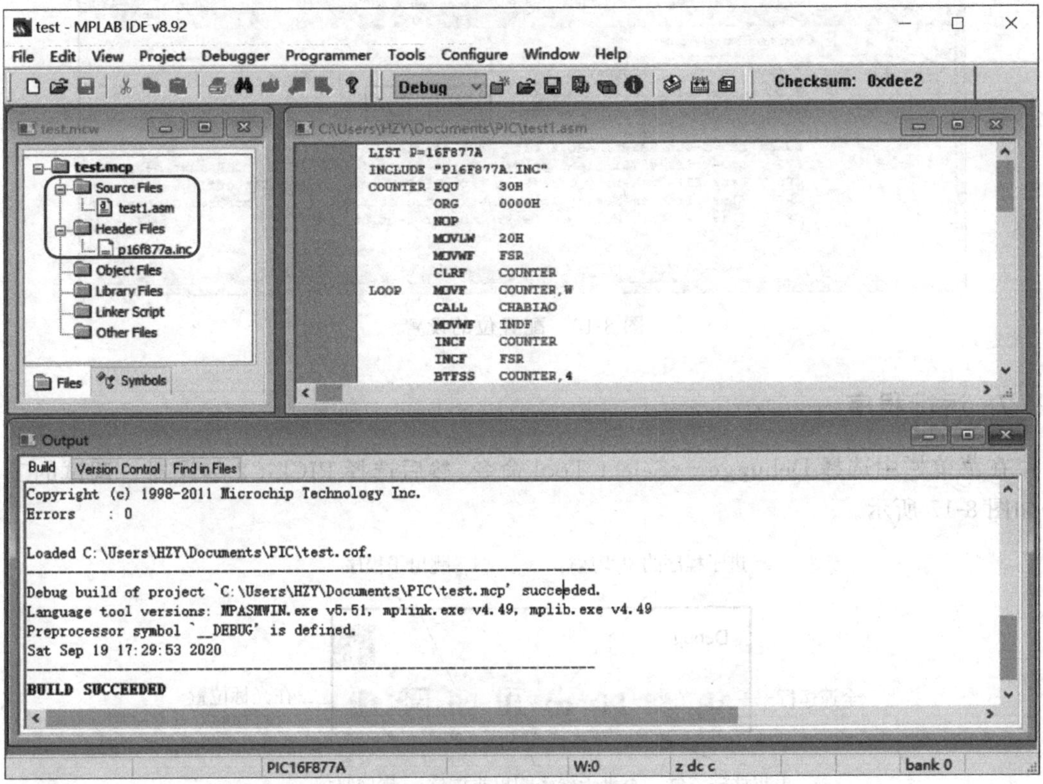

图 8-14　工程窗口界面

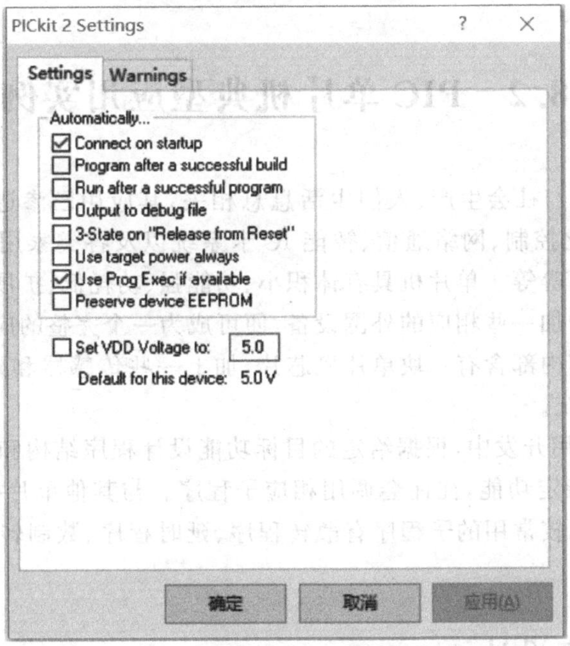

图 8-15　编译器 PICkit2 配置

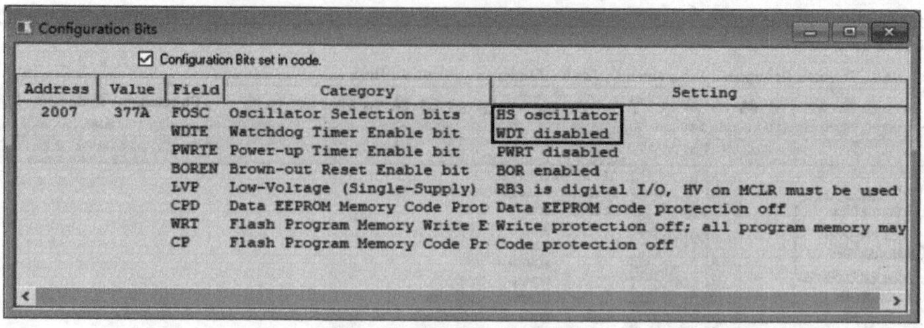

图 8-16　配置位的设置

7. 运行程序

在菜单栏中选择 Debugger→Select Tool 命令，然后选择 PICkit 2 编译器。调试的工具条如图 8-17 所示。

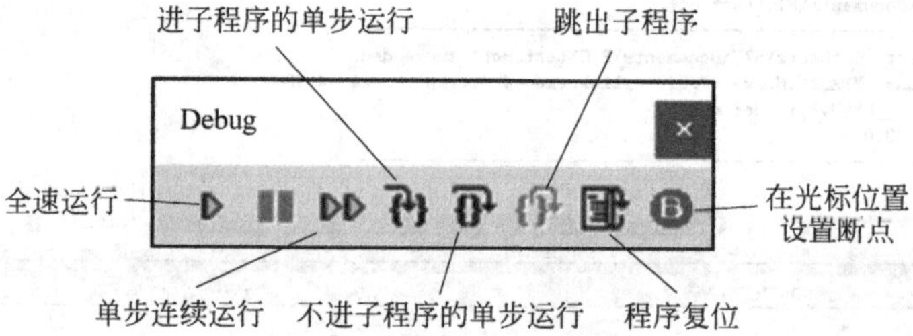

图 8-17　Debugger 工具条说明

8.2　PIC 单片机典型应用实例

目前，PIC 单片机与社会生产、人们生活息息相关，其应用已渗透到各个领域。如：导弹的控制、工业自动化控制、网络通信、智能 IC 卡系统以及各类家用电器(如电饭煲、洗衣机、电冰箱等)的控制，等等。单片机具有体积小、功能强、功耗低、扩展灵活和使用方便等优点。在具体应用时，增加一些相应的外围设备，便可成为一个完整的应用系统。我们日常生活中所用的洗衣机，其内部含有一块单片机芯片，加上一些传感器和附加电路，就形成了一个完整的应用控制系统。

在 PIC 单片机应用开发中，根据给定的目标功能设计程序结构和具体程序。在设计过程中，为了实现一些特定功能，往往会调用相应子程序。与其他单片机类似，PIC 单片机子程序种类较多，其中比较常用的子程序有散转程序、延时程序、数制转换程序和分支跳转程序等。

8.2.1　散转程序设计

散转程序设计技术是单片机系统中重要的应用程序技术之一，决定着单片机系统中软件的整体结构，其作用在于打破程序执行顺序，使程序能够准确跳转到预定的功能子程序。

散转程序是指分支数量在 3 个及以上的多分支程序，又称并行分支程序。其结构可理解为在二分支程序结构基础上衍生出来的特例。

在应用系统开发时，根据具体开发系统的整体需求，其应用软件通常由主程序和若干功能子程序构成。其中主程序用于整个系统的初始化设置和对外界环境的监控，而相应的子程序用于对外界需求的处理。分支散转程序具有设计灵活、结构清晰和编程效率高等优点，因此，一个较复杂的应用系统中往往包含较多的分支散转程序。

散转查表子程序就是散转程序的一个典型应用，它通过简单的编程实现对表格的频繁调用。如班级学生成绩的录入与查询，便可用单片机的散转查表子程序。首先，给学生编制一定顺序的序号，序号分别对应各学生的成绩；接着把学生的成绩和序号放入查表子程序中。输入对应的学生序号，就能调出该学生的成绩。自助售货功能也可借助散转查表子程序实现，如一台饮料自动售货机，可以根据客户选择的饮料自动找零。

【实例 8-1】 利用散转查表的方法获取相应的表格信息。将表 8-1 中的 16 个数据依次存入数据存储器 30H～3FH 中，试编写程序。

表 8-1 表格数据

序号	1	2	3	4	5	6	7	8	9	10	11	12	13	14	15	16
数据	02H	04H	06H	08H	0AH	0CH	14H	16H	18H	1AH	22H	24H	26H	28H	2AH	2CH

思路分析：利用散转查表的方法准确跳转到预定的表格数据，利用 W 工作寄存器把数据传递出来。

程序如下：

```
          LIST   P=16F877A
          INCLUDE  "P16F877A.INC"
COUNTER   EQU       20H               ; 查表偏移量
          ORG       0000H
          NOP
          MOVLW     30H               ; 数据存储器起始地址
          MOVWF     FSR
          CLRF      COUNTER           ; 查表偏移量清零
LOOP      MOVF      COUNTER, W
          CALL      CHABIAO           ; 调用查表子程序
          MOVWF     INDF              ; 进入数据存储器
          INCF      COUNTER           ; 指向下一偏移量
          INCF      FSR               ; 指向下一数据存储器
          BTFSS     COUNTER, 4        ; 是否已取 16 个数据
          GOTO      LOOP              ; 否，继续
          GOTO      $                 ; 是，停止
;---------------------------查表子程序----------------------------------------
CHABIAO   ADDWF     PCL, F            ; 增加偏移量
          RETLW     02H               ; 第 0 个数据
          RETLW     04H               ; 第 1 个数据
          RETLW     06H               ; 第 2 个数据
```

```
        RETLW       08H                  ; 第 3 个数据
        RETLW       0AH                  ; 第 4 个数据
        RETLW       0CH                  ; 第 5 个数据
        RETLW       14H                  ; 第 6 个数据
        RETLW       16H                  ; 第 7 个数据
        RETLW       18H                  ; 第 8 个数据
        RETLW       1AH                  ; 第 9 个数据
        RETLW       22H                  ; 第 10 个数据
        RETLW       24H                  ; 第 11 个数据
        RETLW       26H                  ; 第 12 个数据
        RETLW       28H                  ; 第 13 个数据
        RETLW       2AH                  ; 第 14 个数据
        RETLW       2CH                  ; 第 15 个数据
;------------------------------------------------------------------
        END                              ; 程序全部结束
```

【实例 8-2】 假设在实例 8-1 的基础上进行限定，要求查表子程序设置从 0200H 开始。

思路分析：如果按实例 8-1 的程序简单地在查表子程序前加上语句“ORG 0200H”，执行程序时将会出现“飞溢”现象。分析其原因如下：虽然查表子程序地址从 0200H 开始，也就是说仍处于第 0 页面，即未出现换页，但是详细分析指针的跳转过程却发现指针不协调，导致程序运行“飞溢”。

当 PIC 单片机执行 CALL 指令调用子程序时，13 位的程序指针由“2＋11”构成。其中高 2 位表示页面情况，来自于寄存器 PCLATH＜4:3＞，低 11 位来自于操作源代码携带目标地址低 11 位。但由于本实例并没有换页，所以 PCLATH 没有预先设定，因此当从主程序跳转到查表子程序时，执行完子程序第一条指令（地址 0200H），本应该执行下一条指令（地址 0201H），但是程序实际跳转至地址 0001H。

当执行以 PCL 为目标地址的算术逻辑地址时，其指针 13 位以“5＋8”形式构成，其中高 5 位来自于 PCLATH＜4:0＞的间接装载，低 8 位来自于 PCL 的运算结果。因此，在执行能够实现间接装载（如 CALL、GOTO 等）指令前需对 PCLATH 进行预设置。因此在执行指令“CALL CHABIAO”之前，应先对 PCLATH 相应位进行设置，即把 PCLATH 的 Bit1 置 1。

程序如下：

```
        LIST    P=16F877A
        INCLUDE "P16F877A.INC"
COUNTER EQU     20H              ; 查表偏移量
        ORG     0000H
        NOP
        MOVLW   30H              ; 数据存储器起始地址
        MOVWF   FSR
        CLRF    COUNTER          ; 查表偏移量清零
LOOP    MOVF    COUNTER, W
        BSF     PCLATH, 1        ; 预先把 PCLATH 的 Bit1 置位
        CALL    CHABIAO          ; 调用查表子程序
        MOVWF   INDF             ; 进入数据存储器
        INCF    COUNTER          ; 指向下一偏移量
```

```
            INCF        FSR             ；指向下一数据存储器
            BTFSS       COUNTER, 4      ；是否已取 16 个数据
            GOTO        LOOP            ；否，继续
            GOTO        $               ；是，停止
；--------------------------查表子程序--------------------------
            ORG         0200H
CHABIAO     ADDWF       PCL, F          ；增加偏移量
            RETLW       02H             ；第 0 个数据
            RETLW       04H             ；第 1 个数据
            RETLW       06H             ；第 2 个数据
            RETLW       08H             ；第 3 个数据
            RETLW       0AH             ；第 4 个数据
            RETLW       0CH             ；第 5 个数据
            RETLW       14H             ；第 6 个数据
            RETLW       16H             ；第 7 个数据
            RETLW       18H             ；第 8 个数据
            RETLW       1AH             ；第 9 个数据
            RETLW       22H             ；第 10 个数据
            RETLW       24H             ；第 11 个数据
            RETLW       26H             ；第 12 个数据
            RETLW       28H             ；第 13 个数据
            RETLW       2AH             ；第 14 个数据
            RETLW       2CH             ；第 15 个数据
；--------------------------------------------------------------
            END                         ；程序全部结束
```

【实例 8-3】 假设在实例 8-1 的基础上进行限定，要求查表子程序设置从 1900H 开始。

思路分析：在实例 8-1 的查表子程序前加上语句“ORG　1900H”，同时在调用查表子程序之前，添加语句“PAGESEL　CHABIAO”执行程序，运行程序将会出现“飞溢”现象。由于子程序起始地址 1900H 处于页 3，虽然在调用子程序之前，用指令 PAGESEL 进行修正，但是，PCLATH<2:0>并不能通过 PAGESEL 修正，也不会由 CALL 或 GOTO 指令的执行而调整。当从主程序跳转到查表子程序时，执行完子程序第一条指令(地址 1900H)，本应该执行下一条指令(地址 1901H)，但是程序实际跳转至地址 1801H。因此在执行指令“CALL　CHABIAO”之前，应先对 PCLATH 相应位进行设置，即把 PCLATH 的 Bit0 置 1。

程序如下：

```
            LIST    P=16F877A
            INCLUDE "P16F877A.INC"
COUNTER     EQU         20H             ；查表偏移量
            ORG         0000H
            NOP
            MOVLW       30H             ；数据存储器起始地址
            MOVWF       FSR
            CLRF        COUNTER         ；查表偏移量清零
LOOP        MOVF        COUNTER, W
            BSF         PCLATH, 0       ；预先把 PCLATH 的 Bit0 置位
```

```
        PAGESEL   CHABIAO
        CALL      CHABIAO          ；调用查表子程序
        PAGESEL   LOOP
        MOVWF     INDF             ；进入数据存储器
        INCF      COUNTER          ；指向下一偏移量
        INCF      FSR              ；指向下一数据存储器
        BTFSS     COUNTER，4       ；是否已取 16 个数据
        GOTO      LOOP             ；否，继续
        GOTO      $                ；是，停止
；--------------------查表子程序--------------------------------------
        ORG       1900H
CHABIAO ADDWF     PCL，F           ；增加偏移量
        RETLW     02H              ；第 0 个数据
        RETLW     04H              ；第 1 个数据
        RETLW     06H              ；第 2 个数据
        RETLW     08H              ；第 3 个数据
        RETLW     0AH              ；第 4 个数据
        RETLW     0CH              ；第 5 个数据
        RETLW     14H              ；第 6 个数据
        RETLW     16H              ；第 7 个数据
        RETLW     18H              ；第 8 个数据
        RETLW     1AH              ；第 9 个数据
        RETLW     22H              ；第 10 个数据
        RETLW     24H              ；第 11 个数据
        RETLW     26H              ；第 12 个数据
        RETLW     28H              ；第 13 个数据
        RETLW     2AH              ；第 14 个数据
        RETLW     2CH              ；第 15 个数据
；---------------------------------------------------------------------
        END                        ；程序全部结束
```

【实例 8-4】 假设在实例 8-1 的基础上进行限定，要求查表子程序设置从 19FCH 开始。

思路分析：在实例 8-1 的查表子程序前加上语句“ORG 19FCH”，执行程序时将会出现“飞溢”现象。由于子程序起始地址 19FCH 处于页 3 即出现了换页，在程序完成第 3 个数据送入以后，第 4 次进入查表程序时，程序出现“飞溢”现象。其原因是 PCLATH <1:0>未及时修正，当第 4 次调用查表子程序，执行指令“ADDWF PCL，F”时，PCL 和偏移量之和产生溢出。因此，应及时判别并预先进行人为设置。

程序如下：

```
        LIST      P=16F877A
        INCLUDE   "P16F877A.INC"
COUNTER EQU       20H              ；查表偏移量
        ORG       0000H
        NOP
        MOVLW     30H              ；数据存储器起始地址
        MOVWF     FSR
        CLRF      COUNTER          ；查表偏移量清零
```

```
LOOP       MOVF       COUNTER, W
           BSF        PCLATH, 0           ; 预先把 PCLATH 的 Bit0 置位
           SUBLW      02H                 ; 判断是否是第 4 个数据
           BTFSC      STATUS, C           ; 逢 0 跳;有借位时 C 为 0
           GOTO       POP                 ; 没有借位,不需要修正
           BCF        PCLATH, 0           ; 有借位,需修正 PCLLATH<1:0>
           BSF        PCLATH, 1
POP        MOVF       COUNTER, W
           PAGESEL    CHABIAO
           CALL       CHABIAO             ; 调用查表子程序
           PAGESEL    LOOP
           MOVWF      INDF                ; 进入数据存储器
           INCF       COUNTER             ; 指向下一偏移量
           INCF       FSR                 ; 指向下一数据存储器
           BTFSS      COUNTER, 4          ; 是否已取 16 个数据
           GOTO       LOOP                ; 否,继续
           GOTO       $                   ; 是,停止
; ---------------------------查表子程序-------------------------------------------------
           ORG        19FCH
CHABIAO    ADDWF      PCL, F              ; 增加偏移量
           RETLW      02H                 ; 第 0 个数据
           RETLW      04H                 ; 第 1 个数据
           RETLW      06H                 ; 第 2 个数据
           RETLW      08H                 ; 第 3 个数据
           RETLW      0AH                 ; 第 4 个数据
           RETLW      0CH                 ; 第 5 个数据
           RETLW      14H                 ; 第 6 个数据
           RETLW      16H                 ; 第 7 个数据
           RETLW      18H                 ; 第 8 个数据
           RETLW      1AH                 ; 第 9 个数据
           RETLW      22H                 ; 第 10 个数据
           RETLW      24H                 ; 第 11 个数据
           RETLW      26H                 ; 第 12 个数据
           RETLW      28H                 ; 第 13 个数据
           RETLW      2AH                 ; 第 14 个数据
           RETLW      2CH                 ; 第 15 个数据
; -------------------------------------------------------------------------------------
           END                            ; 程序全部结束
```

8.2.2 延时程序设计

在单片机的程序设计中,延时程序具有很重要的作用。在具体运用中,往往需要插入一段延迟时间。PIC单片机有硬件延时和软件延时两种方式。其中,硬件延时主要通过定时器实现,其延时精度较高,但需要消耗一定的硬件资源;软件延时通过程序循环实现,操作简单方便,但延时精度较低。软件延时程序无论在工业控制领域还是在人们的生活中都得到了广泛的应用,如步进电机、打印机、LED灯、液晶显示屏等。本小节将探讨软件延时的程序设计。

【实例 8-5】 使用 PIC16F877 单片机控制 LED 灯，使其每间隔 0.5s 明暗交替一次，试编写软件延时子程序。

思路分析：在输出显示中，作为循环的停留时间，经常需要调用较长的延时时间。在本例中设计了 3 重循环，循环参数分别为 03H、EBH 和 EBH。通过软件模拟器，实际测试信道的延时为 499.860ms，已达到较高的延时精度。

程序如下：

```
            LIST     P=16F877A
            INCLUDE  "P16F877A.INC"
COUNTER     EQU      20H
            ORG      0000H
MAIN        NOP
            BSF      STATUS, RP0      ；选择数据存储器体 1
            MOVLW    00H
            MOVWF    TRISD            ；端口 RD 全部设为输出
            BCF      STATUS, RP0      ；选择数据存储器体 0
            CLRF     PORTD            ；灯全暗
LOOP        CALL     DELAY            ；调用延时子程序
            MOVLW    0FFH
            XORWF    PORTD            ；灯 0.5s 明暗交替一次
            GOTO     LOOP
；--------------------------延时 0.5s 子程序----------------------------------
DELAY       MOVLW    03H              ；外循环常数
            MOVWF    30H              ；外循环寄存器
LOOP1       MOVLW    0EBH             ；中循环常数
            MOVWF    31H              ；中循环寄存器
LOOP2       MOVLW    0EBH             ；内循环常数
            MOVWF    32H              ；内循环寄存器
LOOP3       DECFSZ   32H              ；内循环寄存器递减
            GOTO     LOOP3            ；继续内循环
            DECFSZ   31H              ；中循环寄存器递减
            GOTO     LOOP2            ；继续中循环
            DECFSZ   30H              ；外循环寄存器递减
            GOTO     LOOP1            ；继续外循环
            RETURN
；-----------------------------------------------------------------------------
            END
```

8.2.3 数制转换程序设计

为了减少数字设备(如数码显示设备)，PIC 单片机通常使用 BCD 码的形式对十进制数进行编码，以便于数学计算。因此，常用到 BCD 码和二进制数之间的转换程序。

【实例 8-6】 将一个 5 位数 54321D 的 BCD 码转换成二进制数。

思路分析：通过右移的方式将 BCD 码逐位放入二进制数，把每一个数与 7 相比较，若大于 7 则该位减 3。源数据为 5 位的 BCD 码，放在 OriginH：OriginM：OriginL 中；转换结果为 16 位二进制数，放在 ResultH 和 ResultL 中。

程序如下：

```
            LIST    P=16F877A
            INCLUDE  "P16F877A.INC"
OriginH     EQU      20H              ; 定义源数据高 8 位
OriginM     EQU      21H              ; 定义源数据中 8 位
OriginL     EQU      22H              ; 定义源数据低 8 位
ResultH     EQU      30H              ; 定义结果数据高 8 位
ResultL     EQU      31H              ; 定义结果数据低 8 位
Count       EQU      40H              ; 循环次数
            ORG      0000H
            NOP
            MOVLW    05H              ; 给出一组调试源数据
            MOVWF    OriginH          ; 五位 BCD 码为 54321D
            MOVLW    43H
            MOVWF    OriginM
            MOVLW    21H
            MOVWF    OriginL
            CALL     BCD2BIN          ; 选用 BCD 码转换成二进制数
            GOTO     $                ; 原地等待
;--------------------------------BCD 转二进制子程序----------------------------------------
BCD2BIN     MOVLW    10H              ; 循环向右移位 16 次
            MOVWF    Count
            CLRF     ResultH
            CLRF     ResultL
LOOP        BCF      STATUS, C        ; BCD 码移入二进制数据单元
            RRF      OriginH
            RRF      OriginM
            RRF      OriginL
            RRF      ResultH
            RRF      ResultL
            DECFSZ   Count
            GOTO     AdjustDEC
            RETLW    00H
AdjustDEC   MOVLW    OriginL
            MOVWF    FSR
            CALL     AdjustBIN        ; 调整低 8 位 OriginL
            MOVLW    OriginM
            MOVWF    FSR
            CALL     AdjustBIN        ; 调整中 8 位 OriginM
            MOVLW    OriginH
            MOVWF    FSR
            CALL     AdjustBIN        ; 调整高 8 位 OriginH
            GOTO     LOOP
;--------------------------------逐位调整子程序----------------------------------------
AdjustBIN   MOVLW    03H
            BTFSC    INDF,3           ; 是否大于 7
            SUBWF    INDF             ; 是,减 3
```

```
            MOVLW       30H
            BTFSC       INDF,7              ；是否大于 7
            SUBWF       INDF                ；是,减 3
            RETLW       00H
;-----------------------------------------------------------------------
            END
```

本实例转换结果：(ResultH：ResultL)＝(0D431)H

【实例 8-7】 将一个 16 位二进制数 2345H 转换成 BCD 码。

思路分析：通过左移的方式将 16 位二进制数逐位移到 BCD 码，把每一个数与 4 相比较，若大于 4 则该位加 3。源数据为 16 位的二进制数，放在 OriginH：OriginL 中；转换结果为 5 位 BCD 码，放在 ResultH：ResultZ：ResultL 中。

程序如下：

```
            LIST        P=16F877A
            INCLUDE     "P16F877A.INC"
OriginH     EQU         20H                 ；定义源数据高 8 位
OriginL     EQU         21H                 ；定义源数据低 8 位
ResultH     EQU         30H                 ；定义结果数据高 8 位
ResultZ     EQU         31H                 ；定义结果数据中 8 位
ResultL     EQU         32H                 ；定义结果数据低 8 位
Count       EQU         40H                 ；循环次数
Temp        EQU         41H                 ；循环次数
            ORG         0000H
            NOP
            MOVLW       23H                 ；给出一组调试源数据
            MOVWF       OriginH             ；(OriginH：OriginL)＝2345H
            MOVLW       45H
            MOVWF       OriginL
            CALL        BIN2BCD             ；选用二进制数转换成 BCD 码
            GOTO        $                   ；原地等待
;-----------------------------二进制转换 BCD 码子程序------------------------------
BIN2BCD     MOVLW       10H                 ；循环向左移位 16 次
            MOVWF       Count
            CLRF        ResultH
            CLRF        ResultZ
            CLRF        ResultL
LOOP        RLF         OriginL             ；二进制数据移入 BCD 码单元
            RLF         OriginH
            RLF         ResultL
            RLF         ResultZ
            RLF         ResultH
            DECFSZ      Count
            GOTO        AdjustDEC
            RETLW       00H
AdjustDEC   MOVLW       ResultL
            MOVWF       FSR
            CALL        AdjustBCD           ；调整低 8 位 ResultL
```

```
            MOVLW       ResultZ
            MOVWF       FSR
            CALL        AdjustBCD           ；调整中8位ResultZ
            MOVLW       ResultZ
            MOVWF       FSR
            CALL        AdjustBCD           ；调整高8位ResultH
            GOTO        LOOP
；-------------------------逐位调整子程序-------------------------
AdjustBCD   MOVLW       03H
            ADDWF       INDF, W             ；是否加3
            MOVWF       Temp
            BTFSC       Temp, 3             ；是否大于4
            MOVWF       INDF                ；确定加3
            MOVLW       30H
            ADDWF       INDF, W             ；是否加3
            MOVWF       Temp
            BTFSC       Temp, 7             ；是否大于4
            MOVWF       INDF                ；确定加3
            RETLW       00H
；---------------------------------------------------------------
            END
```

本题转换实验结果：(ResultH：ResultZ：ResultL)＝09029

8.2.4 分支跳转程序设计

在计算机编程语言中，分支跳转结构是程序中常见的结构，根据条件判断可以形成多个执行分支，便于简化程序的设计。然而，在PIC指令中并没有相似的语句，需要借助PIC单片机指令的特殊功能来实现分支跳转。在程序形式上，分支跳转子程序与散转查表子程序的结构类似，但它是用GOTO语句代替RETLW语句。PIC单片机分支跳转程序运用广泛，如汽车领域的车载控制器、计算机键盘扫描等。在实时控制中，键盘扫描程序利用分支功能实现跳转，从而实现各个功能键的定义。

【实例8-8】 编写N个键盘功能选择子程序。

思路分析：假设通过CALL指令去执行识别输入过程，并经数据处理，可获得键盘各个键(0～N－1)的编号，利用W工作寄存器返回。本例省略键盘扫描程序部分。

程序如下：

```
            PAGESEL     KeyBoard
            CALL        KeyBoard        ；调用KeyBoard扫描子程序，位键由W返回
            PAGESEL     KeyN
            CALL        KeyN
；-----------------------相应键功能子程序-----------------------
KeyN        ADDWF       PCL, F          ；增加偏移量
            GOTO        Key_0           ；执行键盘Key_0定义功能
            GOTO        Key_1           ；执行键盘Key_1定义功能
            GOTO        Key_2           ；执行键盘Key_2定义功能
            ...
            GOTO        Key_N-1         ；执行键盘Key_N－1定义功能
```

8.3 综合实验

本节将开展 PIC 单片机相关的综合实验，让初学者更好地将理论与实践相结合，切身体验单片机开发的过程，巩固 PIC 单片机的基础知识，提高动手能力和工程实践能力。

8.3.1 定时中断显示实验

1. 实验目的

掌握 PIC 单片机的定时器及其中断的编程与设置方法，掌握硬件中断程序设计的原理及编程方法。

2. 实验器材

- 计算机 1 台
- PICkit 2 调试器 1 个
- APP001 实验开发板 1 块

3. 实验内容

编写程序，利用 TMR0 的定时器功能，输出 4 个不同频率的方波，并分别通过 RD0、RD1、RD2 和 RD3 驱动 4 个 LED，输出方波周期分别为 2ms、20ms、200ms 和 2s，即输出方波频率分别为 500Hz、50Hz、5Hz 和 0.5Hz。通过设置定时器参数来改变输出频率。本实验单片机晶振频率为 16MHz，指令周期为 0.25μs。

4. 知识点准备

PIC16F877A 单片机共包括 3 个定时器：TMR0、TMR1 和 TMR2。其中，定时器/计数器 TMR0 的特征如下：

(1) 8 位宽的定时器/计数器。

(2) 可读可写。

(3) 计数器到 00H 时产生溢出。

(4) 选项寄存器 OPTION_REG 的 PSA 位(Bit3)为分频器分配位。当 PSA=0 时，表示将分频器分配给定时器。当 PSA=1 时，表示将分频器分配给 WDT。

(5) 设置选项寄存器 OPTION_REG 的 PS2～PS0 位(Bit2～Bit0)为预分频比的选择位，其中有 8 种预分频比可供选择。指令周期为 0.25μs，可以通过设置 PS2～PS0 位选择预分频比，获得更大的周期。

(6) 选项寄存器 OPTION_REG 的 T0SE 位(Bit4)为时钟源触发边沿选择位。当 T0SE=0 时，表示上升沿触发；当 T0SE=1 时，表示下降沿触发。

(7) 选项寄存器 OPTION_REG 的 T0CS 位(Bit5)为时钟源选择位。当 T0CS=0 时，

表示选择内部时钟源，定时工作方式；当 T0CS＝1 时，表示选择外部时钟源，计数工作方式。

5. 实验程序框图

实验程序框图如图 8-18 所示。

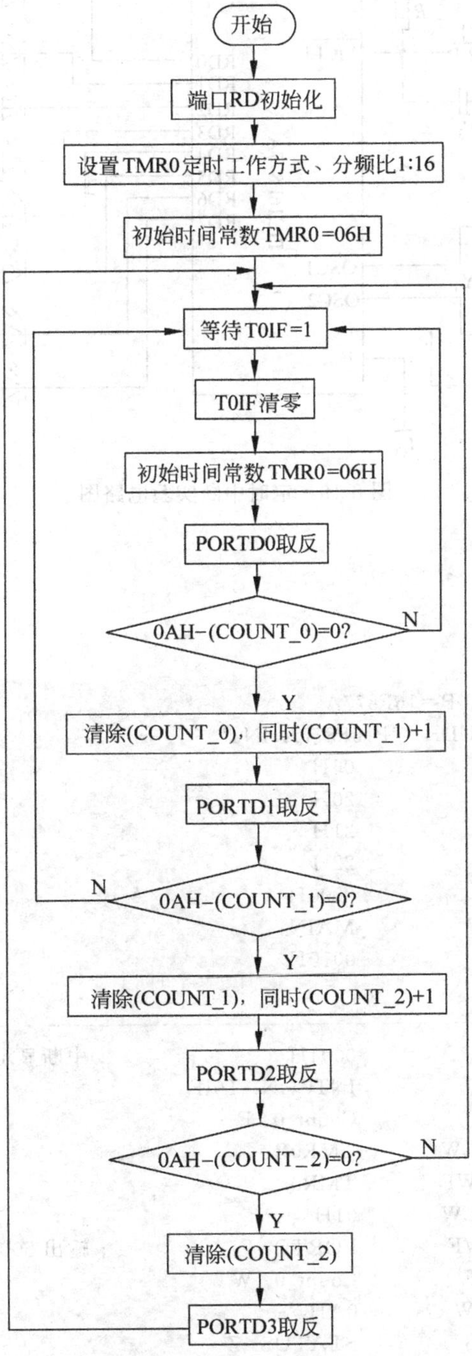

图 8-18 实验程序框图

6. 实验电路

定时中断实验电路如图 8-19 所示。

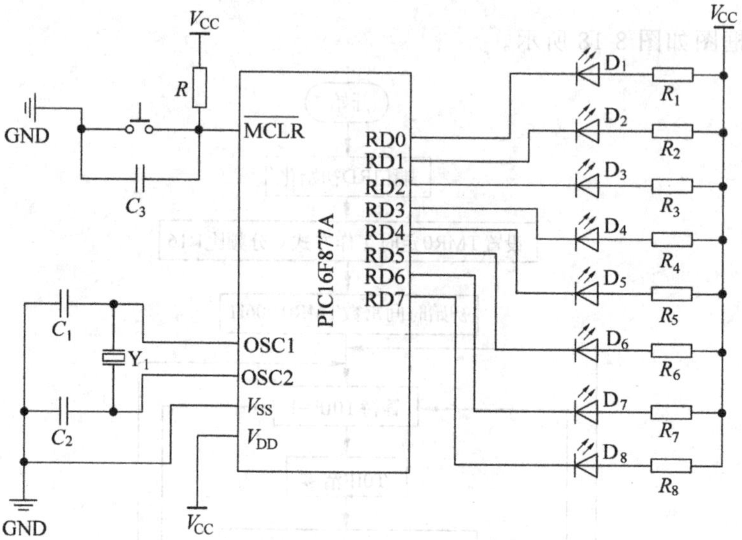

图 8-19　定时中断实验电路图

7. 实验程序

实验程序如下：

```
            LIST   P=16F877A
            INCLUDE  "P16F877A.INC"
TMR0B       EQU        06H
Count_0     EQU        20H
Count_1     EQU        21H
Count_2     EQU        22H
            ORG        0000H
            GOTO       MAIN
            ORG        0010H
            NOP
;------------------------------------------------------------------------
            ORG        0004H                ；中断显示
            BCF        INTCON, T0IF
            INCF       Count_0, F
            MOVLW      TMR0B
            MOVWF      TMR0
            MOVLW      01H
            XORWF      PORTD, F             ；输出500Hz的方波
            MOVF       Count_0, W
            SUBLW      0AH
            BTFSS      STATUS, Z
```

```
            GOTO      WAIT_T0IF
            CLRF      Count_0
            INCF      Count_1, F
            MOVLW     02H
            XORWF     PORTD, F          ；输出 50Hz 的方波
            MOVF      Count_1, W
            SUBLW     0AH
            BTFSS     STATUS, Z
            GOTO      WAIT_T0IF
            CLRF      Count_1
            INCF      Count_2, F
            MOVLW     04H
            XORWF     PORTD, F          ；输出 5Hz 的方波
            MOVF      Count_2, W
            SUBLW     0AH
            BTFSS     STATUS, Z
            GOTO      WAIT_T0IF
            CLRF      Count_2
            MOVLW     08H
            XORWF     PORTD, F          ；输出 0.5Hz 的方波
            RETFIE                      ；中断返回
;-------------------------------------------------------------------------
MAIN        BSF       STATUS, RP0
            MOVLW     00H
            MOVWF     TRISD             ；设置端口 RD 为输出
            MOVLW     03H
            MOVWF     OPTION_REG        ；定时方式，1∶16 分频比
            BCF       STATUS, RP0
            MOVLW     00H
            MOVWF     INTCON            ；禁止中断，清除标志位
            MOVLW     TMR0B             ；设置初始时间常数
            MOVWF     TMR0              ；(256－6)×16×0.25ms＝1000ms
            CLRF      Count_0
            CLRF      Count_1
            CLRF      Count_2
WAIT_T0IF   GOTO      WAIT_T0IF
            END
```

8. 实验步骤

首先，把实验开发板、PICkit 2 与计算机 USB 口连接起来，打开电源；然后，参考 8.1.4 节中软件的使用方法操作软件；最后，完成实验任务，记录实验现象。

9. 实验报告要求

将调试好的程序写在实验报告本上，并加注解；分析时间计时的精度与程序中有关的常数。

8.3.2 键盘扫描显示实验

1. 实验目的

掌握键盘扫描与 LED 显示屏显示的工作原理及硬件连接方法；掌握模拟量键盘扫描编程方法，以及 LED 显示编程方法。

2. 实验器材

- 计算机 1 台
- PICkit 2 调试器 1 个
- APP001 实验开发板 1 块

3. 实验内容

通过引脚 RA0 输入模拟电压，获得不同的电位，并通过 A/D 转换计算出各按钮的键值。将最新键值在端口 RD 的 LED 上显示。

4. 知识点准备

通过跳线 JP11，将实验开发板的 RA0 与 $K_1 \sim K_9$ 共 9 个按键连接，按键 $K_1 \sim K_9$ 在实验开发板上的位置是一字排开，而在具体应用中，通常以 3×3 矩阵的形式布置。通过按键接通不同阻值的电阻，从而使端口 RA0 获得不同模拟电压，根据 A/D 转换后的数字电压判断出哪个按键被按下，并在端口 RD 的 LED 上显示。

5. 实验框图

键盘扫描程序框图如图 8-20 所示。

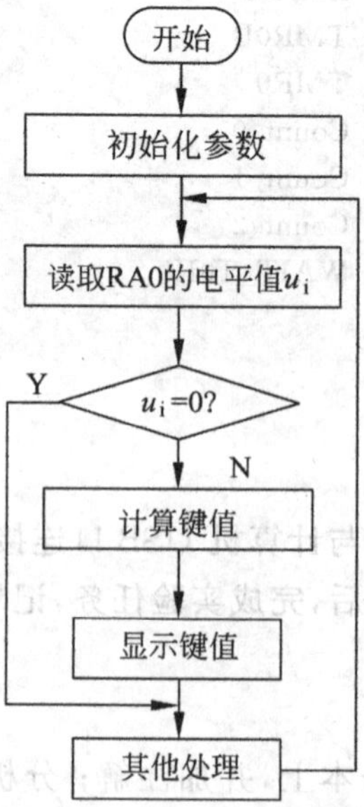

图 8-20 键盘扫描程序框图

6. 实验电路

键盘扫描实验电路如图 8-21 所示。

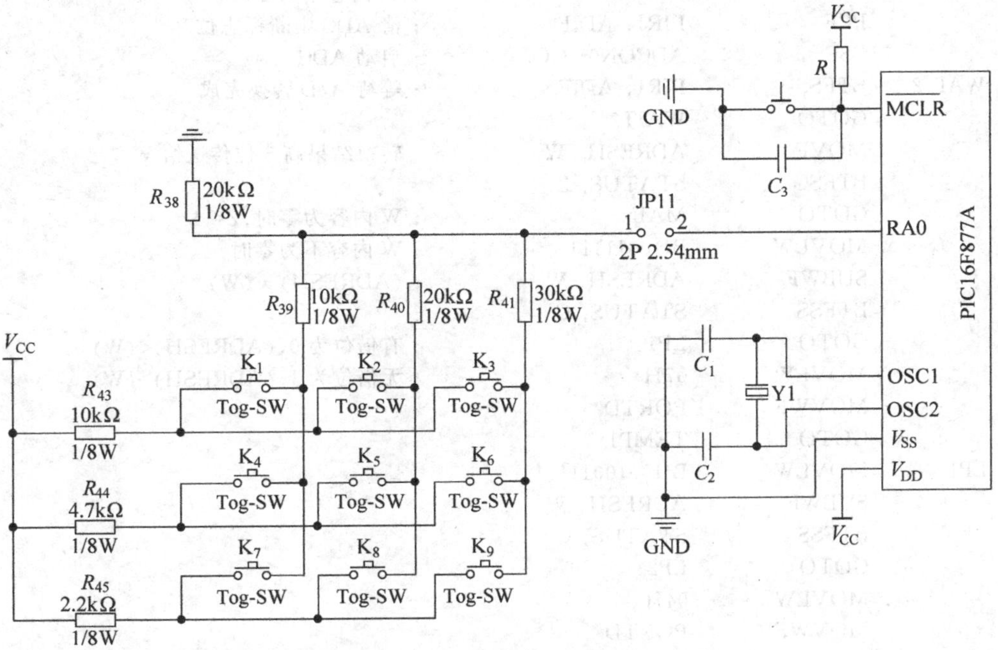

图 8-21　键盘扫描实验电路图

7. 实验程序

实验程序如下：

```
        LIST    P=16F877A
        INCLUDE "P16F877A.INC"
        ORG     0000H
        NOP
        BSF     STATUS, RP0         ；选择数据寄存器体 1
        CLRF    TRISD
        MOVLW   01H                 ；定义 RA0 为输入
        MOVWF   TRISA
        MOVLW   B'00001110'         ；仅 RA0 为模拟输入通道
        MOVWF   ADCON1              ；选择转换结果为左对齐方式
        BCF     STATUS, RP0         ；选择数据寄存器体 0
        CLRF    PORTD
        MOVLW   B'00000001'         ；转换时钟频率为 fosc/2
        MOVWF   ADCON0              ；ADC 进入准备状态
MAIN    BCF     PIR1, ADIF          ；清 ADC 中断标志位
        BSF     ADCON0, GO          ；启动 ADC
WAIT1   BTFSS   PIR1, ADIF          ；等待 A/D 转换完成
        GOTO    WAIT1
```

```
        MOVF      ADRESH, W            ; 转换结果高 8 位传送给 W
        BTFSC     STATUS, Z
        GOTO      MAIN                 ; W 内容为零时,Z=1
        CALL      DELAY                ; W 内容不为零时
        BCF       PIR1, ADIF           ; 清 ADC 中断标志位
        BSF       ADCON0, GO           ; 启动 ADC
WAIT2   BTFSS     PIR1, ADIF           ; 等待 A/D 转换完成
        GOTO      WAIT2
        MOVF      ADRESH, W            ; 转换结果高 8 位传送给 W
        BTFSC     STATUS, Z
        GOTO      MAIN                 ; W 内容为零时,Z=1
        MOVLW     B'10011111'          ; W 内容不为零时
        SUBWF     ADRESH, W            ; (ADRESH)-(W)
        BTFSS     STATUS, C            ;
        GOTO      LP1                  ; 有借位为 0,(ADRESH)<(W)
        MOVLW     07H                  ; 无借位为 1,(ADRESH)>(W)
        MOVWF     PORTD
        GOTO      TEMP1
LP1     MOVLW     B'10010011'
        SUBWF     ADRESH, W
        BTFSS     STATUS, C
        GOTO      LP2
        MOVLW     04H
        MOVWF     PORTD
        GOTO      TEMP1
LP2     MOVLW     B'10000000'
        SUBWF     ADRESH, W
        BTFSS     STATUS, C
        GOTO      LP3
        MOVLW     01H
        MOVWF     PORTD
        GOTO      TEMP1
LP3     MOVLW     B'01111011'
        SUBWF     ADRESH, W
        BTFSS     STATUS, C
        GOTO      LP4
        MOVLW     08H
        MOVWF     PORTD
        GOTO      TEMP1
LP4     MOVLW     B'01110011'
        SUBWF     ADRESH, W
        BTFSS     STATUS, C
        GOTO      LP5
        MOVLW     05H
        MOVWF     PORTD
        GOTO      TEMP1
LP5     MOVLW     B'01100111'
        SUBWF     ADRESH, W
        BTFSS     STATUS, C
        GOTO      LP6
```

```
        MOVLW       02H
        MOVWF       PORTD
        GOTO        TEMP1
LP6     MOVLW       B'01000001'
        SUBWF       ADRESH, W
        BTFSS       STATUS, C
        GOTO        LP7
        MOVLW       09H
        MOVWF       PORTD
        GOTO        TEMP1
LP7     MOVLW       B'01100000'
        SUBWF       ADRESH, W
        BTFSS       STATUS, C
        GOTO        LP8
        MOVLW       06H
        MOVWF       PORTD
        GOTO        TEMP1
LP8     MOVLW       B'01011000'
        SUBWF       ADRESH, W
        BTFSS       STATUS, C
        GOTO        TEMP1
        MOVLW       03H
        MOVWF       PORTD
        GOTO        TEMP1
TEMP1   BCF         PIR1, ADIF          ; 清 ADC 中断标志位
        BSF         ADCON0, GO          ; 启动 ADC
WAIT3   BTFSS       PIR1, ADIF          ; 等待 A/D 转换完成
        GOTO        WAIT3
        MOVF        ADRESH, W           ; 转换结果高 8 位传送给 W
        BTFSC       STATUS, Z
        GOTO        TEMP1               ; W 内容为零时,Z=1
        GOTO        MAIN                ; W 内容不为零时
; ------------------------------------------延时 10ms 子程序----------------------------
DELAY   MOVLW       0DH
        MOVWF       20H
LOOP1   MOVLW       0FFH
        MOVWF       21H
LOOP2   DECFSZ      21H
        GOTO        LOOP2
        DECFSZ      20H
        GOTO        LOOP1
        RETURN
; -----------------------------------------------------------------------------------------
        END
```

8. 实验步骤

首先,把实验开发板、PICkit 2 与计算机 USB 口连接起来,打开电源；然后,参考 8.1.4 节中软件的使用方法操作软件；最后,完成实验任务,记录实验现象。

9. 实验报告要求

将调试好的程序写在实验报告本上,并加注解;分析多个键同时按下时可能发生的现象。

8.3.3 A/D转换实验

1. 实验目的

掌握PIC单片机的A/D转换编程及设置方法,学会利用A/D转换测量模拟量的方法。

2. 实验器材

- 计算机　　1台
- PICkit 2调试器　　1个
- APP001实验开发板　　1块

3. 实验内容

设置引脚RA0为模拟输入信号通道,A/D转换结果输出采用左对齐方式,并将A/D转换结果的高8位向端口RD输出。通过调整电位器,可获得不同的LED显示组合。

4. 知识点准备

PIC16F877A单片机内嵌一个A/D转换特殊功能模块。该模块可以将0～5V的模拟电压信号转换为数字量。实验开发板已经配有一个电位器,可以产生0～5V的可调电压。该电位器通过指拨开关DIP连接到PIC芯片的RA0口。当开关DIP接通后便可进行A/D转换实验。

5. 实验程序框图

A/D转换程序框图如图8-22所示。

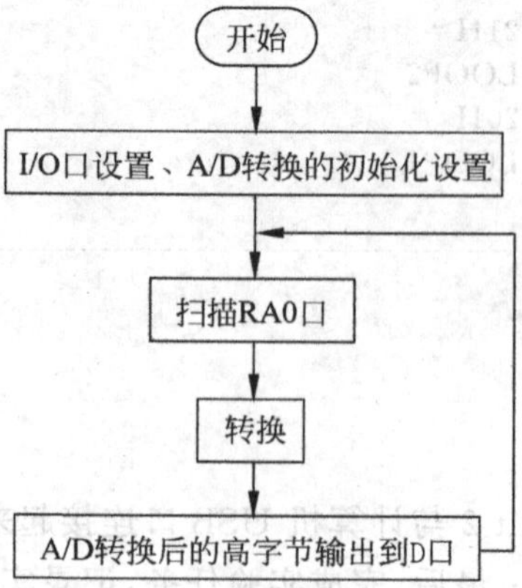

图8-22　A/D转换程序框图

6. 实验电路

A/D 转换实验电路如图 8-23 所示。

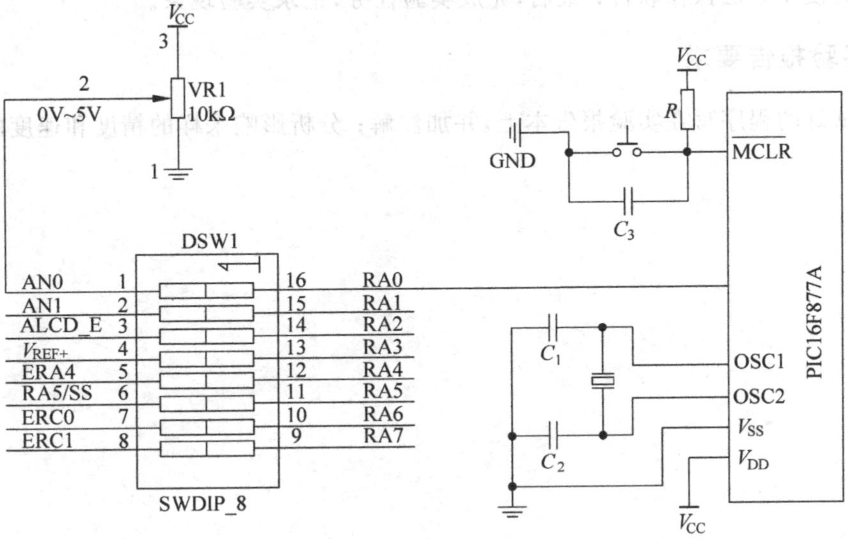

图 8-23 A/D 转换实验电路图

7. 实验程序

实验程序如下：

```
        LIST    P=16F877A
        INCLUDE  "P16F877A.INC"
        ORG          0000H
        NOP
START   BSF          STATUS, RP0         ; 选择体 1
        CLRF         TRISD               ; TRISD 清零,定义为输出
        MOVLW        01H                 ; RA0 为模拟输入通道
        MOVWF        TRISA
        MOVLW        B'00001110'         ; 仅 RA0 为模拟输入
        MOVWF        ADCON1
        BCF          STATUS, RP0         ; 选择体 0
        CLRF         PORTD               ; PORTD 清零
        MOVLW        B'00000001'         ;选择时钟 fOSC/2,A/D 进入工作状态

        MOVWF        ADCON0
MAIN    BCF          PIR1, ADIF          ; ADIF 清零
        BSF          ADCON0, GO          ; A/D 转换启动
WAIT    BTFSS        PIR1, ADIF          ; 等待 A/D 转换结束
        GOTO         WAIT
        MOVF         ADRESH, W           ; 转换结果高 8 位传送给 W
        MOVWF        PORTD               ; 送到 RD 端口 LED 显示
        GOTO         MAIN                ; 返回继续检测
        END
```

8. 实验步骤

首先，把实验开发板、PICkit 2与计算机USB口连接起来，打开电源；然后，参考8.1.4节中软件的使用方法操作软件；最后，完成实验任务，记录实验现象。

9. 实验报告要求

将调试好的程序写在实验报告本上，并加注解；分析影响采样的精度和速度的因素。

PIC 单片机专用寄存器的各位说明

1. 状态寄存器 STATUS

	Bit7	Bit6	Bit5	Bit4	Bit3	Bit2	Bit1	Bit0
说明	RAM数据存储器体选位(间接)	RAM数据存储器体选位(直接)		外部触发中断使能位	降耗标志位	零标志位	辅助进/借位标志位	进/借位标志位
名称	IRP	RP1	RP0	$\overline{TO}$	$\overline{PD}$	Z	DC	C
0	选择体0或体1	见下表		看门狗发生超时	睡眠指令执行后	算术或逻辑运算结果不为零	低四位向高四位无进位或有借位	最高位无进位或有借位
1	选择体2或体3			执行上电或看门狗清零或睡眠指令后	上电或看门狗清零指令执行后	算术或逻辑运算结果为零	低四位向高四位有进位或无借位	最高位有进位或无借位

RP1~RP0	体	地址范围
00	体0	000H~07FH
01	体1	080H~0FFH
10	体2	100H~17FH
11	体3	180H~1FFH

2. 寄存器 E2CON1

	Bit7	Bit6	Bit5	Bit4	Bit3	Bit2	Bit1	Bit0
说明	存储器选择位				E^2PROM 错误标志位	E^2PROM 写使能位	E^2PROM 写控制位	E^2PROM 读控制位
名称	EEPGD	—	—	—	WRERR	WREN	WR	RD
0	选择 E^2PROM 数据存储器				已完成写操作	禁止写操作	不处于写操作过程	不处于读操作过程
1	选择 Flash 程序存储器				未完成写操作	使能写操作	启动写操作	启动读操作

3. 选择寄存器 OPTION_REG

	Bit7	Bit6	Bit5	Bit4	Bit3	Bit2	Bit1	Bit0
功能		INT中断信号触发边缘选择位	TMR0时钟源选择位	TMR0触发边沿选择位	分频器分配位	TMR0分频器分频比选择位		
位名	$\overline{\text{RBPU}}$	INTEDG	T0CS	T0SE	PSA	PS2	PS1	PS0
0		INT引脚上的下降沿触发	TMR0工作于定时模式	外部信号上升沿有效	分配给TMR0			
1		INT引脚上的上升沿触发	TMR0工作于计数模式	外部信号下降沿有效	分配给WDT			

PS2~PS0	十进制(n)	比率 TMR0 ($1:2^{n+1}$)	比率 WDT ($1:2^n$)
000	0	1:2	1:1
001	1	1:4	1:2
010	2	1:8	1:4
011	3	1:16	1:8
100	4	1:32	1:16
101	5	1:64	1:32
110	6	1:128	1:64
111	7	1:256	1:128

4. 中断控制寄存器 INTCON

	Bit7	Bit6	Bit5	Bit4	Bit3	Bit2	Bit1	Bit0
分组			3个内部中断使能位			3个内部中断标志位		
功能	总中断使能位	外围设备中断使能位	TMR0溢出中断	INT外部触发中断	RB7~RB4电平变化中断	TMR0溢出中断	INT外部触发中断	RB7~RB4电平变化中断
位名	GIE	PEIE	T0IE	INTE	RBIE	T0IF	INTF	RBIF
0	禁止所有中断源的中断请求	禁止外部中断源的中断请求	禁止TMR0溢出中断请求	禁止外部触发中断请求	禁止电平变化中断请求	TMR0未计数溢出	未发生外部触发中断请求	未发生电平变化
1	允许所有中断源的中断请求	允许外部中断源的中断请求	允许TMR0溢出中断请求	允许外部触发中断请求	允许电平变化中断请求	TMR0计数溢出	已发生外部触发中断请求	已发生电平变化

5. 第一外围中断使能寄存器 PIE1

8个外部中断使能位

	Bit7	Bit6	Bit5	Bit4	Bit3	Bit2	Bit1	Bit0
说明	并行端口RD中断	ADC模块中断	SCI串行通信接收中断	SCI串行通信发送中断	同步串行通信SSP中断	CCP1模块中断	TMR2溢出中断	TMR1溢出中断
位名	PSPIE	ADIE	RCIE	TXIE	SSPIE	CCP1IE	TMR2IE	TMR1IE
0	禁止并行端口RD产生的中断请求	禁止ADC模块产生的中断请求	禁止串行通信SCI接收中断请求	禁止串行通信SCI发送中断请求	禁止SSP模块产生的中断请求	禁止CCP1模块产生的中断请求	禁止溢出后产生中断	禁止溢出后产生中断
1	允许并行端口RD产生的中断请求	允许ADC模块产生的中断请求	允许串行通信SCI接收中断请求	允许串行通信SCI发送中断请求	允许SSP模块产生的中断请求	允许CCP1模块产生的中断请求	允许溢出后产生中断	允许溢出后产生中断

6. 第一外围中断标志寄存器 PIR1

8个外部中断标志位

	Bit7	Bit6	Bit5	Bit4	Bit3	Bit2	Bit1	Bit0
说明	并行端口RD中断	ADC模块中断	SCI串行通信接收中断	SCI串行通信发送中断	同步串行通信SSP中断	CCP1模块中断	TMR2溢出中断	TMR1溢出中断
位名	PSPIF	ADIF	RCIF	TXIF	SSPIF	CCP1IF	TMR2IF	TMR1IF
0	未发生并行端口RD中断请求	未发生ADC模块中断请求	未发生串行通信SCI接收中断请求	未发生串行通信SCI发送中断请求	未发生SSP模块中断请求	未发生CCP1模块中断请求	未发生溢出中断	未发生溢出中断
1	已发生并行端口RD中断请求	已发生ADC模块中断请求	已发生串行通信SCI接收中断请求	已发生串行通信SCI发送中断请求	已发生SSP模块中断请求	已发生CCP1模块中断请求	已发生溢出中断	已发生溢出中断

7. 第二外围中断使能寄存器 PIE2

3个外部中断使能位：E²PROM中断、I²C总线冲突中断、CCP2模块中断

Bit7	Bit6	Bit5	Bit4	Bit3	Bit2	Bit1	Bit0
			E²PROM中断	I²C总线冲突中断			CCP2模块中断
—	—	—	EEIE	BCLIE	—	—	CCP2IE
			0 禁止中断请求；1 允许中断请求	0 禁止 I²C 总线冲突中断请求；1 允许 I²C 总线冲突中断请求			0 禁止 CCP2 模块产生的中断请求；1 允许 CCP2 模块产生的中断请求

8. 第二外围中断标志寄存器 PIR2

3个外部中断标志位：E²PROM中断、I²C总线冲突中断、CCP2模块中断

Bit7	Bit6	Bit5	Bit4	Bit3	Bit2	Bit1	Bit0
			E²PROM中断	I²C总线冲突中断			CCP2模块中断
—	—	—	EEIF	BCLIF	—	—	CCP2IF
			0 未发生中断请求；1 已发生中断请求	0 未发生 I²C 总线冲突中断请求；1 已发生 I²C 总线冲突中断请求			0 未发生 CCP2 模块中断请求；1 已发生 CCP2 模块中断请求

9. TMR1控制寄存器T1CON

Bit7	Bit6	Bit5	Bit4	Bit3	Bit2	Bit1	Bit0
		分频器分频比选择位		自带振荡器使能位	同/异步控制选择位	时钟源选择位	计数启/停控制位
—	—	T1CKPS1	T1CKPS0	T1OSCEN	$\overline{\text{T1SYNC}}$	TMR1CS	TMR1ON

TICKPS1~T1CKPS0	十进制(*n*)	分频比($1:2^n$)
00	0	1:1
01	1	1:2
10	2	1:4
11	3	1:8

T1OSCEN：0 禁止自带低频振荡器工作；1 使能自带低频振荡器工作

$\overline{\text{T1SYNC}}$：0 外部输入信号与系统时钟同步；1 外部输入信号与系统时钟异步

TMR1CS：0 工作于定时模式；1 工作于计数模式

TMR1ON：0 停止计数；1 开始计数

10. TMR2控制寄存器T2CON

Bit7	Bit6	Bit5	Bit4	Bit3	Bit2	Bit1	Bit0
	后分频器分频比选择位				计数启/停控制位	预分频器分频比选择位	
—	TOUTPS3	TOUTPS2	TOUTPS1	TOUTPS0	TMR2ON	T2CKS1	T2CKS0

TOUTPS3~TOUTPS0	十进制(*n*)	分频比(1:*n*+1)
0000	0	1:1
0001	1	1:2
0010	2	1:3
0011	3	1:4
0100	4	1:5
⋮	⋮	⋮
1110	14	1:15
1111	15	1:16

TMR2ON：0 停止计数；1 开始计数

T2CKS1~T2CKS0	十进制(*n*)	分频比
00	0	1:1
01	1	1:4
10	2	1:16
11	3	1:16

11. ADC 控制寄存器 ADCON0

时钟及频率选择位		模拟信道选择位			启动开关位		启/停准备位
Bit7	Bit6	Bit5	Bit4	Bit3	Bit2	Bit1	Bit0
ADCS1	ADCS0	CHS2	CHS1	CHS0	GO/$\overline{\text{DONE}}$	—	ADON

ADS2~ADS0	频率	时钟
00	$f_{OSC}/2$	系统时钟
01	$f_{OSC}/8$	系统时钟
00	$f_{OSC}/32$	系统时钟
11	f_{RC}	RC振荡器

CHS2~CHS0	模拟输入通道
000	RA0/AN0
001	RA1/AN1
010	RA2/AN2
011	RA3/AN3
100	RA5/AN4
101	RE0/AN5
110	RE1/AN6
111	RE2/AN7

GO/$\overline{\text{DONE}}$：0 已完成或未进行转换；1 正进行或启动转换

ADON：0 禁止转换；1 启动并进入准备状态

12. ADC 控制寄存器 ADCON1

结果组合方式选择位				RA和RE引脚功能选择位			
Bit7	Bit6	Bit5	Bit4	Bit3	Bit2	Bit1	Bit0
ADFM	—		—	PCFG3	PCFG2	PCFG1	PCFG0

ADFM：0 左对齐 结果高8位存在ADRESH，低2位存在ADRESL；1 右对齐 结果高2位存在ADRESH，低8位存在ADRESL

PCFG3~PCFG0	AN7 RE2	AN6 RE1	AN5 RE0	AN4 RA5	AN3 RA3	AN2 RA2	AN1 RA1	AN0 RA0
0000	A	A	A	A	A	A	A	A
0001	A	A	A	A	V_{REF+}	A	A	A
0010	D	D	D	A	A	A	A	A
0011	D	D	D	A	V_{REF+}	A	A	A
0100	D	D	D	D	A	D	A	A
0101	D	D	D	D	V_{REF+}	D	A	A
011x	D	D	D	D	D	D	D	D
1000	A	A	A	A	V_{REF+}	V_{REF-}	A	A
1001	D	D	A	A	A	A	A	A
1010	D	D	A	A	V_{REF+}	A	A	A
1011	D	D	A	A	V_{REF+}	V_{REF-}	A	A
1100	D	D	D	A	V_{REF+}	V_{REF-}	A	A
1101	D	D	D	D	V_{REF+}	V_{REF-}	A	A
1110	D	D	D	D	D	D	D	A
1111	D	D	D	D	V_{REF+}	V_{REF-}	D	A

13. 同步串行状态寄存器 SSPSTAT(在 SPI 模式)

Bit7	Bit6	Bit5	Bit4	Bit3	Bit2	Bit1	Bit0
SPI通信采样控制位	时钟边沿选择位						SSPBUF满标志位
SMP	CKE	D/$\overline{A}$	P	S	R/$\overline{W}$	UA	BF

SMP：0 在信号中间采样；1 在信号末尾采样

BF：0 接收缓冲寄存器为空；1 接收缓冲寄存器已满

CKP	静态电平	CKE	时钟沿选择
0	低	0	下降沿发送数据
		1	上升沿发送数据
1	高	0	上升沿发送数据
		1	下降沿发送数据

注：阴影部分与 SPI 模式无关。

14. 同步串行控制寄存器 SSPCON(在 SPI 模式)

Bit7	Bit6	Bit5	Bit4	Bit3	Bit2	Bit1	Bit0
写操作冲突检测位	接收溢出标志位	MSSP使能位	空闲时钟电平选择位	同步串口SPI工作方式选择位			
WCOL	SSPOV	SSPEN	CKP	SSPM3	SSPM2	SSPM1	SSPM0

WCOL：0 未发生写操作冲突；1 已发生写操作冲突

SSPOV：0 未发生接收溢出；1 已发生接收溢出

SSPEN：0 禁止同步串行功能；1 使能同步串行功能

CKP：0 空闲时钟处于低电平；1 空闲时钟处于高电平

工作方式	SSPM3~SSPM0	时钟	$\overline{SS}$ 功能
主控方式	0000	$f_{OSC}/4$	—
	0001	$f_{OSC}/16$	—
	0010	$f_{OSC}/64$	—
	0011	TMR2 输出/2	—
从动方式	0100	引脚 SCK 输入	使能引脚$\overline{SS}$功能
	0101	引脚 SCK 输入	关闭引脚$\overline{SS}$功能

15. 同步串行控制寄存器 SSPCON(在 I²C 模式)

Bit7	Bit6	Bit5	Bit4	Bit3	Bit2	Bit1	Bit0
写操作冲突检测位	接收溢出标志位	MSSP使能位	时钟极性选择位	同步串口I²C工作方式选择位			
WCOL	SSPOV	SSPEN	CKP	SSPM3	SSPM2	SSPM1	SSPM0

WCOL：0 未发生写操作冲突；1 已发生写操作冲突

SSPOV：0 未发生接收溢出；1 已发生接收溢出

SSPEN：0 禁止同步串行功能；1 使能同步串行功能

CKP：0 将SCL拉低并保持一定时间；1 时钟信号正常工作

工作方式	SSPM3~SSPM0	寻址方式
从动方式	0110	7位寻址
	0111	10位寻址
主控方式	1000	时钟为 $f_{OSC}/[4\times(SSPADD+1)]$
	1011	从动器件空闲
	1110	启、停位，被允许中断的7位寻址
	1111	启、停位，被允许中断的10位寻址

16. 同步串行控制寄存器 SSPCON2(在 I^2C 模式)

	Bit7	Bit6	Bit5	Bit4	Bit3	Bit2	Bit1	Bit0
功能	通用呼叫地址使能位	应答状态位	应答信息位	应答信号时序发送使能位	接收使能位	停止信号时序发送使能位	重启信号时序发送使能位	启动信号时序发送使能位
名称	GCEN	ACKSTAT	ACKDT	ACKEN	RCEN	PEN	RSEN	SEN
0	禁止通用呼叫地址方式寻址	已收到从动器件的应答信号	主动器件回送应答信号	未建立应答信号时序	禁止接收模式	未建立停止信号时序	未建立重启信号时序	未建立启动信号时序
1	使能通用呼叫地址方式寻址	未收到从动器件的应答信号	主动器件回送非应答信号	建立并发送应答信号时序	使能接收模式	建立并发送停止信号时序	建立并发送重启信号时序	建立并发送启动信号时序

17. I^2C 同步串行状态寄存器 SSPSTAT(在 I^2C 模式)

	Bit7	Bit6	Bit5	Bit4	Bit3	Bit2	Bit1	Bit0
功能	SPI通信采样控制位	时钟边沿选择位	数据地址标志位	停止位	启动位	读/写信息位	地址更新标志位	SSPBUF的满标志位
名称	SMP	CKE	$D/\overline{A}$	P	S	$R/\overline{W}$	UA	BF
0	采用标准F模式	符合I^2C标准	此次传送的是地址	没有检测到停止位	没有检测到启动位	主控:没有进行发送;从动:写输入操作	不需更新寄存器SSPADD中的地址	接收:缓冲区接收未完成为空;发送:缓冲区发送已完成已空
1	采用快速S模式	符合SMBus标准	此次传送的是数据	检测到了停止位	检测到了启动位	主控:正在进行发送;从动:读数据操作	需要更新寄存器SSPADD中的地址	接收:缓冲区接收已完成已满;发送:缓冲区发送未完成为满

18. 发送状态兼控制寄存器 TXSTA

时钟源选择位	数据长度选择位	发送状态使能位	模式选择位		波特率选择位	空状态标志位	校验位
Bit7	Bit6	Bit5	Bit4	Bit3	Bit2	Bit1	Bit0
CSRC	TX9	TXEN	SYNC	—	BRGH	TRMT	TX9D
0 从动时钟来自外部输入	0 按8位数据格式	0 禁止发送数据功能	0 异步模式		0 采用低速波特率	0 移位寄存器未空	0 第9位发送数据为0
1 主控时钟来自波特率发生器	1 按9位数据格式	1 使能发送数据功能	1 同步模式		1 采用高速波特率	1 移位寄存器已空	1 第9位发送数据为1

19. 接收状态兼控制寄存器 RCSTA

串行端口SCI使能位	接收数据帧结构长度选择位	单字节接收数据使能位	连续接收数据使能位	地址匹配检测使能位	数据帧格式错误标志位	数据接收溢出标志位	校验位
Bit7	Bit6	Bit5	Bit4	Bit3	Bit2	Bit1	Bit0
SPEN	RX9	SREN	CREN	ADDEN	FERR	OERR	RX9D
0 禁止SCI工作	0 8位数据帧结构接收	0 禁止单字节接收功能	0 禁止连续接收功能	0 禁止地址匹配检测功能	0 未发生帧格式错误	0 未发生接收溢出错误	0 第9位发送数据为0
1 允许SCI工作	1 9位数据帧结构接收	1 允许单字节接收功能	1 允许连续接收功能	1 使能地址匹配检测功能	1 已发生帧格式错误	1 已发生接收溢出错误	1 第9位发送数据为1

参 考 文 献

[1] 李荣正，陈思琦，李嘉乐. PIC 系列单片机原理及应用[M]. 5 版. 北京：北京航空航天大学出版社，2014.
[2] 曾辉. PIC 单片机原理与实践——汇编及 C 语言[M]. 北京：北京航空航天大学出版社，2017.
[3] 李学海. PIC 单片机实用教程——基础篇[M]. 2 版. 北京：北京航空航天大学出版社，2017.
[4] 李学海. PIC 单片机实用教程——提高篇[M]. 2 版. 北京：北京航空航天大学出版社，2017.
[5] 李学海. PIC 单片机原理[M]. 北京：北京航空航天大学出版社，2004.
[6] 徐玮，沈建良，庄建清. PIC 单片机快速入门[M]. 北京：北京航空航天大学出版社，2010.
[7] 谢锋然，谢龙汉. PIC 单片机原理及程序设计[M]. 北京：清华大学出版社，2013.
[8] 王敏. 单片机原理及接口技术——基于 MCS-51 与汇编语言[M]. 北京：清华大学出版社，2013.
[9] 刘瑞新，赵全利. 单片机原理及应用教程[M]. 北京：机械工业出版社，2003.
[10] 李荣正，陈学军. PIC 单片机初级教程[M]. 北京：北京航空航天大学出版社，2006.
[11] 吴亦锋，陈德为. 单片机原理与接口技术[M]. 2 版. 北京：电子工业出版社，2013.
[12] 赵全利. 单片机原理及应用教程[M]. 3 版. 北京：机械工业出版社，2012.
[13] 李朝青，卢晋，王志勇，袁其平. 单片机原理及接口技术[M]. 北京：北京航空航天大学出版社，2017.
[14] 梅丽凤. 单片机原理及接口技术[M]. 北京：机械工业出版社，2015.
[15] 王欣飞，谢龙汉，谢锋然. 51 单片机原理与程序设计[M]. 北京：清华大学出版社，2014.
[16] 饶志强，韩彩霞. 单片机原理及应用[M]. 武汉：华中科技大学出版社，2013.
[17] Microchip Technology Inc. PIC16F87X Data Sheet. 2001.
[18] Microchip Technology Inc. PIC16F877A Data Sheet. 2003.
[19] Microchip Technology Inc. MPLAB® X IDE 用户指南(DS50002027C_CN). 2013.